생존의 조건

절망을 이기는 철학 | 제자백가

절망을 이기는 철학

생존의 조건

이주희 지음 | EBS MEDIA 기획

MiD

생존의 조건

초판 1쇄 발행 2017년 7월 24일
초판 4쇄 발행 2021년 3월 26일

지은이 이주희

펴낸곳 (주)엠아이디미디어
펴낸이 최종현

기획 박주훈, EBS미디어
편집 최종현
교정교열 유미영
디자인 최재현
마케팅 백승진
경영지원 윤 송

주소 서울특별시 마포구 신촌로 162 1202호
전화 (02) 704-3448 **팩스** (02) 6351-3448
이메일 mid@bookmid.com **홈페이지** www.bookmid.com
등록 제2011 - 000250호

ISBN 979-11-87601-33-3 03150

•••

절망의 반대말은 희망이 될 수 없다.
오직 용기만이 절망을 넘어서게 한다.

철학은 우울증에 대한 답이다

철학에 관심이 있냐고 물어보면 아마 대부분의 사람은 손사래를 칠 것이다. "이 인간이 무슨 쓸데없는 소리를 하려고 이러나?" 하면서 말이다. 하지만 나는 인간으로 태어난 이상 누구나 한 번쯤은 철학자가 되는 순간이 올 수밖에 없다고 생각한다. 차이가 있다면 그가 사용하는 언어가 현학적인가 직설적인가의 차이일 뿐이다. 그럴 리가 없다는 사람이 있다면 이렇게 되물어보고 싶다. 정말 당신은 살면서 "내가 왜 사나?" 혹은 "내가 이러려고 태어났나?" 하는 질문조차 한 번도 해본 적이 없는지 말이다. 이런 질문 한 번 해보지 않은 사람이 있다면 정신세계에 아무런 상처도 없는 인간일 터인데, 난 아직까지 그런 사람을 만난 적이 없다.

혹시 그 정도의 질문이 무슨 대단한 철학적 질문이 될 수 있냐고 묻는 사람이 있을지도 모르겠다. 이런 질문을 던지는 사람의 머릿속에는 철학에 대한 교과서적인 정의가 들어있을 것이다. 그 교과서적인 정의란 대체로 이런 식이다.

"인간과 세계에 대한 근본 원리와 삶의 본질 따위를 연구하는 학문. 흔히 인식, 존재, 가치의 세 기준에 따라 하위 분야를 나눌 수 있다."

물론 틀린 정의는 아니다. 교과서에 틀린 답을 써놓을 리는 없을 테니 말이다. 문제는 이런 식의 정의로는 도대체 '왜' 혹은 '어떤 순간'에 철학이 필요한지는 전혀 설명할 수 없다는 것이다. 그리고 이런 이유 때문에 우리는 정말로 철학이 필요한 그 순간에 돈이나 페이스북의 좋아요 갯수, 혹은 부적 따위의 엉뚱한 곳으로 달려가는 것이다. 그래서 나는 철학에 대한 제대로 된 이해를 위해서는 인간의 삶에 깊숙이 박혀있는 철학에 대한 생생한 정의가 따로 필요하다고 생각한다. 칼을 들어 자신의 피부에 상처라도 낼 것 같은 그런 생생한 정의 말이다. 나에게 있어서 그런 정의는 이것이다.

"철학은 우울증에 대한 답이다."

그런데 왜 '우울증'일까? 앞에 써놓은 교과서의 대답처럼 철학은 근원적인 질문을 하는 학문이다. 우주의 근원, 존재의 근원, 인식의 근원…. 그런데 문제는 '왜 근원적인 질문을 던지는가?'다. 일상의 삶에서 이런 질문은 사실 아무짝에도 쓸모없는 것일 뿐이다.[1] 내가 오늘 하루 먹고사는 데 존재의 근원이나 인식의 근원 따위가 무슨 소용이 있단 말인가. 그런데도 많은 이가 이런 질문을 던진다. 쓸데없는 생각이나 한다는 핀잔을 참아가면서.

　나는 우울하기 때문이라고 생각한다. 삶이 고통스럽고 답답하다고 여기기 때문이다. 도저히 해결책을 찾을 길이 없기 때문이다. 한마디로 절망감을 견딜 수 없기 때문에 질문이 근원적인 곳에까지 이르는 것이다. 그 결과 '이토록 우울하고 절망적인 삶을 나는 왜 살아내야만 하는가?'라는 질문이 모든 철학적 질문의 근본에 자리 잡고 있다. 아니 정확하게 말해서 나는 그렇게 믿는다.

　따라서 철학이란 인간의 삶에 대한 질문과 대답으로 구성될 수밖에 없다. 조금 고급스럽게 표현하자면, 철학이란 인간의 삶에 대한 체계적이고 반성적인 사색이어야만 한다. 철학의 고전적인 구성 요소인 존재론과 인식론도 결국 인간의 삶에 대한 질문에 답하기 위해 필요한 것일 뿐이다. 우주의 존재가 중요한 이유도 우리의 삶이 우주라는 존재를 배경으로 하기 때문이며, 인식의 옳고 그름이 중요한 이유 역시 우리의 삶을 어떻게 이해해야 할지 알아야 하기 때문이다. 그러므로 나는 철학의 진짜 질문은 '이토록 우울하고 절망적인 세상에서 나는 왜 살아야 하는가? 또 살아야만 한다면 어떻게 살아야 하는가?'라고 생각한다. 우울증 혹은 절망감이야말로 철학으로 나갈 수 있는 진정한 힘인 셈이다.

　춘추전국시대(春秋戰國時代) 사상가들도 절망감에 시달렸다. 더구나 이 시대의 절망감은 "인간이라는 존재가 가지고 있는 숙명적인 절망감" 따위의 표현은 사치라고 느껴질 정도로 처절한 것이었다. 옳다고 여겼던 기존의 모든 가치는 파괴되고, 인간에 대한 최소한의 배려조차 사라졌으며, '만인에 대한 만인의 투쟁'이 문자 그대로의 현실이 되었다. 맹자(孟子)의 표현을 빌리자면 "짐승을 몰아 사람을 잡아먹게 만드는 것과 다름없는" 절망적인 시대였고 고염무(顧炎武)의 표현을 따르자면 망국(亡國)의 시대가 아니라 망천하(亡天下)의 시대였다.[2]

하지만 절망적이었기에 그 시대의 사상가들은 오히려 근원적인 질문을 던지기 시작했다. 좋은 삶이란 무엇인지, 인간이란 어떤 존재인지, 정의는 어떻게 실현할 수 있는지를 밑바닥에서부터 다시 생각한 것이다. 그 결과가 바로 제자백가(諸子百家)라 불린 그 시대의 다양한 사상이다. 인류 역사상 가장 다채롭고 풍부한 '생각의 폭발'은 아마도 춘추전국시대가 야기한 절망이 있기에 가능했으리라. 물론 단지 절망감만으로 이런 사색이 가능했던 것은 아니다. 그저 절망감뿐이라면 오히려 현실을 외면하고 도피하는 것에서 끝났을 터이기 때문이다. 공자와 묵자, 장자와 한비자 같은 이들이 이 절망을 넘어설 수 있었던 것은 그들이 절망적인 춘추전국시대의 현실에서 눈 돌리지 않을 수 있는 용기 역시 가지고 있었기 때문이다. 이 절망감과 용기의 결합이야말로 제자백가 사상의 진정한 원천이었다.

돌이켜보면 이 책의 기반이 된 다큐멘터리 〈절망을 이기는 철학 – 제자백가〉가 만들어지던 2016년의 한국도 절망으로 가득한 세상이었다. 희망은 공익 캠페인에서나 나오는 구호였고 사람들은 '헬조선'을 이야기했다. 도처에 절망을 가리키는 수사들이 넘쳐났다. 철학이 어느 때보다 절실한 시절이었다. 그 때문에 다큐멘터리의 제목도 '절망을 이기는 철학'이라고 붙여졌다.

이 글은 많은 부분을 인터뷰에 응해주신 세계 석학들의 통찰에 기대고 있다. 따라서 중요한 부분에는 그분들의 인터뷰 내용을 정리해서 인용했다. 다만 좀 더 쉽게 읽히도록 약간의 손질을 더했다는 점을 밝히고자 한다. 만약 엄정한 학술서라면 이런 가필이 곤란할지도 모르겠지만, 이 책은 철학에 대한 가벼운 에세이에 가까우므로 인터뷰한 분의 본래 의도를 훼손하지 않는 선에서 어투를 조정하였다는 점을 미리 알리고자 한다.

우여곡절 끝에 방송을 끝내고 이렇게 글로 그 내용을 정리하다 보니 고마운 이가 어느 때보다 많았다는 사실을 새삼 느끼게 된다. 모든 이를 언급하기 불가능할 지경이다. 그래도 그중에서 특히 고마운 이를 두서없이 꼽아본다. 우선 프로그램을 만들고 책을 쓰는 과정에서 묵묵히 궂은일을 도맡아 해준 동료 허성호 PD에게 고마움을 전한다. 그에 대한 고마움은 쉽게 말로 정리하기 어려울 정도다. 더불어 1년 반 동안 함께 작업하면서 나의 오류를 무수히 바로잡아준 박은영 작가와 고아영 작가, 중국 출장의 통역 역할까지 맡아 1인 2역을 했던 장은비 조연출, 그리고 최선의 그림을 위해 애써주신 황경선 촬영감독에게도 감사를 전한다. 이 외에도 감사한 사람이 많지만 최고의 조언자였던 나의 아내 김현경과 예쁜 딸 서현이, 의젓한 아들 동훈이에게는 고맙다는 말 대신 사랑한다는 말을 전하고 싶다.

차례

03
道家
불안을 견딜 수 없을 때 179

춘추전국, 절망이 지배하는 세상

공자(孔子)를 포함해서 맹자(孟子), 묵자(墨子), 장자(莊子), 한비자(韓非子) 등 이 책에서 다루는 사상가들이 살았던 춘추전국시대는 흔히 난세 (亂世)라고 부른다. 어지럽고 혼란한 세상이었다는 소리다. 그런데 그 냥 이렇게 말하면 사실 감이 잘 잡히지 않는다. 춘추전국시대는 과연 어느 정도나 난세였을까?

난세라는 단어에서 자연스럽게 떠오르는 생각은 우선 전쟁이 많 았으리라는 것이다. 실제 춘추시대³와 전국시대⁴를 합친 약 550년의 역사는 말 그대로 전쟁으로 점철되었다.⁵ 통계에 따르면 춘추시대에 1,211회, 전국시대에 468회의 전쟁이 있었다.⁶ 특정 국가로 국한시켜 봐도 지리적 요충지에 위치해 다른 나라보다 전쟁을 겪는 일이 잦았던 정(鄭)나라의 경우 춘추시대 200여 년 동안 총 72차례의 전쟁이 있었다. 3년에 한 번씩은 전쟁을 치른 셈이다. 그런데 전쟁이 잦다는 것은 단지 전쟁터에 끌려가 죽을 확률이 높아진다는 정도의 문제로 끝나지 않는다. 사회 전체가 말 그대로 각박해진다.

전쟁은 반드시 약탈을 동반한다. 특히 전근대 사회의 전쟁에서 약탈은 승자의 당연한 권리로 여겨졌다. 인간이 법으로나마 전쟁 행위에서 민간인에 대한 공격을 금지한 지는 불과 70년도 되지 않았다.[7] 물론 지금도 잘 지켜지지 않는다. 국제협약으로 강제해도 민간인의 인권 따위는 무시당하기 일쑤다. 그러니 그 이전에는 최소한의 고려 대상조차 되지 않았다. 아니 전쟁의 목적이 약탈 그 자체인 경우가 오히려 일반적이었다.

춘추시대보다 훨씬 이전인 은(殷)나라 때의 기록에서도 전쟁의 약탈적 성격을 확인할 수 있다. 일례로 은나라 때의 복사(卜辭)*에는 "(아무개가) 강인(羌人)을 잡을 수 있을까요, 잡을 수 없을까요?" "내가 (강인의 가축) 1,000마리를 빼앗았습니다"[8] 같은 구절이 흔하게 등장한다. 그야말로 약탈 그 자체를 목적으로 전쟁의 길흉을 하늘에 물은 것이다. 춘추전국시대의 전쟁도 다르지 않았다. 그러니 약탈의 대상인 약자들의 삶은 참혹하기 그지없었다.

그런데 전투와 약탈이 전쟁이 만들어내는 비극의 전부는 아니다.

● — 복사(卜辭)란 은나라의 무사(巫士)들이 국가의 중요한 일을 결정하기 위해 점을 쳤던 기록을 말한다.

지금까지 계속 전쟁이 많았다고만 이야기했는데 사실 전쟁은 인간의 의지와 무관하게 일어나는 천재지변이 아니다. 반드시 전쟁을 일으키는 자가 있기 때문에 발발하는 것이다. 따라서 전쟁이 많았다는 것은 이런 자가 많았다는 말과 같은 의미다. 그런데 이들은 왜 전쟁을 벌이는 것일까? 보다 정확히 말해서 이 시대에는 왜 전쟁을 일으키는 자가 그렇게 많았던 것일까?

인간이 존재하는 한 갈등은 언제든지 존재하게 마련이다. 그리고 이해관계로 인한 것이든 복수심이나 분노에 의한 것이든 갈등은 폭력적인 방식으로 해결되기도 한다. 전쟁이란 결국 가장 폭력적인 형태로 갈등을 푸는 것이다. 그런데 세상이 비교적 안정되어 있을 때는 폭력으로 번지기 전에 적절한 타협으로 갈등을 해소하는 평화적인 장치가 기능을 발휘한다. 주(周)나라의 패권이 아직 살아 있던 서주(西周)시대에는 이른바 예법 질서를 통해 갈등을 조절했다.[9] 그런데 주나라의 힘이 약화되어 패권이 형태만 남게 되자 이런 평화적인 방법은 무시되기 시작했다. 이제 오로지 노골적인 힘만이 가장 확실한 문제 해결책으로 각광받기 시작한 것이다.

결국 기존의 가치 체계와 사회 시스템이 붕괴하고 힘이 모든 것을 결정하는 세상이 되었기에 노골적인 폭력으로 문제를 해결하는 전쟁이 빈번해진 것이다. 이 노골적인 폭력에 대한 숭상, 완력에 대한 집착이야말로 백성의 삶을 구렁텅이로 빠뜨리는 원흉이었다. 국가가 일종의 조폭 집단으로 전락한 셈인데 그러다 보니 권력의 행사 행태도 이들을 닮

아갔다. 폭력이 일상이 되는 것도 조폭이 대개 그러하듯 자신에게 힘이 있다는 사실을 각인시키기 위해 가끔 휘둘러대는 짓을 서슴지 않았기 때문이다. 따지고 보면 전쟁이 빈번해진 이유도 조폭이 영역 다툼을 벌이는 까닭과 완전히 똑같다. 이렇게 국가가 조폭 집단으로 변해버리면 백성도 오로지 착취의 대상으로 여겨질 수밖에 없다. 부국강병이라는 허울 좋은 명분 아래 혹독한 착취는 일상이 되어갔다.

이것이 당대 사람들이 마주해야만 했던 현실이다. 지금 우리에게 '헬조선'이 있다면 2500여 년 전 그들에겐 '헬중국'이 있었던 셈이다. 그런데 이렇게 극단적인 고통과 절망의 시대가 시작되면 좌절과 무력감이 세상을 지배할 것 같지만 인간이란 놀라운 존재여서 오히려 새로운 길을 찾아내기도 한다. 이렇게 새로운 길을 찾아 나선 사람들이 바로 제자백가의 사상가다.

이 책에서는 공자와 맹자, 묵자, 장자 그리고 한비자만 다룰 것이지만 이들뿐 아니라 백가쟁명(百家爭鳴)이라는 글자 그대로 엄청난 숫자의 사상가가 등장해서 새로운 시대를 만들어갈 길을 모색했다. 그렇게 새로운 길을 찾아가는 과정에서 극단적인 무정부주의에서부터 민본주의, 사해동포주의, 초월주의 심지어 전체주의까지 인간이 생각해낼 수 있는 모든 사상의 원초적인 형태들이 등장했다. 인류 역사상 그 유례를 찾아보기 힘든 '생각'의 폭발이 일어난 것이다.

철학은 그렇게 시작되었다.

01

儒家

인간을
믿을 수 없을 때

난세가 살기 어려운 것은 인간이 인간을 믿을 수 없기 때문이다. 언제 누가 나를 배신할지, 공격할지 알 수 없다. 한순간 타인을 잘못 믿었다가는 나의 생명조차 보장하기 불가능하다. 이렇게 인간에 대한 신뢰가 바닥에 떨어진 세상에서는 어떻게 살아가야 할까? 이것이 공자가 가진 가장 중요한 문제의식이었다.

古之學者爲己 今之學者爲人

● ● ●

옛사람들은 자신의 완성을 위해 공부를 했건만,
지금의 사람들은 남들이 알아주기를 원해서
공부를 하는구나.

—『논어』헌문편

인간에 대한 믿음을 잃다

공자가 제자들과 함께 태산을 지날 때의 일이다.[10] 지금도 높은 산이지만 2,500여 년 전인 만큼 당시의 태산은 울창한 삼림으로 둘러싸여 있었을 것이다. 그런데 이 깊은 산골을 지나가던 공자 일행에게 이상한 소리가 들리기 시작했다. 그것은 한 여인의 구슬픈 울음소리였다. 공자 일행은 그 소리를 차마 지나치지 못하고 여인을 찾아 나섰다. 알고 보니 여인이 무덤 앞에서 울고 있는 것이었다. 공자가 제자인 자로(子路)에게 연유를 알아보게 했다. 여인의 사연은 글자 그대로 기구했다.

"원래 저는 시아버지와 남편 그리고 아들과 함께 이곳에서 살았습니다. 그런데 이 주변은 호랑이가 사는 곳이었지요. 시아버지가 오래전에 그 호랑이에게 물려 돌아가셨답니다. 그러고 얼마 지나지 않아 저의 남편 또한 호랑이에게 변을 당했습니다. 그런데 이번에는 아들마저 호랑이에게 목숨을 잃게 된 것입니다."

이야기를 듣던 자로는 문득 이상하다는 생각이 들었다. 호랑이가 있다는 사실을 알았다면 진즉에 도망가는 게 옳지 않은가? 그래서 여인에게 물었다.

"그런데 당신은 왜 도망치지 않고 이곳에 머물고 있습니까? 왜 호랑이가 없는 곳으로 가지 않습니까?"

여인이 대답했다.

"여기엔 가혹하고 악독한 정부가 없기 때문입니다."

자로에게 말을 전해 들은 공자는 탄식하며 제자들에게 말했다.

"이 일을 잊지 말도록 하여라. 가혹한 정치는 호랑이보다 무서운 것이다."

인간이 모여서 사는 이유는 혼자 사는 것보다 안전하기 때문이다. 혼자라면 호랑이나 늑대의 먹잇감이 되기 십상이지만 모여 있으면 이런 들짐승의 공격은 막을 수 있기 때문이다. 다만 모여 살려면 기본 전제가 충족되어야 한다. 그것은 바로 자기가 소속된 집단을 믿을 수 있어야 한다는 것이다. 집단에 소속되면 최소한 혼자 벌판에서 호랑이를 상대하는 것보다는 자신을 더 안전하게 보호해주리라는 믿음이 있어야 모여 사는 것이 가능하다. 현대적인 개념을 빌려 쓰자면 '신뢰'라는 이름의 사회적 자본[1]이 필요한 것이다.

그런데 춘추전국시대처럼 착취와 약탈이 일상이 된 사회는 호랑이보다 더 위험하다. 사실 호랑이는 기껏해야 몇 명을 죽일 수 있을 뿐이다. 하지만 지배자에 의한 착취와 약탈은 수천, 수만의 인간을 지속적으로 학살한다. 이런 상황이 계속되면 차라리 벌판에서 호랑이를 상대하는 쪽이 낫겠다고 생각하는 사람이 늘어나는 것도 전혀 이상한 일이 아니다. 공자가 태산에서 만난 여인의 가족도 자세한 내막은 알 수 없으나 같은 생각으로 깊은 산속으로 들어갔을 것이다. 다만 이런 식이 되면 모여 있어야만 제대로 된 기능을 발휘하는 이른바 문명사회는 유지될 수 없다.

그럼 이렇게 일반 백성의 삶이 나락으로 떨어진 대신 지배 계급의 삶은 편안했느냐 하면 이들도 전혀 그렇지 못했다. 아니 폭력이 지배하는 세상에서는 지배자의 삶이 오히려 더 불안할 수 있다. 언제 자신의 자리를 빼앗기고 비참하게 살해될지 모르기 때문이다. 이런 상황은 멀리 갈 것 없이 공자가 생존했던 당시 노(魯)나라의 사정만 봐도 알 수 있다.

공자가 성인이 될 무렵 노나라의 군주는 소공(昭公)이었다. 그런데 소공은 허수아비에 불과한 허울뿐인 군주였다. 얼마나 힘이 없었는가 하면 자신의 아버지인 양공(襄公)에게 제사할 때 제례무(祭禮舞)[12]를 출 무용수를 겨우 4명 동원한 게 전부였을 정도다. 그러면 나머지 무용수는 다 어디 갔을까? 노나라가 강대국은 아니었어도 주공(周公)[13]의 제사를 받드는 상당히 중요한 제후국이었는데 무용수가 부족했을 리는 없다.[14] 나머지 무용수는 모두 당대의 권신들이었던 삼환(三桓)[15]의 집안에서 춤을 추고 있었다고 한다. 선대 임금의 제사에 동원되어야 할 무용수들이 제사 당일 신하들의 집에서 춤을 추고 있었으니 하극상도 이런 하극상이 없다. 굴욕이 이 지경에 이르자 소공도 더 이상은 참을 수 없어서 군대를 몰아 삼환의 우두머리인 계손씨(季孫氏)를 공격했다. 하지만 이미 군사력과 경제력을 독점한 삼환의 힘을 당해낼 수 없었다. 결국 실패한 소공은 제(齊)나라로 도망을 쳤다. 그런데 소공이 도망을 가서 임금 자리가 비었는데도 삼환은 구태여 새로운 임금을 세우지 않았다. 소공이 제나라에서 울분 속에 죽을 때까지 7년 동안 이들은 임금 없이 노나라를 다스렸다.

이 정도 권세를 휘둘렀지만 삼환의 집안 역시 자신의 안전을 보장할 수 없었다. 이번엔 삼환 집안의 가신들이 나서서 주인을 물어뜯기 시작했다. 삼환의 우두머리인 계손씨 집안이 특히 심했는데 먼저 계손씨의 가신이었던 양호(陽虎)가 난을 일으켰다. 계손씨 집안의 가장으로 노나라의 실권자였던 계평자(季平子)가 죽은 권력 공백기를 틈타 일종의 쿠데타를 일으킨 것이다. 그는 쿠데타 후 조정 대신들을 잡아 죽였으며, 계평자의 후계자인 계환자(季桓子)를 구금하고 임금인 정공(定公), 자신의 주군인 계환자 등과 맹약을 맺어 권력을 공고히 했다. 한 나라의 임금과 대신이 겨우 한 집안의 가신과 대등한 맹약을 맺을 정도였으니 나라 꼴이 말이 아니었던 것이다. 양호는 쿠데타 이후 반대자를 수시로 잡아 죽이는 공포 정치로 노나라를 다스렸지만 결국 4년 만에 쫓겨나고 말았다. 그러나 양호가 없어졌다고 해서 권력이 임금에게 돌아온 것은 아니다. 그저 삼환의 시대가 다시 시작된 것에 불과했다. 그 후에도 양호와 한통속이었던 공산불뉴(公山不狃)의 난이 일어나는 등 노나라의 정치는 혼란 그 자체였다. 지배자인 임금이나 대신들의 삶도 불안하긴 마찬가지였던 것이다.

공자의 말을 빌려 표현하자면, 공자가 살았던 시대는 글자 그대로 세상이 어지러워 도리가 제대로 행해지지 않는 천하무도(天下無道)의 시대였던 셈이다. 기존에 사회에 존재하던 제도와 질서가 파괴되었고 이에 사람들은 극도의 불안감에 시달리게 되었다. 주나라라는 중앙정부의 통합된 시스템이 파괴되었기 때문에 분쟁, 갈등과 모순이 폭발했고 당연히 수많은 제후가 토지, 백성, 자원을 쟁탈하려고 나섰다. 끊임없이 전쟁이 일어난 것이다. 다시 말해 춘추전국시대는 그때까지 인류가 생활하는 데 의존해온 기본적인 원칙, 가치, 그리고 이념이 모두 사라진 시대였던 셈이다.[16]

儒家

세상에 기꺼이 뛰어드는 용기

기존의 가치와 신념이 이렇게 모두 무너진 시대가 왔을 때 과연 무엇을 할 수 있을까? 아마 가장 일차적인 선택은 세상에 대한 혹은 인간에 대한 믿음을 아예 접고 세상을 등지는 것 아닐까? 앞서 공자가 만난 여인의 가족처럼 세상과의 관계를 끊고 산속으로 숨어드는 것 말이다. 그런데 이런 사람이 태산의 여인 같은 평범한 백성만은 아니었다. 세상에 좌절한 지식인들도 같은 선택을 하곤 했다. 공자가 만난 장저(長沮)와 걸익(桀溺)이라는 지식인 역시 그랬다.

이 일화는 공자가 자신의 이상을 받아줄 임금을 찾아 천하를 유랑하던 중 있었던 일이다. 공자 일행이 황하를 건널 수 있는 나루터가 어디인지 몰라 강을 따라 하염없이 내려가다 쟁기를 부려 밭을 갈고

있는 장저와 걸익을 만났다. 공자는 제자 자로를 시켜 그들에게 나루
터가 어디에 있는지 물어보게 했다. 자로가 달려가서 나루터를 묻자
장저가 되물었다.

"저기 수레 고삐를 잡고 있는 사람은 누구인가?"

"공구(孔丘)●입니다."

"노나라의 그 공구란 말인가?"

"그렇습니다."

"그는 나루터를 알고 있을 것이오."

이게 무슨 황당한 대답이란 말인가. 길을 몰라서 물었는데 너희
스승이 길을 알고 있을 거라고 답하다니. 사실 이 대답은 야유였다.
'잘난 척하는 네 스승에게나 물어봐라.' 자로는 이번엔 옆에서 밭을
갈고 있던 걸익에게 나루터를 물었다. 그러자 그 역시 되물었다.

"그대는 누구시오?"

"중유(仲由)●●입니다."

"노나라 공구의 제자란 말이오?"

"그렇습니다."

"지금 세상이 도도히 흐르는 흙탕물과 같은데 어느 누가 고치겠
는가. 그대는 사람을 피해서 이 나라 저 나라 떠도는 선비를 따르기보
다는 차라리 세상을 피하는 선비와 함께하는 것이 어떻겠소?"

● — 공자의 본명
●● — 자로의 본명

그러면서 밭 가는 일을 그만두지 않았다고 한다. 쓸데없이 세상을 바꿀 수 있다고 잘난 척하지 말고 자신들처럼 숨어 살자는 권유다. 이 말을 전해 들은 공자는 탄식하며 말했다.

"새나 짐승과 함께 무리를 이룰 수는 없다. 내가 이 세상 사람들과 함께 살지 않고 누구와 더불어 산단 말인가. 천하에 도(道)가 있다면 내가 구태여 바꿔놓기 위해 안달하지 않을 것이다."[17]

모두가 세상에 대한 기대를 접었을 때 공자는 그렇게 하지 않았다. 공자는 세상을 등지는 방식으로는 시대가 당면한 고통을 해결할 수 없다고 생각했다. 타인의 고통이야 어찌 되든 혼자만 살 궁리를 하는 것이 아니라면, 바로 지금 이곳에서 시작해야 한다고 생각한 것이다. 비록 실망스럽고 한심해 보일지라도 인간들 속에서 문제를 해결해야 한다고 믿은 까닭이다. 중국의 대표적인 현대 유학자인 베이징대 두웨이밍 고등인문연구원장은 이러한 공자의 신념을 다음과 같이 설명한다.

유가사상(儒家思想)의 특징은 입세(入世), 즉 이 세상을 받아들이는 것이다. 우리는 이 세상에 살고 있으며, 이곳이 생명의 공동체라고 생각한다. 우리는 이 세계에 살면서 이 세상의 게임의 규칙을 받아들이고, 이 세계의 권력 구조와 불합리한 현상을 받아들이면서 이를 변화시켜야 하는 것이다. 하지만 이를 변화시킬 때 절대로 이 세상을 떠나서는 안 된다. 우리는 이 세계 안에서 세상을 변화시켜야 한다. 공자가 말한 대로 "새나 짐승과 함께 무리를 이룰 수는 없다. 내가 이 세상 사람들과 함께 살지 않고 누구와 더불어 산단 말인가." 나는 인간이고, 그렇다면 이 세상을 바꿔나가야만 한다. 그런데 이 세상을 무슨수로 바꿀 수 있을까? 바로 인간을 통해 가능하다. 인간의 자각, 인간이 도입한 제도, 인간 자체를 통해 새로운 가치, 자원으로 인류 사회의 안정, 그리고 인간의 존재와 번영을 지켜야 하는 것이다.[18]

儒
家

———

믿음이 없으면 설 수 없다

공문십철(孔門十哲)[19]이라는 말이 있다. 공자 문하의 가장 뛰어난 제자 10명을 가리키는데 그중에서도 가장 많이 언급되는 제자를 세 사람만 꼽자면 아마 자로와 안회(顔回), 그리고 자공(子貢)일 것이다. 정치의 자로, 덕행의 안회, 언어의 자공이라고 할 수 있는데 특히 자공은 『논어』를 보면 공자에게 수도 없이 많은 질문을 던진다.

사실 자공은 무척이나 캐릭터가 독특한 인물이다. 우리는 공자의 제자라면 뭔가 이상주의적인 기질로 가득한, 다시 말해서 현실에서 좀 떨어져 있는 존재라 생각하는 경향이 있다. 그런데 자공은 재미있게도 가장 현실적인 인간형이라고 할 상인 출신이다. 그리고 당연한 이야기지만 그러한 이력 때문에 공자 문하의 경제적인 지원을 도맡다

시피 했다. 학문의 세계와 현실적인 상업의 세계를 넘나들며 그 경계에 선 인간이라고나 할까. 자공이 공자에게 그토록 많은 질문을 던진 이유도 어쩌면 그가 이렇게 경계에 선 인간이기 때문이 아니었을까?

아무튼 『논어』를 읽다 보면 우리가 궁금해할 만한 지점에선 '역시나' 싶을 정도로 반드시 자공의 질문이 등장한다. 그런 자공의 질문 중 공자에게 정치란 무엇인지를 물은 것이 있다. 흔히 자공문정(子貢問政)이라고 하는 이 일화에서 공자의 대답은 다음과 같았다.

"경제를 살리고, 군대를 튼튼히 하고 백성에게 믿음을 얻는 것이 바로 정치의 핵심이다."

그러자 자공이 다시 물었다.

"어쩔 수 없이 어느 하나를 포기해야 한다면 무엇을 먼저 포기해야 합니까?"

"그럴 경우 군대를 포기하는 수밖에 없다."

"또 부득이 한 가지를 더 포기해야 한다면 어찌합니까?"

"그렇다면 경제를 포기해야 한다. 자고로 사람은 언젠가는 죽게 마련이다. 하지만 백성들의 믿음이 없으면 나라가 존재할 수 없는 것이다."[20]

흔히 공자는 이상주의자여서 군사적인 문제나 경제 개발 따위는 도외시한 것처럼 생각하는데 그건 명백한 오해다. 공자는 언제나 현실 정치에 참여하기 위해 노력한 경세가(經世家)였으며 결코 부국강병이라는 문제를 외면하지 않았다. 다만 사람들이 부국강병이라는 현상적인 측면에만 집중한 데 반해 공자는 이를 이야기하기 전에, 아니 나라를 부유하게 만들고 군대를 강하게 하기 위해서라도 결코 잊지 말아야 할 더 근본적인 측면이 있다는 점을 항상 강조했다. 그것이 바로 믿음이고 신뢰다. 인간이 모여서 사회를 이루고 살려면 앞서 언급한 것처럼 반드시 그 사회에 대한 최소한의 신뢰가 필요하기 때문이다.

하지만 문제는 당시가 말 그대로 난세라는 점이다. 공자는 난세를 해결하기 위해 인간과 사회에 대한 신뢰를 회복해야 한다고 주장했지만 냉정하게 이야기하자면 난세이기 때문에 오히려 인간과 사회를 믿을 수 없었던 것이다. 그러므로 중요한 것은 신뢰가 근본이 되어야 한다는 당위적인 언급이 아니라 '어떻게 하면 인간에 대한, 사회에 대한 신뢰를 회복시킬 수 있는가'라는 방법이었던 것이다.

儒
家

모성은 생존의 근본이다

이쯤에서 좀 엉뚱할지 몰라도 옛날이야기를 하나 해볼까 한다.

어느 나라에 젊은 장수가 있었다. 전쟁터에서는 항상 승리하는 상승장군(常勝將軍), 평화 시에는 뛰어난 대신으로 임금의 사랑을 한 몸에 독차지하는 존재였다. 출장입상(出將入相)이라는 말이 있는데, 그는 말 그대로 나가서는 장수요, 돌아와서는 재상인 인재였다. 그에게는 사랑하는 여인이 있었다. 여인도 그 장수를 사랑했다. 아마도 여인에게 장수는 살아가는 보람을 느끼게 해주는 존재였을 것이다.

그런데 하늘도 이들의 행복을 시기했는지 참혹한 불행이 닥치고 말았다. 장수가 어느 전투에서 어이없는 참패를 당한 것이다. 부하들은 몰살당하고 장수는 겨우 목숨만 건져서 돌아왔다. 임금은 분노했다. 믿었던 만큼 배신감도 컸던 것일까. 장수의 벼슬을 빼앗는 것에 그치지 않고 발꿈치를 자르는 월형(刖刑)을 내려 불구자를 만든 것이다. 앞날이 창창하던 젊은 장수는 추락했다. 그는 가난과 불구라는 짐을 짊어지고 평생을 살아가야만 했다.

이런 상황에서도 과연 여인은 장수를 계속 사랑할 수 있을까? 프로그램 제작 중 나는 주변 사람들에게 이 이야기를 들려주고 그들의 대답을 물어보곤 했다. 물론 사랑할 수 있다는 사람도, 어려울 것 같다고 한 이도 있었다. 하지만 "사랑할 수 있다"고 대답할 때에도 한참 고민한 후에야 조심스레 말하는 경우가 대부분이었다. 할 수는 있지만 결코 쉬운 일은 아니라는 의미다.

그런데 나는 이 이야기를 하면서 한 가지 사실을 의도적으로 숨겨놓았다. 그것은 이 여인이 장수의 어머니라는 점이다. 여인이 장수의 어머니라는 사실을 밝히는 순간 사람들의 반응은 한결같았다. 아주 쉽게 너무도 당연하다는 듯 여인이 장수를 계속 사랑할 것이라고 답했다. 여인이 장수를 버릴 것이라고 예상한 사람은 단 한 명도 없었다. 왜 그렇게 생각하느냐고 되물어보면 사람들은 오히려 어이없어했다. 당연한 걸 왜 물어보냐는 식이었다. 아마 여러분의 반응도 다르지 않을 것이다. 누구도 어머니의 사랑을 의심하지 않기 때문이다.

이렇게 강렬한 어머니의 자식 사랑은 심지어 들짐승에게서도 찾아볼 수 있다. 단장(斷腸)이라는 한자 성어가 있는데, 이 말이 생기게 된 배경 설화를 보면 모든 어미에게 있는 자식 사랑이 얼마나 강한지 알 수 있다.

위진남북조시대(魏晉南北朝時代)인 347년경에 동진(東晉)의 장군 환온(桓溫)은 촉(蜀)나라를 정벌하기 위해 여러 척의 배에 군사를 나누어 싣고 출정했다. 촉으로 가는 도중 양자강 중류의 협곡인 삼협(三峽)이라는 데를 지나게 되었는데 이곳은 촉으로 들어가는 초입으로 중국에서도 험하기로 유명했다. 환온의 군사들은 이곳을 지나면서 아마도 선착장에서 휴식을 취한 모양인데 그 와중에 한 병사가 새끼 원숭이 한 마리를 잡아왔다. 모두들 원숭이 새끼를 구경하며 즐거워했다. 그런데 계곡 쪽에서 서러운 울음소리가 들리기 시작했다. 병사들이 소리를 좇아 시선을 돌리니 어미 원숭이 한 마리가 그야말로 울부짖으며 배를 따라오는 것이 아닌가. 새끼 원숭이의 어미였다. 그러다가 배가 강어귀가 좁아지는 곳에 이를 즈음 어미 원숭이는 몸을 날려 선상으로 뛰어올랐다. 하지만 원숭이는 험하기로 이름난 곳을 100여 리나 좇아온 탓에 너무 지친 나머지 배에 오르자마자 죽고 말았다. 배에 있던 병사들이 죽은 원숭이의 배를 가르고 보니 창자가 토막토막 끊어져 있었다. 자식을 잃은 슬픔이 창자가 끊어질 정도로 컸던 것이다. 자식을 빼앗긴 부모의 마음은 짐승도 다르지 않다.

우리가 '모성애'라고 부르는 이 어머니의 사랑 혹은 조금 넓혀서 부모의 사랑이 바로 유교 철학의 출발점이다. '그래, 세상에 믿을 사람 하나 없을지도 모르지. 믿는 게 오히려 바보인지도 몰라. 하지만 엄마, 아빠는 달라. 그래도 엄마, 아빠는 믿을 수 있거든'이라는 가장

기초적인 믿음이 지옥 같은 세상을 구할 수 있는 시발점인 것이다. 인간이 자기 자신이 아닌 다른 사람을 사랑하는 것이 가능함을 보여주는 첫 번째 증거이기 때문이다.

사실 부모의 자식 사랑은 인간의 감정 중 가장 원초적이고 무조건적인 것이다. 현대 과학의 힘을 빌려 인간의 뇌 구조를 살펴봐도 인간의 자식 사랑이 얼마나 자연적이고 원초적인 감정인지 알 수 있다. 이야기가 너무 늘어지지 않도록 간단하게 살펴보자.

인간의 뇌는 가장 안쪽에서부터 바깥쪽으로 진화했다고 한다. 무슨 말인가 하면 인간 뇌의 가장 안쪽에는 파충류 단계의 뇌가 있고, 그다음에는 포유류 단계의 뇌, 마지막 가장 바깥쪽에는 '호모 사피엔스'의 뇌가 자리 잡고 있다는 것이다. 따라서 인간의 감정도 가장 원초적인 공포, 분노, 기쁨, 슬픔 같은 것은 원초적인 뇌인 포유류의 뇌에서 이루어진다. 반대로 사회적인 감정, 다시 말해서 다른 사람과의 관계를 바탕으로 작동하는 애정이나 사랑 등은 마음을 조절하는 의지가 필요한 영역으로 호모 사피엔스의 뇌를 필요로 한다. 그런데 사회적인 감정 중 하나라고 할 수 있는 모성애는 특이하게도 보다 원초적인 포유류의 뇌에 뿌리박고 있다. 이 때문에 모든 포유류에게서 모성애를 발견할 수 있는 것이다.[21] 이는 곧 그만큼 근원적인 감정이라는 이야기다. 대표적인 현대 유학자인 베이징대 두웨이밍 고등인문연구원장이나 하와이대 로저 에임스 교수도 인간관계의 출발점으로 이 부분을 강조한다.

인간은 양육자에 대한 의존성이 높으나, 대다수의 동물은 태어난 지 얼마 안 되어 바로 독립할 수 있다. 어떤 동물은 태어나자마자 독자적으로 살아나가기도 한다. 반면 세 살짜리 아이는 혼자 살아갈 능력이 없어 반드시 누군가에게 의존해야 한다. 이렇게 누군가에게 의존할 때 사랑이 필요한 것이다. 사람은 반드시 사람과 사람 사이의 관심을 필요로 한다. 그리고 부모의 자식에 대한 사랑은 자연적으로 우러나오는 것이다.

인간 생존의 관점에서 볼 때, 자연적으로 우러나오는 사랑은 가장 필수적이며, 감정적인 관점에서 볼 때도 가장 핵심적인 것이다. 이와 같은 원초적인 사랑은 그 자체적으로 매우 깊은 도덕적 가치가 있다. 또한 올바른 인성(人性)을 형성하는 데 필수 불가결한 요소이기도 하다. 사랑의 관점에서 볼 때, 자연적으로 우러나오는 사랑이 있기 때문에 인간과 인간은 평화롭게 공존할 수 있다. 가족은 인간이 사랑을 받는 환경에서 성장할 때의 가장 필수적인 요소인 셈이다.[22]

또한 우리가 세상에 나올 때 완전히 독립된 개별적 인간으로 태어나지 않는다는 점을 명심해야 한다. 우리는 우리와 가장 가까이 연결된 사람들과의 관계 속에서 태어난다. 가정과 공동체 안에서 태어나는 것이다. 이런 관계는 도덕적 신뢰를 발전시키는 출발점이다. 사랑받았기 때문에 사랑을 배운다. 만약 아이를 한 시간, 하루, 일주일 동안 고립시키면 그 아이는 사회적으로 위태롭게 될 것이다. 아이들은 사랑받아야만 하고 사랑받으면서 사랑을 알게 되기 때문이다. 즉 가족 관계는 다른 이들을 존중하는 것을 배우는 출발점이다. 다른 사람들에게 관심을 갖는 것은 물론 타인과의 관계를 발전시키는 습관도 익힌다. 유교에서 도덕성은 반드시 관계 안에서 성장하는데 우리는 가족에서 시작해 관계의 성장을 배울 수 있다.[23]

儒
家

사랑받은 이만이
사랑할 수 있다

공자는 이처럼 인간의 가장 원초적이고 자연스러운 감정인 부모의 자식 사랑에서 인간에 대한 신뢰를 회복할 첫 번째 가능성을 발견했다. 이러한 사랑은 부모의 사랑에 반응하는 자식의 자연스러운 감정, '효(孝)'로 이어진다. 로저 에임스 교수의 말처럼 사랑받았기 때문에 사랑을 배우는 것이다.

그런데 유교 철학에 대해 이야기할 때 효만큼 많은 오해를 불러일으키는 것이 없다. 효를 자연스러운 인간의 감정으로, 부모의 사랑에 대한 자식의 반응으로 받아들이지 않고 가부장에 대한 절대적인 복종 맹세 정도로 생각하기 때문이다. 단언컨대 이런 식으로 효를 이

父有爭子 則身不陷於不義

●●●

아버지에게 간쟁하는 자식이 있다면,

그 아버지가 의롭지 못한 일에 빠지지 않을 것이다.

—『효경』간쟁편

해하는 것은 공자의 효에 대한 명백한 오해다. 그리고 유교적이라기보다는 오히려 사무라이적이다. 사무라이 방식의 상명하복 문화를 유교적인 관점과 구별하지 못하는 이런 천박한 이해야말로 유교에 대한 오해를 만든 가장 큰 원흉이다. 그런 의미에서 한국 사회의 병폐와 관련해서 공자에게 쏟아지는 비난은 대상을 완전히 잘못 잡았다 할 것이다. 편협한 가부장주의나 기계적인 상명하복 문화는 실상 일본 제국주의 시대의 잔재일 뿐 공자와는 무관하기 때문이다.[24]

그렇다면 공자가 이야기한 효는 과연 어떤 것일까? 『논어』 위정편(爲政篇)을 보면, 어느 날 맹무백(孟武伯)[25]이라는 사람이 공자에게 효에 대해 물었다. 공자의 대답은 다음과 같았다.

"부모는 오직 자식이 병이 들지 않을까 걱정하신다."[26]

그런데 이 대답은 좀 이상하다. 효가 무엇이냐고 물었는데 공자는 자식이 어떠어떠해야 한다고 대답하지 않고 그저 부모의 마음이 어떠한지에 대해서만 말했기 때문이다. 동문서답이다. 왜 이런 식으로 대답한 것일까? 그것은 효가 부모의 마음에 대한 자식의 반응이기 때문이다. '부모님은 이 정도로 너를 사랑하신다. 그러니 너는 어찌해야 하겠느냐?' 하는 물음인 셈이다. 사랑받았기 때문에 사랑을 배운다는 관점이 명확히 드러난다. 그의 대답 어디에도 상명하복 따위의 이해가 들어갈 틈은 없다. 공자는 효를 이야기할 때 항상 부모가 나를 사랑하신다는 점을 전제로 하기 때문이다.

이러한 관점은 공자의 제자 중 효와 관련해 가장 유명한 인물인 증삼(曾參)＊의 일화에서도 확인할 수 있다.

　하루는 증삼이 아버지인 증석(曾晳)과 함께 오이밭의 김을 매고 있었다. 그런데 실수로 그만 오이 줄기를 하나 밟아서 끊어먹고 말았다. 그 모습을 본 아버지는 화가 났다. 그래서 한차례 혼을 낸 후 다시 김을 매기 시작했다. 그런데 아무래도 증삼의 몸놀림이 그리 민첩하지 못했던 모양이다. 오이 줄기를 또 끊어먹고 말았다. 이번에는 화가 많이 난 아버지가 옆에 있던 몽둥이를 집어 들고 증삼에게 달려들었다. 효자인 증삼은 아버지가 휘두르는 몽둥이를 그대로 맞았다. 그러다 갑자기 화가 나서 휘두른 몽둥이인지라 탈이 나고 말았다. 어디를 잘못 맞았는지 증삼이 그만 기절을 하고만 것이다. 아버지 입장에서는 큰일이 아닐 수 없다. 순간적으로 화가 치밀어 아들을 때리긴 했지만 잘못되길 바라고 그런 것은 아니었기 때문이다. 아마도 성질이 좀 있는 부모라면 간혹 이런 경험을 해보았을 것이다. 그렇게 아버지가 쩔쩔매고 있는데 다행히 깨어난 증삼은 오히려 아버지를 걱정했다고 한다. 정말 대단한 효자임에 분명하다.

　그런데 이 이야기를 전해 들은 공자가 오히려 버럭 화를 내고는 제자들에게 증삼이 학당에 다시는 발을 붙이지 못하게 하라고 명했다. 말하자면 퇴학을 시킨 것이다. 증삼은 생각에 생각을 해봐도 자신

──────────────

● ── 보통 증자라고 존칭한다. 공자가 천하 주유를 마치고 고향 노나라로 돌아온 다음에 받아들인 만년의 제자인데 효행으로 널리 알려졌으며 실제 『효경』의 저자이기도 하다. 그의 학풍은 공자의 손자인 자사를 거쳐 맹자에게로 이어졌다.

이 뭘 잘못했는지 알 수 없었다. 아무리 심성이 어진 증삼이라 해도 상당히 억울했을 것이다. 그래서 친구들에게 스승님이 왜 화가 나셨는지 알아봐달라고 했다. 그에 대한 공자의 대답은 이러했다.

"옛날 순(舜)임금께서 그 아버지를 모실 적에 아버지가 회초리를 들고 때리면 맞았지만 몽둥이를 들고 때리면 도망가서 나타나지 않았다. 그래서 아버지 고수(瞽瞍)는 (자식을 때려서 병신을 만들거나 잘못되게 만든) 짐승만도 못한 아비라는 죄까지는 범하지 않았고, 순도 효를 잃지 않은 것이다. 그러나 이제 증삼은 아버지를 모시는데 그 몸을 내맡겨 마음대로 때리도록 하고 거의 죽기에 이르러도 피하지 않았으니 만약 아들이 죽었다면 그 아버지는 불의에 빠지게 되었을 것 아니냐? 이보다 더 큰 불효가 어디 있겠느냐?"

그제야 자신의 잘못을 깨달은 증삼은 공자에게 용서를 빌었다고 한다.[27]

이처럼 공자가 생각하는 효에는 항상 부모가 자식을 사랑한다는 전제가 깔려 있다. 그리고 이런 사랑을 받고 자란다면 당연히 자식에게 부모의 사랑에 감사하는 마음이 자연스레 생겨날 것이라고 생각했다. 이것이 바로 효이고 인간이 타인을 사랑할 수 있는 또 하나의 가능성이다.

儒家

자식조차 사랑하지 않는다면

불행히도 세상에는 서로 사랑하지 않는 가족도 있다. 불효한 자식은 물론이거니와 자식에게 가혹한 부모도 적지 않은 것이 현실이다. 욕망에 눈이 멀면 자연스러운 인간의 감정조차 장담할 수 없기 때문이다. 공자 역시 그 사실을 잘 알고 있었다. 공자가 가족을 강조하고 가족 사랑을 중시했다고 해서 가족 관계를 그저 아름답고 행복하기만 한 것으로 생각한 것은 절대 아니다.

객관적으로 이야기하자면 가족은 인간에게 부정적인 영향을 미칠 수 있는 존재다. 가족은 심지어 사기, 모순, 갈등을 야기하는 사이가 될 수도 있다. 따라서 공자나 맹자가 "가족을 중시하라"고 한 것은 이런 부정적인 상황까지를 모두 포괄한 말이라고 이해해야 한다. 예를 들어 유교의 가장 이상적인 인간형 중 한 사람인 순임금은 효자로 유명하지만 그의 가족 관계는 매우 험악했으며 살벌하기 그지없었다. 아버지인 고수는 계모와 짜고 자식을 죽이려고 했으며 배다른 동생은 형의 것을 빼앗을 궁리만 했다. 따라서 이런 상황에 대처하는 순임금의 일화들은 결코 '효란 부모 말씀에 순종하는 것이다' 정도로 단순하게 정리할 수 없다. 자식을 죽이려는 음모에서 도망치고 부모의 허락도 받지 않고 결혼하는 등 전체적으로 보자면 순임금은 공손하기는 하되 결코 순종적이지 않은 자식이었다. 그런 만큼 공자의 가정에 대한 이해는 매우 복잡하다. 단순하게 가족은 좋다거나, 가정이 조화로우면 만사가 좋다고 그렇게 말할 수는 없다.[28]

그런데 춘추전국시대는 난세였던 만큼 자식에게조차 가혹한 부모가 적지 않았다. 이와 관련된 많은 이야기가 있지만 역아(易牙)와 악양(樂羊)의 이야기가 당대의 분위기를 잘 전해줄 것이다.

먼저 역아라는 인간에 대해 알아보자. 역아는 춘추시대 첫 번째 패권 국가였던 제나라 환공(桓公)의 요리사였다. 못 하는 요리가 없어서 환공에게 사랑받았다. 하루는 환공이 역아의 요리를 칭찬하면서 가벼운 농담을 했다.

"내가 네 덕분에 먹어보지 못한 음식이 없구나. 사람 고기 빼고는 다 먹어본 것 같구나."

다음 날 역아가 새로운 요리를 내놓았는데 살이 부드럽고 맛이 색달랐다. 환공이 물었다.

"이것이 무슨 요리인가?"

"주군께서 맛보지 못한 요리를 만들기 위해 소신의 어린 아들을 삶았나이다."

자기 자식을 삶아서 바치다니…. 환공은 자식조차 아끼지 않는 역아의 충성심에 감복했다. 하지만 환공의 패업을 있게 한 명신 관중(管仲)의 해석은 전혀 달랐다.

"자기 자식을 삶아서 요리를 만드는 사람은 인간의 도리를 기대할 수 없으니 버리십시오. 꾸민 일은 오래가지 못하고 거짓은 감추어도 길게 가지 못합니다. 그는 평생 착한 일을 해보지 못했기 때문에 죽음 또한 좋지 못할 것입니다."[29]

한마디로 자식조차 사랑하지 않는 인간은 절대 믿어서는 안 된다는 말이다. 사실 역아라는 인간은 얼핏 살펴봐도 간신의 냄새가 풀풀 풍긴다. 그런데 또 다른 경우인 악양의 이야기는 조금 더 복잡한 사정을 담고 있다.

儒
家

―

사랑보다 우선한 충성은 거짓이다

악양이라는 인물이 역사에 등장한 것은 기원전 408년 위(魏)나라와 중산국(中山國)이 전쟁할 때다. 당시 위나라의 군주였던 문후(文侯)는 위나라 최고의 명군으로서 안정적인 내치를 기반으로 활발한 팽창 정책을 펼치고 있었다. 중산국과의 전쟁 역시 이의 일환이었는데 정복 전쟁의 사령관으로 발탁한 악양은 무명에 가까운 시골 선비였다. 파격 발탁인 셈이다. 당연히 악양은 반드시 전쟁을 승리로 이끌겠다는 결의로 가득했다. 전쟁은 위나라의 우세 속에 진행되었다. 뛰어난 군주가 물심양면으로 지원하고 결의에 찬 장군이 이끄니 당연한 결과인지도 모른다. 중산국은 멸망의 두려움에 떨어야 했다.

사태가 위급해지자 중산국은 그동안 감춰두었던 비장의 카드를 꺼냈다. 그것은 악양의 아들 악서(樂舒)였다. 악서는 일찍이 중산국에서 벼슬을 하고 있었다. 중산국 왕은 악양에게 군대를 물리지 않으면 아들을 죽이겠다고 협박했다. 그런데 이 협박은 전혀 효과가 없었다. 악양이 마음대로 하라며 공격의 고삐를 더욱 죄었기 때문이다. 성루에 오른 아들에게 화살까지 쏘려 했다. 막바지에 몰린 중산국은 결국 더 강력한 카드를 꺼내 들었다.

군대를 물리라는 요구를 거절한 지 며칠 지나지 않아 중산국은 악양에게 새로운 사신을 파견했다. 그런데 그는 다른 어떠한 협상 문서도 없이 달랑 고깃국 한 그릇만 가지고 왔다. 전쟁 중에 적장에게 고깃국이라니? 이 어울리지 않는 조합에는 사실 중산국의 강력한 암수가 숨어 있었다. 그 고깃국은 악양의 아들인 악서를 죽여서 그 주검으로 끓인 것이었다. 악양에게 최대한 충격을 주어 전쟁을 유리하게 이끌겠다는 계산이 깔린 짓이다. 그런데 악양은 실로 경악스럽게도 아들로 끓인 고깃국을 단숨에 들이켰다. 중산국의 사신은 소스라치게 놀랐다. 아니 경악한 것은 사신만이 아니었다. 중산국의 왕도 경악했다. 결국 중산국은 악양의 손에 함락당하고 말았다. 아마도 악양은 자신의 잔혹한 행위를 대의멸친(大義滅親)이라는 이름으로 정당화했을 것이다.

중산국과의 전쟁을 승리로 이끈 이후 악양은 당연히 승전보를 임금인 문후에게 보냈다. 문후는 악양의 보고서를 받고 크게 놀라면서도 한편으로는 그의 충성심에 감동했다. 그런데 그때 신하인 도사(覩

師) 찬(贊)이 정신이 번쩍 드는 조언을 한다.

"자기 자식의 고기를 먹는 사람이 누군들 먹지 않겠습니까?"

이 조언은 위나라 임금인 문후로 하여금 바로 앞에서 언급한 제 환공과 역아의 옛일을 떠올리게 했을 것이다. 악양은 군권을 빼앗긴 뒤 영수군(靈壽君)이라는 허울뿐인 봉작만 받고 시골로 내쳐졌다.

유가(儒家)의 관점에서 이 고사를 보면, 가장 큰 문제는 악양이 자식에 대한 사랑이 조금도 없는 사람이라는 점이다. 유가는 가족 관계를 무척 중시했는데 가족 관계의 기본은 부자 관계, 친자 관계다. 즉 부자자효(父慈子孝)는 가장 바탕이 되는 윤리 관계인 것이다. 그런 만큼 자식을 먹었다는 것은 악양이 기본적인 인간관계, 가족 관계를 일체 외면하는 사람이라는 이야기니 유가의 관점에서 보자면 이런 행위는 비난받아 마땅하다.[30]

혹시라도 오해의 소지가 있을 것 같아 덧붙이자면 그렇다고 악양이 중산국 왕의 협박에 굴복해야만 한다는 이야기는 아니다. 자식의 목숨을 앞세운 협박에 어떻게 대처해야 하는가는 그리 간단히 답할 수 있는 성질의 것이 아니다. 문제의 핵심은 자식으로 끓인 국을 거리낌 없이 먹은 악양의 태도다. 어찌 인간으로서 그 국을 먹을 수 있는가. 아무리 공적 책임을 강조한다 해도 자식의 주검으로 만든 국을 거리낌 없이 먹는 행위는 용납해서는 안 되는 것이다.

사실 자식으로 끓인 국을 먹을 정도면 이미 인간이 아니라고 생각해도 무방하다. 국가에 대한 충성이라는 것은 하나의 핑계일 뿐이다. 욕심에 눈먼 사람은 부모와 자녀 간에도 싸우고, 부부간에도, 형제 간에도 싸운다. 맛있는 게 있으면 욕심 많은 사람은 자기가 먹어야지 형이나 자식이 먹어도 성질이 나는 법이다. 악양의 경우에도 전쟁에 이기고 싶은 욕심을 채우기 위해서는 못할 짓이 없는 사람이라고 보아야 한다. 욕심의 화신인 셈이다. 기독교식으로 표현하면 악마다. 그런 악마는 자기 목적을 달성하거나 욕심을 채우기 위해서라면 못할 짓이 없다. 아마 아내는 물론 부모의 고기도 먹을 수 있고, 욕심 채우는 일이라면 뭐든지 할 것이다. 그렇게 되는 세상은 이미 악마의 세상이다. 따라서 이런 자는 비판할 수밖에 없다. 국가에 충성했다는 말은 핑계일 뿐이니 결코 속아서는 안 된다.[31]

儒
家

부모는 자식의 거울이다

부모와 자식 간의 사랑을 인간에 대한 신뢰의 출발점으로 삼으려고 한 공자에게는 춘추전국시대의 이런 각박한 양상이 매우 우려스러운 것이었다. 공자는 어떤 명분을 앞세운다 하더라도 부모와 자식 간의 애정이 상하는 것은 절대적으로 경계했다. '공자성적도(孔子聖蹟圖)'●에도 등장하는 사부자송(赦父子訟)의 일화는 그런 관점에서 이해할 수 있다.

사건은 공자가 노나라에서 대사구(大司寇)의 벼슬에 있을 때 일어

● ── 공자의 일생을 여러 장의 그림으로 설명한 것. 공자의 탄생에 얽힌 일화를 비롯해 공자의 인품과 외모와 관련된 일화나 공자의 가르침을 담고 있는 장면, 공자가 성인으로서 혜안을 드러낸 일화, 유학자이자 교육자로서 공자의 풍모를 보여주는 장면 등이 있다.

났다. 대사구는 지금으로 치면 검찰총장이나 법무장관에 해당하는 벼슬이다. 따라서 다양한 소송을 처리할 수밖에 없었는데 하루는 부자 간 소송사건이 접수되었다. 아버지가 아들을 불효자라고 고소한 모양인데 아들도 아버지를 맞고소했다. 한마디로 콩가루 집안인 셈이다. 그런데 공자의 판결이 이상했다. 아니 정확히 말해서 공자는 판결 자체를 하지 않았다. 이들 부자를 감옥에 가두어두고는 아예 외면해버린 것이다.

아버지 입장에서는 울화통이 터질 일이었을 것이다. 불효자를 처벌해달라고 고발했는데 그렇게 되기는커녕 좁은 감옥에서 자신이 그토록 미워하는 아들과 함께 지내야 했으니 말이다. 울화통이 터진 사람은 또 한 명 있었다. 당시의 실권자였던 계환자다. 그는 공자가 입으로는 효를 이야기하면서 불효자를 처벌하지 않는다며 화를 냈다. 하지만 이런 처분에는 공자 나름의 깊은 뜻이 담겨 있었다.

생각해보라. 부모는 결국 자식에게 거울 같은 존재다. 자식은 부모라는 거울을 통해 자신을 비추어 보고 삶의 자세를 배운다. 그러니 자식이 비뚤어지고 엇나가는 원인은 대체로 부모에게 있을 수밖에 없다. 결국 소송을 낸 아버지도 이 사실을 깨달았다. 아들에게 화가 치밀어 오를 때는 몰랐지만 감옥이라는 좁은 공간에서 아들과 함께 부대끼며 지내다 보니 자식이 곧 자기 자신이라는 사실을 깨달은 것이다. 이에 부끄러움을 느낀 아버지는 소송을 취하했다.

그런데 이 사건의 전말을 전해 들은 계환자가 폭발했다.

"사구(공자)가 나를 속이고 있다. 지난번에는 나에게 '국가는 반드시 효를 먼저 가르쳐야 한다'고 하더니 이제 와서 불효한 자를 용서해주다니 어찌 된 일인가."

일벌백계로 가부장의 권위를 세우려 했던 계환자의 분노가 느껴지는 반응이었다. 공자의 제자인 염유(冉有)가 걱정이 되었는지 이 소식을 공자에게 전했다. 그러자 공자는 이렇게 탄식했다.

"윗사람이 도를 잃어 아랫사람을 죽이는 것은 도리가 아니다. 효로써 교화시키지 못하고 옥사만 다스린다면 이는 무고한 자를 죽이는 것이 된다. 삼군(三軍)이 크게 패한다 해도 그 병사들을 목 벨 수 없는 것이며, 옥에 죄수가 많다 해도 형벌을 마구 쓸 수는 없다. 왜 그렇겠는가? 위에서 교화가 행해지지 못했기에 그런 것이지 백성들에게 죄가 있는 것은 아니기 때문이다."[32]

국가가 나서서 일일이 옳고 그름을 정해주고 아들에게 형벌을 내려서 시비를 가리는 것보다는 다투던 두 사람이 서로 용서하고 부모와 자식 간의 사랑을 회복하는 일이 공자에겐 더욱 중요했던 것이다. 또 부모와 자식 간의 문제란 대체로 부모가 모범을 보임으로써 자식을 교화해야지 섣불리 정의라는 잣대를 들이대서는 안 되는 일이기도 하다. 그리고 이 문제는 공자에게 단지 가족 간의 애정 문제에 그치는 것이 아니었다.

그는 부모와 자식 간의 기본적인 애정의 감정을 지킬 수 없으면, 그것에서 확장된 이웃이나 다른 마을 사람들과의 관계 혹은 국가 공동체 내 백성들 간의 문제를 해결할 토대 역시 사라진다고 우려한 것이다. 부모와 자식 간의 애정조차 지키고 보호하지 못하면 한 국가 공동체에서 타인과 살아가면서 분란이나 싸움이 벌어졌을 때 어떻게 그 사람을 용서하거나 이해하고 용납해 같이 살아갈 수 있겠는가. 결국 부모와 자식 간의 애정이 그 출발점이기 때문에 이것을 지켜주어 타인을 이해하고 사랑하는 모델 혹은 모범을 후대 사람들에게 보여주고 싶었던 것이다.[33]

사랑받아야만 사랑하는 법도 배울 수 있다. 가족 안에서 사랑을 배운다면 이웃에 대해서는 말할 것도 없고 더 나아가 인류 공동체에 대해서도 사랑을 베풀 수 있게 될 것이다. 이는 비유하자면 호수에 떨어진 물방울이 동심원을 그리면서 퍼져 나가는 것과 같다. 인간에 대한 사랑의 출발점이라 할 수 있는 가족 안에서의 사랑하는 마음만은 반드시 지켜주고 싶은 것이 공자의 본뜻이었다.

물론 이와 같은 관점에 대해 비판도 있다. 비판의 중심 내용을 보면, 호수 중앙에 물방울이 떨어지면 물결이 호수 중앙은 크게 일고, 먼 곳은 크지 않고 잔잔하게 마련이라는 것이다. 사람 관계도 이와 같아서 가족과 자기 자신은 중요하나 다른 사람에겐 그 영향력이 점점 옅어지리라는 것이 비판자들의 이야기다.

하지만 이 비판에는 문제가 있다. 왜냐하면 한 사람을 완전히 고립되었다고 생각하고, 한 가지 사건이 다른 사건과 완전히 연관되지 않은 것으로 봐 개별적인 것으로 치부하기 때문이다. 이 호수는 많은 이가 함께 가치를 발현하는 곳을 비유한 것이고, 모두가 함께 물방울이 된다고 생각한다면 모든 물결이 다양한 형태와 모습으로 함께 발전할 수 있을 것이다. 이 사회가 따뜻한 이유는 모든 이가 최대한 사랑하는 마음을 발전시키려 하기 때문이고, 이렇게 해야만 각자의 장점과 아름다움을 더욱 아름답게 할 수 있다. 각자가 가진 장점과 아름다움을 더욱 증진한다면 대동천하(大同天下)를 이룰 수 있다. 즉 다양한 분야에서 다양한 사람이 외부 세계를 향해 발전해나가기 때문에 그 사람들이 각자 물결을 일으키는 것이고 그 덕에 세상이 매일매일 새로워지는 것이다.[34]

儒家

같은 마음을 품어라

모두가 함께 호수에 물방울이 되어 내리고, 그 물방울이 무수한 동심원을 만들어 서로 겹쳐지듯이 서로의 사랑이 번지는 세상. 이것이 공자가 그린 이상적인 사회 곧 대동천하다. 하지만 가족 안에서의 사랑이 주변 사람에게로 확산되는 것이 정말 그렇게 간단히 될까? 가족 내부에서의 사랑이야 인간의 원초적 본능이라고 할 수 있으니 어찌어찌 회복될 법도 하지만, 가족 안에서의 사랑이 강해질수록 주변에 대해서는 더 폐쇄적이 되는 것이 아닐까? 우리 주변을 보더라도 사람들은 자신의 이익을 위해 주변 사람을 짓밟는 일을 서슴지 않고 자행하지 않는가. 가족에서 출발해 주변으로 사랑을 확산한다는 공자의 이상 얼핏 그럴듯해 보일지 몰라도 결국 가족이기주의로 끝나는 것이 오히려 자연스러운 결말 아닐까? 공자 자신도 "옛사람들이 이르기를 사람들은 자기 자식의 나쁜 짓을 알지 못하는 법이다"[35]라며 맹목적인 가족 사랑을 경계하지 않았는가. 과연 공자는 무엇을 근거로 가족 사랑이 주변으로 확산될 수 있다고 주장한 것일까? 인간이 가족 아닌 남에게까지 사랑을 확산하는 게 가능하다는 증거를 과연 어디에서 찾을 수 있는가?

이 지점에서 우리를 대신할 질문자로 자공을 다시 불러올 필요가 있다. 위에서 던진 우리의 질문과 정확히 일치하는 것은 아니지만 자공이 공자에게 평생을 지켜야 할 삶의 원칙에 대해 물은 적이 있기 때문이다. 이 원칙은 다른 사람과의 관계 맺음에 관련된 것이었다. 공자의 대답은 다음과 같았다.

"그것은 바로 서(恕)다! 자기가 바라지 않는 것은 남에게도 하지 않는 것이다."[36]

지금도 아마 많은 가정에 가훈으로 걸려 있을, 심지어 현재 중국의 최고 권력자 시진핑의 가훈이기도 한 기소불욕 물시어인(己所不欲 勿施於人)이라는 말이 바로 여기에서 나왔다.

사실 '서'는 유교 경전에 그리 자주 등장하지 않는다. 하지만 일단 등장하는 경우에는 매우 결정적인 것으로 간주된다. 『논어』에 나오는 이에 대한 또 다른 구절을 보자.

공자가 하루는 제자인 증삼과 대화를 하다가 다음과 같은 말을 남겼다.

"삼아, 나의 도는 하나로 꿰뚫고 있다."

앞뒤 설명이 전혀 없는 말이었는데도 증자는 알아들었는지 "예"라고 대답했다. 이쯤 되면 완전히 선문답 수준이다. 공자가 나가자 말귀를 못 알아들은 나머지 제자들이 증자에게 몰려왔다. 도대체 무슨 소리냐고. 그러자 증자가 답했다.

"우리 선생님의 도는 오로지 '서'일 뿐이다."[37]

그런데 솔직히 말해서 우리로서는 이렇게 말해줘도 못 알아듣기는 마찬가지다. 그럼 또 물어볼 수밖에 없다. "도대체 '서'가 뭔가요?"하고 말이다. 그럼 이제부터 공자의 도를 하나로 꿰뚫는 가장 중요한 개념이라는 '서'에 대해 차근차근 알아보도록 하자. 우선 글자의 구성으로 볼 때 '서(恕)'는 '같을 여(如)'와 '마음 심(心)'을 합친 글자다. 상대방의 마음과 나의 마음이 같다고 보는 것이 바로 '서'인 셈이다. 다시 말해서 타인의 감정을 나도 그대로 느끼는 것이다. 글자의 연원을 좀 더 살펴보면 '서'의 고대어는 서(㣽)였다고 한다. 여자(女)의 마음(心)이다. 타인의 아픔에 대해 좀 더 쉽게 공감하는 쪽이 아무래도 남자보다는 여자라는 통념 때문일 것이다. 현대적인 표현을 빌리자면 결국 '서'는 공감이다.[38]

실제로 많은 현대 유학자가 '서'를 공감이라고 해석한다. 그런데 도대체 공감이란 무엇일까? 여러 가지 설명이 가능하겠지만 기본적으로 타인의 감정을 느끼고, 어떤 상황에 대해서 감정을 가지는 것이다. 타인의 상태를 보고 괴로움이나 고통 혹은 걱정을 느끼고, 나도 상대방과 같은 감정을 갖는 것이다. 단순히 머릿속에서 지적으로, 이성적으로 이해하는 것이 아니라 상대방이 처한 상황에 대한 감정적인 반응으로 느끼는 것이다. 이럴 경우 타인을 돕고자 하는 마음이 생기게 된다. 심리학자들은 도덕적 성장에서 이것이 매우 중요한 개념이라고 여긴다. 자신이 아닌 타인에게 관심을 갖게 되기 때문이다.[39]

儒家

황금률과 은백률

재미있는 것은 『논어』에 나오는 '기소불욕 물시어인'과 매우 유사한 문장이 성경에도 등장한다는 사실이다. 「마태복음」에는 흔히 '도덕적 황금률'이라고 부르는 다음과 같은 문장이 나온다.

"그러므로 무엇이든지 남에게 대접을 받고자 하는 대로 너희도 남을 대접하라. 이것이 율법이요 선지자니라."[40]

'자기가 바라지 않는 것은 남에게도 하지 말라'는 『논어』의 구절과 매우 유사하다는 사실을 바로 알 수 있다. 다만 이 두 구절 사이에는 미묘한 차이가 존재한다. 바로 긍정형과 부정형의 차이다. 「마태복음」의 황금률은 일종의 긍정형이다. 네가 좋다고 여기는 것을 상대방에게 해주라며 매우 적극적인 행위를 요구한다. 하지만 공자의 '서'

己所不欲 勿施於人

● ● ●

자신이 바라지 않는 것을 남에게 행하지 말라.

—『논어』위령공편

는 부정형이다. 네가 원하지 않는 것은 남에게도 하지 말라는 다소 수동적인 면을 띤다. 그래서 이 차이점을 주목한 근대 도덕철학자들은 「마태복음」의 구절을 황금률(Golden Rule), 『논어』의 구절을 은백률(Silver Rule)이라고 불렀다. 왠지 양자 간에 우열이 느껴지는 명칭이다. 하지만 최근의 도덕철학자들은 반대의 주장을 하고 있다. 『논어』의 '서'야말로 오히려 상대방의 입장을 존중하고 공존을 가능하게 하는 사고방식이라는 것이다. 그 이유를 설명하자면 이렇다.

「마태복음」의 도덕적 황금률은 자신이 사랑하는 것을 다른 사람들과도 함께 나누라는 것이다. 표면적으로는 이 둘이 대체로 같아 보인다. 그러나 이 둘은 약간의 차이가 있고, 심지어 이 차이는 매우 중요하다. 「마태복음」에서 말하는 관점에 따르자면 내가 복음을 얻어 권력을 갖게 되면 이 복음을 타인과 함께 나눠야 하고, 이게 바로 나의 책임이 된다. 즉 내가 얻은 것을 다른 사람에게도 나눠줘야 한다. 나와 대화하는 상대가 내 뜻을 이해하지 못하고 나의 복음을 받아들이기 싫어한다면, 나는 더욱 큰 책임을 느끼고 복음을 나눠주고 싶어 할 것이다. 여기에는 내가 좋은 가치라고 믿는 것을 타인 역시 좋은 가치라고 여겨야 한다는 전제가 깔려 있다. 만약 내가 좋다고 생각하는 것을 상대에게 강요했으나 상대가 동의하지 않는다면 둘 사이에 오해와 갈등이 일어날 수도 있다. 반면 『논어』의 '기소불욕 물시어인'에서는 내가 타인을 이해해야 한다. 즉 자신이 최고라고 생각하더라도 상대는 그렇지 않다고 여길 수 있는 것이다. 그렇기 때문에 우선 상대가 무엇을 원하고 필요로 하는지, 무엇을 좋아하는지 이해해야만 한다. 그래야 서로가 더욱 원활한 소통이 가능할 것이다.

그뿐만 아니다. 당신과 대화하는 상대가 다른 신념, 신앙을 갖고 이를 당신과 공유하고 싶어 한다고 생각해보자. 그리고 당신은 하느님이 최고라고 믿으며, 하느님이 당신에게 복음을 전하고 독생자를 보내 자신을 구원해줬다고 생각한다고 가정해보자. 당신은 이런 복음을 상대가 알기를 바란다. 그래서 상대가 이를 모르면 상대방을 감동시켜 하느님의 사자로 만들고, 앞으로 '정상적이고 건강한' 길을 걷게 인도하고자 할 것이다. 그런데 상대는 이슬람 신자라고 가정해보자. 그는 당신이 알라를 믿어야 하며, 알라를 믿으려면 중요한 교의가 필요하므로 이를 받아들여야 한다고 여길 것이다. 알라를 믿는다면 구원받을 수 있고, 그렇지 않다면 불가능하다고 생각하기 때문이다. 그래서 당신이 자신의 의견을 받아들이고 자신과 같이 알라를 믿길 바라는 것이다.

이 경우 표면적으로는 좋아 보이지만, 속내를 들여다보면 타인을 위해서라거나 타인의 발전을 위한 것이 없으며, 갈등을 야기할 수밖에 없다. 반대로 '은백률'인 '기소불욕 물시어인'은 자신이 하기 싫은 일을 상대에게도 하게 해서는 안 될 뿐만 아니라, 자신이 원하는 것을 상대도 원하는지 우선 질문해야 하며 상대를 이해해야 한다고 권유하는 것이다.[41]

부언하자면 기독교 황금률은 내가 대접받고자 하는 대로 남을 대접하라고 한다. 그런데 이렇게 하는 데에는 자신이 옳다는 전제가 이미 깔려 있다. 그래서 자기가 옳다고 생각하는 대로 행동한다. 이는 남들이 자신과 같은 가치를 가졌다고 가정하는 것으로 일종의 보편주의(Universalism)다. 보편적인 것을 추구하는 서구적 사고방식으로, 보편적인 것을 찾아 이를 세계에 적용할 수 있다고 믿는다.

유교는 정반대다. 유교에서는 남에게 어떤 행동을 하라고 말하지 않는다. 대신 자기가 원치 않는 일을 남에게 시키지 말라고 권한다. 상대방을 알아가고 그의 취향과 그의 가치관을 이해하고자 한다면 사실 이 관계는 상대방이 싫어하는 일을 하지 않는 데서부터 시작해야 한다. 이것이 출발점이다. 상대방의 관점에서 상황을 이해해야만 한다. 그러므로 유교의 '서'를 Reciprocity(호혜, 상호성)라고 번역해서는 안 된다. 오히려 Deference(존중, 경의)가 맞을 것이다. 상대방을 존중하고 내 행동을 결정하는 데 상대방의 관점도 포함해야 한다. 정말 좋은 관계를 기대하고 이 관계가 성장하기 바란다면 상대의 관점에서 상황을 이해할 수 있어야만 한다. 따라서 현대적인 의미에서 볼 때 내가 원치 않는 바를 남에게 시키지 말아야 한다는 유교 개념은 기독교 황금률보다 대인 관계에서 더 좋은 진행 방식으로 여겨진다.[42]

儒
家

사랑하면 할수록
더 원수가 되는 이유

이 양자의 차이는 아마도 '서'와 관련된 동양 철학사에서 가장 흥미로운 일화를 보면 좀 더 명확하게 이해할 수 있을 것이다. 일본의 유학자인 이토 진사이(伊藤仁齋)와 관련된 일화다.

이토 진사이는 일본 에도시대 그러니까 도쿠가와 막부 시절의 매우 유명한 유학자다. 주자학의 전통을 벗어나 '고의학(古義學)'이라는 독자적인 학문 체계를 수립했는데 그의 독창적인 학문 세계에는 어린 시절의 경험이 깊게 각인되어 있다.

훗날 유명한 유학자가 된 진사이는 어린 시절 매우 똑똑하고 공부하기를 무척이나 좋아하는 아이였다고 한다. 말 그대로 집안의 기대주였던 셈이다. 집안 어른들은 진사이가 출세해 당연히 가문을 크게 일으킬 것이라고 기대했다. 하지만 그는 출세 따위에는 전혀 관심이 없었고 학문 그 자체를 사랑하는 아이였다. 결국 의사가 될 것을 강요하는 집안 어른들과의 사이에 갈등이 생기기 시작했다. 진사이는 훗날 어린 시절을 이렇게 회고했다.

"나는 일찍이 학문을 좋아해 15~16세 때 처음으로 옛 성현의 길에 뜻을 두었다. 그러나 친척들과 친구 모두가 유학은 팔리지 않으므로 의학을 하는 것이 이롭다고 했다. 그렇지만 나는 들리지 않는 것처럼 해 응하지 않았다. 충고하는 자도 그치지 않았고 추궁하는 자도 누그러지지 않았다. 어느 날 할아버지가 반슈에서 오셨기에 찾아가 뵈었더니 나를 물리치고 아예 만나주지도 않으셨다. 내가 공부 내용을 고치지 않음에 분노하신 것이다. 나를 사랑하기를 깊이 하는 사람일수록 나를 추궁하기에 더욱 힘썼다. 그 고초의 상황은 마치 죄수를 심문하는 것과 같았다. 회초리를 옆에 두고 수사관이 곁에 있어서 지독하게 닦달하는 데는 응하지 않을 도리가 없었다. 그러나 나의 학문을 좋아함이 두텁고 뜻을 지킴이 굳었기에 지금에 이를 수 있었다."[43]

아마 요즘도 우리 주변에서 흔히 겪는 일일 것이다. 아이는 철학을 공부하겠다는데 어른들은 의대나 법대를 가라고 강요하는 것과 같은 상황이다. 이때의 경험으로 인해 진사이는 훗날 어른이 되었을 때 공자가 제시한 '서'의 문제를 집요하게 탐구했다고 한다.

물론 진사이의 할아버지나 부모가 그를 사랑하지 않은 것은 아니다. 오히려 사랑하기 때문에 그의 앞길을 제대로 이끌어주어야 한다고 생각하고, 자신들이 가장 좋다고 여긴 길을 진사이가 가도록 도와주려 했을 것이다. 자식이 무엇을 원하는지가 아니라 내가 원하는 것을 자식에게 해주는 일이 중요하다고 생각했을 터다. 진사이의 표현대로 "사랑하면 사랑할수록 더 원수처럼 대했던" 이유가 여기에 있다. 하지만 어린 진사이가 진정으로 원한 것은 자신에 대한 이해였다. 자신의 마음에 부모와 집안 어른들이 공감해주기를 바랐다. 그런데 진사이의 부모는 물론 할아버지나 친지들은 그를 이해하려는 의지가 없었으며 그의 아픔에 공감하는 마음이 없었다. 이 때문에 진사이의 어린 시절은 고통스러울 수밖에 없었던 것이다.

　사실 도덕적 문제란 실천적인 측면에서 접근하자면 결국 '타인에 대한 배려' 이외에 다른 것일 수 없다. 그 배려를 위한 가장 중요한 전제가 바로 타인의 아픔에 공감하는 마음인 '서'다. 공자는 이렇게 '서' 즉 공감이라는 인간의 능력을 주목함으로써 사람들의 좁은 이기심을 넘어서고자 했다. 그리고 이런 공자의 뒤를 이어 인간의 공감 능력을 자기 철학의 중심 주제로 삼은 또 한 사람의 위대한 철학자가 등장했으니 바로 맹자다.

儒家

남에게 차마 잔인해지지 못하는 마음

고등학교 윤리 시간에 졸지 않았다면 맹자와 동시에 떠오르는 단어가 있을 것이다. 이른바 성선설(性善說)이다. 사실 이 성선설이라는 단어는 맹자에 대한 무수한 오해를 낳은 말이기도 하다. 맹자가 세상 물정 모르는 주관적인 이상주의자처럼 느껴지게 만들기 때문이다. 아무튼 성선설과 반드시 짝지어질 수밖에 없는 단어가 또 하나 있는데, 그것이 바로 측은지심(惻隱之心)이다. 측은지심이 무엇인지 이해하기 위해서는 아무래도 맹자의 설명을 직접 듣는 것이 가장 빠를 것이다.

"사람들은 모두 남에게 차마 잔인해지지 못하는 마음을 가지고 있다. 선왕(先王)께서는 남에게 차마 잔인해지지 못하는 마음을 가지시고 남에게 차마 잔인해지지 못하는 정치를 하셨다. 남에게 차마 잔인해지지 못하는 마음을 가지고, 남에게 차마 잔인해지지 못하는 정치를 하면, 천하를 다스리는 것은 손바닥 위에 놓고 움직이는 것처럼 쉬울 것이다.

사람들이 모두 남에게 차마 잔인해지지 못하는 마음이 있다고 말하는 근거는 이러하다. 어떤 사람이 어린아이가 갑자기 우물로 들어가려는 것을 보면, 누구나 깜짝 놀라고 측은(惻隱)해하는 마음이 드니, 이렇게 하는 것은 어린아이의 부모와 교분을 맺기 위해서도 아니며, 그렇게 함으로써 마을 사람들과 친구들에게 칭찬을 듣기 위해서도 아니며, 그런 어린아이를 구하지 않았을 경우에 듣게 될 비난을 싫어해서 그런 것도 아니다.

이로 미루어본다면 남의 위험을 보고도 마음이 불편해지지 않는 자는 사람이 아니다. 마찬가지로 자신이 저지른 잘못에 부끄러움을 느끼지 못하는 자나 누군가의 나쁜 행동을 보고도 그것을 미워하지 않는 자는 사람이 아니다. 또한 윗사람이나 병약자에게 사양하는 마음이 없는 자, 선과 악을 구분할 줄 모르는 자는 사람이 아니다."[44]

도덕철학과 관련해 인류 역사를 통틀어 가장 절묘한 비유라고 할 만한 유자입정(儒子入井)의 이야기가 바로 이것이다. 여기에는 매우 풍부한 철학적 의미가 담겨 있다.

이 이야기를 통해 맹자는 측은지심이 결코 이성적인 작용이 아니며 말 그대로 본능적인 감정이라는 것을 보여준다. 왜냐하면 너무 순식간에 일어나는 일이라 이성적으로 이해관계를 따질 수 없기 때문이다. 따라서 도덕성의 진정한 근본은 이성이 아니라 감정일 수밖에 없다. 그리고 이 감정은 매우 보편적이다. 누구나 조금만 생각해보면 자신에게 이런 감정이 있다는 사실을 부인할 수 없다. 또한 이 감정은 결코 추상적인 것이 아니다. 그 상황을 생각하는 것만으로도 내 몸에서 바로 반응이 오는 구체적이고 경험적인 마음, 느낌이기 때문이다.

그러나 이 감정은 어떤 상황이나 일에 닥쳤을 때 일어나는 것이므로 아직은 가능성일 수밖에 없다. 따라서 인간은 그 자체로 선한 것이 아니라 선해질 수 있는 가능성을 가진 존재다. 성선설이라는 단어가 주는 오해와 달리 맹자는 결코 인간이 그 자체로 선하기만 한 존재라고 말한 적이 없다. 선해질 가능성을 가진 존재라는 점을 강조한 것이 바로 성선설의 핵심이다. 아울러 맹자는 이 감정이 결국 다른 사람에게 '차마 잔인하게 굴지 못하는 마음'에서 비롯된다고 이야기했다. 결국 측은지심이란 타인의 고통을 보면 그것이 마치 내 고통처럼 여겨지는 마음 즉 공감이라고 할 수 있다.

그런데 맹자에 따르면 이 측은지심이야말로 인간이 이 우주에 '가치'를 부여하는 적극적인 행위를 할 수 있게 만들어주는 근원이다.

우주의 역사를 한번 생각해보자. 우주는 백수십억 년에 걸쳐 빅뱅 이후 태양계, 지구가 생겨났고, 여기에 더해 오랜 시간이 지나서야 동식물, 그리고 인간이 진화했다. 여기에서 맹자는 굉장한 관점을 이야기하는데, 인간의 출현은 이 우주에 유례없는 위대한 사건이라는 것이다. 그리고 그는 이 우주에서 인간이 출현하게 된 본질이 무엇인지, 다시 말해서 인간이 다른 동물과 다른 점이 무엇인지 묻고 싶어 한다.

사실 맹자는 고자(告子)와 토론할 때 식색지성(食色之性)●에 대해 이미 말한 바 있다. '식색지성'이란 식욕과 성욕을 가리키는데 이것은 인간의 본능으로, 현대 생물학 또는 진화론에서는 식욕과 성욕이 생존이나 생명 유지를 위한 필수 불가결한 것이라고 말한다. 맹자 역시 이미 이런 점에 대해 인정했다. 다만 맹자가 정말로 묻고자 한 것은 생명 유지와 종족 번식에서 인간과 다른 동물과의 차이점은 무엇인가다. 인간은 천지 만물로부터 왔기 때문에 천지 만물과 함께 어울릴 수 있고, 인간과 천지 만물은 같은 근본, 즉 식욕과 성욕이라는 공통의 본성이 있다. 그런데 인간의 근본에는 모든 동식물과 완전히 다른 본질 또한 분명히 존재한다. 그리고 이 차이점은 내재적인 것으로, 맹자는 이것이 무엇인지를 물었다.

맹자가 생각한 내재적인 것이 바로 모든 사람이 지니고 있는 사단(四端) 혹은 사단지심(四端之心)이다. '사단'은 네 개의 실마리 또는 갓 점화한 불꽃을 뜻하는데 이 중 가장 중요한 것이 측은지심이다. 다른 이의 고통을 느낄 수 있는 감정이고, 부모나 다른 사람이 고통스러워하는 것을 견디기 힘들어하는 감정이다. 그 때문에, 즉 윤리적 가능성을 가진 존재의 출현이라는 의미에서 인간의 출현은 우주적인 대사건이며, 측은지심과 공자의 '서'는 궁극적으로 같은 개념이라고 할 수 있다.[45]

● ― 인간의 육체적인 본성을 가리키는 말이다. 스스로의 몸을 보존하기 위한 것으로 먹는 본능 '식(食)'과 종족 번식의 본능 '색(色)'이 이에 속한다. 『맹자』 고자장구상편에 언급되어 있다.

儒家

군자는 푸줏간을 멀리한다

그런데 『맹자』에 따르면 이 공감하는 마음은 단지 인간에게만 머물지 않는다. 측은지심과 관련된 또 다른 이야기인 이양역지(以羊易之)는 바로 이 부분을 다루었다.

맹자가 만난 임금 중에 제선왕(齊宣王)이 있다. 하루는 제선왕이 당상에서 쉬다가 소 한 마리가 울부짖으며 끌려가는 모습을 보았다. 무슨 일인지 궁금해진 왕이 물었다.

"소가 어디로 가느냐?"

"흔종(釁鍾)에 쓰려고 데려가는 중입니다."

흔종이란 새로 주조한 종의 틈에 피를 바르는 제사 의식이다. 소를 제물로 쓰려고 데려가고 있었던 셈이다. 왕이 지켜보려니 소가 죽

人皆有不忍人之心

無惻隱之心 非人也

●●●

사람은 모두 남에게 차마 잔인하게 하지 못하는
마음이 있는 것이다.
다른 이를 측은하게 생각하는 마음이 없다면
사람이라 할 수 없다.

—『맹자』공손추장구상

음을 두려워하며 우는 모습이 딱했다.

"나는 소가 벌벌 떨며 죄 없이 사지로 끌려가는 모습을 차마 볼 수 없구나. 놓아주어라."

"그렇다면 흔종을 폐지하오리까?"

"어찌 폐지할 수 있겠는가? 양으로 바꿔라."

그렇게 해서 소는 목숨을 건졌다. 그런데 이 이야기는 좀 이상한 점이 있다. 불쌍하기로 따진다면야 소만 불쌍하고 양은 그렇지 않겠는가? 소는 살려주면서 왜 애꿎은 양을 대신 죽인단 말인가? 다른 사람들도 이상하다고 여긴 모양이다. 그래서 제나라 백성들은 왕이 인색해서 그렇게 한 것이라고 생각했다. 소보다 양이 싸기 때문이다.

맹자가 이 일이 사실인지 묻자 제선왕은 무척 억울해했다. 자기가 그래도 전국시대를 대표하는 강대국 중 한 나라의 왕인데 그까짓 소 한 마리 값을 아까워하겠느냐는 것이다. 그러면서도 그는 자신이 왜 그렇게 했는지 딱히 설명할 수 없어서 답답하다고 했다. 그러자 맹자가 다음과 같이 제선왕의 마음을 설명해주었다.

"소를 양으로 바꾸는 것이 바로 인(仁)을 행하는 방법입니다. 소는 보았으나 양은 보지 않았기 때문입니다. 군자가 금수의 생명을 대하는 바는 살아 있던 것이 차마 죽는 것을 보지 못하며, 죽는 소리를 듣고는 차마 그 고기를 먹지 못하는 것입니다. 이런 까닭으로 군자는 푸줏간을 멀리 합니다."

왕은 이 설명을 듣고는 무릎을 치며 기뻐했다. 맹자의 설명이 너무나 명쾌했기 때문이다. 하지만 맹자가 그저 왕의 마음에 있던 의혹을 풀어주려고 이 이야기를 한 것은 아니었다. '유자입정'의 비유처럼 이 이야기에도 맹자의 빛나는 통찰이 숨어 있다.

이 이야기에서 군자가 푸줏간을 멀리하는 것에 대해 언급한 까닭이 그저 '군자들은 푸줏간을 가지 말고 모르는 체 고기를 잘 먹어라, 마음의 주저함이 없이 먹어라' 같은 소리를 하려는 것일까? 당연히 아니다. 막상 현장을 목격하면 고기를 먹을 수 없기 때문에, 불쌍해하는 동정심 때문에 푸줏간을 멀리하게 된다. 그런데 이것이 무엇을 설명하려고 꺼낸 말인가 하면 바로 '인간의 측은지심은 이렇게 자기 주변의 가장 가까이에 있는 존재에게 먼저 발현될 수밖에 없다. 이것이 인간관계의 모습이다'는 것이다.

그런데 가장 친한 사람이 누구일까? 바로 양친이다. 맹자는 친친(親親)이라 해서 가장 친한 양친에게 이런 측은지심, 사랑의 마음을 가장 많이 실현하게 마련이고, 그다음으로 형제, 친척 같은 사람에게 동정심뿐만 아니라 애정의 마음을 실현하는데 그 강도가 약해질 수밖에 없다는 것이다. 그래서 점점 거리가 멀어지면, 그러니까 내 눈에 안 보이는 아프리카 난민, 오지에 있는 사람들에게까지 애정을 확충하거나 신경 쓰기란 힘든 것이다.

그러므로 '모든 인류를 동등하게 사랑하자' 같은 이야기는 실현 불가능한 이상이다. 실제 인간이 인간을 사랑하고 애정을 베푸는 모습을 보면 차등적 방식으로 측은지심이 실현될 수밖에 없음을 알게 된다. 그 점을 인정하고 그 바탕 위에서 그나마 본인이 느꼈던 측은지심을 부모와 자식 사이가 100이라면, 이웃과는 50이라도 되도록 확충해나가게끔 유도하려는 것이 맹자의 생각이다. 그래서 선왕에게 마지막에 "소에게 느껴서 확충한 측은지심을 백성에게, 당신의 주변에 많이 있는 백성에게는 왜 확충하지 않으십니까? 오히려 눈에 많이 띄는건 백성일 터인데, 소에게 측은지심을 확충하는 것이 가능하다면 백성에게도 하실 수 있습니다"라고 충고한 것이다.[46]

이처럼 인간은 가까이에서 직접 관계 맺은 사람 혹은 생명체에게는 쉽게 잔인한 짓을 하지 못한다. 가까이에서 보면 차마 잔인한 짓을하지 못하는 '공감하는 마음'이 생기기 때문이다. 가장 가까이에서 관계 맺으면서 살아가는 가족에게 가장 많은 측은지심이 발휘되는 것도이런 이유에서다. 따라서 가족 사랑의 비밀도 혈연이어서라기보다 오히려 가까이에 있다는 거리감 혹은 친근감의 문제라 할 수밖에 없다.그렇다면 가족 사랑이든, 이웃이나 공동체 전체에 대한 사랑이든 이모든 사랑의 근원은 같다. 공감이라는 한 우물에서 흘러나오는 여러갈래의 시냇물인 셈이다. 그리고 이렇게 가족 사랑과 이웃에 대한 사랑의 근원이 같다면, 가족을 사랑하지 못하는 사람은 이웃을 사랑할수도 없다는 논리가 성립된다. 바로 이것이 공자와 맹자가 '가족 간의사랑'에 그토록 커다란 의미를 부여한 진정한 이유다. 그리고 이 논리를 좀 더 진전시키면 전통적이지 않은 다른 형태의 가족에 대해서도매우 전향적인 자세가 가능해진다.

다시 한번 생각해보자. 과연 무엇이 진정한 유교적 가치일까? 이런 가치를 오늘날 현실화할 방도는 또한 무엇일까? 현대 사회에서는 새로운 관점들이 생겼고 다양한 종류의 가족이 존재한다. 유학자들이 강조하는 공감과 애정, 관심은 이성애 가족처럼 동성애 가족에도 똑같이 존재하는 것이다. 어떤 과정을 거쳤든, 혹은 입양을 했든 자녀를 갖지 못할 이유는 없다. 동성애 가족도 마찬가지다. 가족 관계의 근원은 혈연이 아니다. 가족의 중심, 그 근본은 사람들이 서로 갖는 공통의 관심과 애정이어야 한다. 가족은 아기를 사랑하고 아기는 가족을 사랑한다. 그게 바로 유교가 중시하는 가족의 모든 것이다. 사실 생각해보면 전통적으로도 입양은 상당히 흔한 일이었다. 아무 문제도 없었다. 입양된 아이는 양부모를 사랑할 뿐만 아니라 돌아가신 부모에 대한 제사도 지내지 않았는가. 유교를 현대 사회에 적용한다면 유학자들은 서로 사랑하는 모든 형태의 가족을 반드시 받아들여야 할 것이다.[47]

儒家

자식을 직접 가르치지 않는 이유

측은지심과 가족 사랑의 관계에 대한 이야기를 마무리하기 전에 한 가지만 덧붙이고자 한다. 그것은 자식을 어떻게 가르칠지에 대한 맹자의 조언이다. 흥미롭게도 맹자는 자식 교육에 부모가 직접 관여해서는 안 된다고 강조했다. 이유는 분명하다. 자식에게 뭔가를 가르치는 것보다 부모와 자식 간의 관계가 망가지지 않는 것이 훨씬 중요하기 때문이다. 맹자의 말을 직접 들어보자. 하루는 제자인 공손추(公孫丑)가 맹자에게 물었다.

"군자가 자기 아들을 직접 가르치지 않는 것은 어떤 이유에서입니까?"

아마도 당시에 자식을 직접 가르치지 않는 전통이 있었던 모양이다. 『논어』를 보면 공자가 그의 하나밖에 없는 아들인 공리(孔鯉)를 직접 가르치지 않은 이야기가 나온다. 맹자는 다음과 같이 설명했다.

"형편이 그렇게 될 수 없기 때문이다. 교육하는 사람은 반드시 바르게 하라고 가르친다. 그런데 바르게 하라고 일러줘도 그대로 실행하지 않으면 자연 화를 내게 된다. 그러다 보면 도리어 부자간의 사랑하는 마음이 상하게 된다. 자식이 속으로 '아버지는 나보고 바른 일을 하라고 가르치지만 아버지도 역시 바르게는 못 하고 있다'고 생각한다. 이것은 부자가 다 같이 사랑하는 마음을 상하는 것이다. 그래서 옛날 사람들은 자식을 바꾸어 가르쳤다. 부모와 자식 사이에는 잘못한다고 책하지 않는 법이다."[48]

속담에도 "나는 '바담 풍(風)' 해도 너는 '바람 풍' 해라"라는 말이 있다. 부모 마음이라는 게 원래 그렇다. 나는 잘하지 못해도 너는 제대로 하라고 다그치고 가르치려고 든다. 하지만 자식은 그 가르침을 들어먹지 않는 법이다. 오히려 속으로 '자기도 못 하면서 나한테는 왜 하라고 하나?' 생각한다. 따지고 보면 맞는 말이다. 문제는 이 지경이 되면 부모와 자식 간의 관계가 틀어진다는 데 있다. 그리고 관계가 틀어지는 것은 여기서 끝나는 게 아니다. 부모와 자식 사이란 인간이 인간에 대한 애정을 배우는 출발점이기 때문이다. 결국 둘 사이가 틀어지면 그 후에 맺게 되는 사회적 관계들도 틀어지기 십상이다. 따라서 맹자는 자식을 가르치려 들지 말고 사랑해주라고 이야기한 것이다. 가르치는 건 다른 사람에게 맡기고….

공자와 맹자에 이어 신유학을 완성한 주자(朱子)[49]의 경우에도 자식 교육과 관련한 비슷한 일화가 있다. 주자는 처음에 장남인 숙(塾)을 옆에 두고 가르쳤다. 사실 세상천지를 다 뒤져본들 주자만 한 스승이 어디 있겠는가. 문제는 주자의 아들이 그리 영특하지 못했다는 것이다. 천하의 준재가 즐비한 주자의 제자들 옆에서 진도를 따라가지 못했다. 사정이 이렇다 보니 공부가 재미있을 리 없다. 점차 공부를 멀리하기 시작했다. 아버지인 주자가 오죽 답답했을까. 좋은 말로 타일러도 보고, 화도 내보고, 혼도 내보았지만 사이는 점점 더 나빠져만 갔다. 결국 아들과의 사이가 망가질 것을 염려한 주자가 아들을 친구인 여조겸(呂祖謙)에게 보내 공부하게 했다.

신뢰가 없으면 국가도 없다

측은지심과 가족 사랑의 관계를 이야기하다가 너무 멀리까지 온 것 같다. 아무튼 가장 중요한 요점은 이것이다. 인간은 측은지심 혹은 공감이라는 능력을 가지고 있으며, 그렇기에 가족도, 이웃도 사랑하는 것이 가능하다. 그리고 이 능력은 가까이에 있는 사람에게 가장 많이 발휘될 수밖에 없으므로 먼저 가족을 사랑하고 그 마음을 이웃에게, 공동체에게 더 나아가 인류 전체에게 확산해야 한다. 이것이 맹자가 예시로 든 '유자입정'과 '이양역지'의 가장 중요한 가르침이다.

그런데 맹자가 제시한 '이양역지'의 일화는 또 다른 중요한 교훈을 담고 있다. 그것은 혼란한 세상을 바로잡기 위한 좀 더 정치적인 메시지다.

맹자는 '이양역지'의 이야기를 통해 우선 제선왕에게 모든 사람에게는 연민의 마음이 있다는 점을 깨우쳐주었다. 물론 제선왕도 같은 연민의 마음을 지녔다. 이는 양으로 소를 대신한 일에서 알 수 있다. 이러한 연민의 마음을 정치에 활용하면 어진 정치, 즉 인정(仁政)을 펼치는 것이 가능해진다. 맹자가 이상으로 삼았던 덕(德)으로 나라를 다스릴 수 있는 어진 정치 말이다. '이양역지' 이야기의 최종 목표는 모든 사람이 지닌 연민의 마음을 출발점으로 해서 어진 정치라는 이상을 이끌어내는 것이다.[50]

공자와 맹자의 진정한 관심은 사실 정치적인 것이다. 혼란한 세상을 바로잡는 일은 결국 정치적 행위를 통해서 가능하기 때문이다. 맹자가 측은지심을 이야기한 이유도 그것의 정치적 효능 때문이다. 그렇다면 측은지심은 어떤 정치적 효능이 있을까? 측은지심의 진정한 효능은 바로 신뢰다. 앞서 누누이 설명했듯이 측은지심이란 상대방의 고통을 차마 그대로 두고 보지 못하는 마음, 바로 공감하는 마음이다. 따라서 측은지심으로 백성을 대하는 군주는 백성 한 사람, 한 사람의 생명을 걱정하며, 백성들이 겪는 고통에 민감하게 반응할 수밖에 없다. 이것이야말로 백성의 신뢰를 얻는 가장 확실한 길이다. 마치 자식이 자신의 고통에 가장 민감하게 반응하는 부모를 가장 신뢰할 수밖에 없는 것처럼 백성들 역시 그들의 고통에 민감하게 반응하는 군주를 믿게 되는 것이다. 따라서 백성의 신뢰를 얻고자 한다면 반드시 백성을 측은지심으로 대해야 한다. 그리고 앞서 인용한 '자공문정' 일화에서 공자가 이야기했듯이 신뢰를 얻어야만 국가도 존립할 수 있다.

儒
家

작은 나라일수록
공감의 정치가 중요하다

혹시라도 이런 주장이 그저 이상주의적인 발상에 불과하다고 이
야기하는 사람이 있을지 모르겠다. 하지만 초가벌진(楚可伐陳)의 일화
는 오히려 이런 사고방식이 더 현실적일 수 있다는 사실을 알려준다.

초(楚)나라 장왕(莊王) 때의 일이다. 당시 장왕은 천하의 패권을 잡
기 위해 진(陳)나라를 정벌할 뜻을 가지고 있었다. 이에 첩자를 풀어
진나라의 내부 사정을 정탐했다. 그런데 첩자로 보낸 자가 돌아와 이
번 정벌은 불가능할 것 같다고 보고했다.

"진나라는 성곽을 높이 쌓고 구덩이를 깊이 파서 방어 태세를 잘
갖추고 있습니다. 또 식량도 충분히 축적해놓은 상태이기 때문에 정

벌이 불가능할 것 같습니다."

초나라가 쳐들어올 가능성에 대해 진나라도 일찌감치 알고 있었던지라 이에 대비를 하고 있었다. 성을 더 높이 쌓고, 해자도 더 깊이 파고, 식량도 징발해서 장기 농성을 위한 만반의 준비를 갖춘 것이다. 그런데 이 소식을 들은 장왕은 오히려 진나라를 쉽게 정벌할 수 있을 것 같다며 크게 기뻐했다.

"진나라는 작은 나라인데 식량을 많이 축적해놓았다고 하니 이는 백성들로부터 거두어들인 세금이 많다는 뜻이고, 세금을 많이 거두어들였다면 백성들이 그 임금을 원망하는 마음이 있을 것이다. 성곽을 높이 쌓고 구덩이를 깊이 팠다면 거기에 동원되어 백성들의 힘이 고갈되었을 터다."

그러고는 군대를 이끌고 공격해 실제로 간단하게 진나라를 손에 넣었다.[51]

난세가 오면 언제 어디서 적이 쳐들어올지 모르므로 통치자들은 물질적인 방어력에 집착하게 된다. 당장은 그게 눈에 더 잘 보이고 안전하게 여겨지기 때문이다. 그래서 백성을 쥐어짜서라도 성벽을 높이고, 해자를 파고, 병장기를 사 모으고, 농성 물자를 쌓아놓게 마련이다. 하지만 이런 대책이야말로 스스로를 망치는 길이다. 백성의 신뢰를 얻지 못하고 오히려 그들을 착취하며 물질적인 방어력에만 집착하면 막상 위기가 닥쳤을 때 제 살길을 찾기 위해 뿔뿔이 도망치는 백성들을 만나게 될 뿐이다. 백성들이 도망치는데 망하지 않을 나라는 없다. 이 때문에 맹자는 "성곽이 견고하지 않고 병사와 무기가 많지 않은 것이 나라의 재앙이 아니고, 밭과 들이 넓혀지지 않고 재물이 모이지 않는 것이 나라의 해가 아니다"[52]라고 한 것이다. 공자가 여러 차례 강조했듯이 강대국이든 약소국이든 생존의 진정한 조건은 백성의 신뢰다. 신뢰가 무너지면 어떤 나라도 버틸 수 없다. 신뢰란 상대방이 나를 염려하고 있다는 믿음이며, 이는 오직 공감하는 마음이 있을 때에만 가능하다.

儒家

폭군, 공감 능력이 없는 인간

　신뢰를 얻는 정치의 기반이 공감이라면 최악의 정치는 공감 능력
이 전혀 없는 자들이 벌이는 정치일 것이다. 최악의 공감 능력을 보여
준 군주를 하나만 꼽자면 아마도 은나라 주왕(紂王)일 것이다.

　은나라 주왕은 하(夏)나라의 걸왕(桀王), 주(周)나라의 여왕(厲王), 유
왕(幽王)과 함께 고대 4대 폭군으로 불리는 임금이다. 그런데 보통 폭
군이라고 하면 어딘가 거칠고 어리석은 사람일 것이라고 생각하기 십
상이다. 하지만 주왕은 결코 어리석은 임금이 아니었다. 아니, 사실을
말하자면 오히려 영특한 임금이었다. 『사기(史記)』의 기록을 한번 살펴
보자.

　"제을(帝乙)이 세상을 뜨자 아들 신(辛)이 즉위했다. 이가 제신(帝辛)

으로, 사람들은 그를 주(紂)라 불렀다. 제주(帝紂)는 타고난 바탕이 총명하고 말재간이 뛰어났을 뿐만 아니라 일 처리가 신속하며, 힘이 보통 사람보다 훨씬 세서 맨손으로 맹수와 싸울 수 있었다. 또한 그의 지혜는 신하의 간언이 필요하지 않을 정도였으며, 말재주가 좋아 자신의 허물을 교묘하게 감출 수 있었다. 그는 자신의 재능을 신하들에게 과시해 천하에 그의 명성을 드높이려고 했으며, 다른 사람들은 모두 자신만 못하다고 여겼다."[53]

주왕은 한마디로 '엄친아'였던 것이다. 똑똑한 데다 신체적 능력도 탁월해 어떤 신하보다도 자질이 뛰어났다. 주왕의 문제는 머리가 아닌 마음에 있었다. 그에게는 타인의 고통에 공감하는 자세가 결여되어 있었던 것이다.

주왕의 악행은 수도 없이 많이 전해지지만 그중 대표적인 것을 몇 가지 꼽자면 우선 포락지형(炮烙之刑)이라는 것이 있다. 자신에게 불만을 드러내는 사람을 잔혹한 방법으로 처단하기 위해 만든 형벌이다. 우선 뜰에 구덩이를 파고 불타는 숯을 채워 넣은 다음 구리 기둥을 걸쳐 다리처럼 만들어놓고는 거기에 기름을 발라 사형수들로 하여금 그 위를 건너게 했다. 기둥에 기름을 발랐으니 미끄러워서 제대로 걸을 리 만무해 결국 아래에 있는 숯불로 떨어져 죽는 것이다. 주왕과 그의 애첩인 달기(妲己)는 그 형벌을 받는 사형수들이 고통스러워하는 모습을 지켜보며 즐거워했다고 한다. 정상적인 감성을 가진 사람이라면 저지를 수 없는 짓이다.

주왕의 악행은 이뿐만이 아니었다. 그의 신하인 비간(比干)과의 일화 역시 끔찍하다. 비간은 주왕과 숙질간으로 주왕의 아버지인 제을과 형제 사이다. 아마도 비간은 자신이 은나라의 왕족이기에 더더욱 주왕의 폭정을 그대로 두고 볼 수 없었던 모양이다. 그래서 목숨을 건 간언을 멈추지 않았다. 하지만 오만한 주왕에게 이런 간언은 오히려 독이 되었다. 주왕은 진노하며 말했다.

"옛말에 성인의 심장에는 구멍이 7개나 있다고 들었다."

성인이라도 된 듯 바른말을 하며 잘난 체하는 비간의 심장을 꺼내 보겠다는 뜻이다. 실제로 그는 비간을 죽여 그의 심장을 꺼낸 후 구멍이 7개가 아니라며 조롱했다고 한다.

이 정도면 사이코패스도 보통 사이코패스가 아니다. 공감 능력이라곤 터럭만큼도 찾아볼 수 없는 인간이다. 이런 인간이 통치자가 되는 것은 매우 위험한 일이다. 그 피해가 한두 사람에 그치지 않기 때문이다.

儒
家

———

백성은
군주의 수단이 아니다

맹자가 만난 또 다른 임금인 양혜왕(梁惠王)과의 대화에서도 지도
자의 공감 능력을 강조하는 맹자의 의견을 들을 수 있다. 매우 유명한
오십보백보(伍十步百步) 이야기다.

『맹자』의 첫머리에 등장하는 양혜왕은 위나라의 3번째 임금이다.
따라서 위혜왕(魏惠王)이라고도 한다. 같은 사람을 이렇게 두 가지 명
칭으로 부르는 데는 나름대로의 사정이 있다. 앞에서도 조금 언급했
지만 전국칠웅이라 이르는 전국시대 강대국 중 하나인 위나라는 전국
시대 초기에 가장 잘나가는 나라였다. 초대 군주인 위문후(魏文侯) 덕
분이었다. 사람 보는 능력에서는 아마 전국시대 최고였을 이 영명한

人死則曰 非我也歲也

是何異於刺人而殺之 曰非我也兵也

•••

사람이 굶어 죽을 때 '내 탓이 아니라 흉년 탓이다'라고
하신다면, 사람을 찔러 죽이고서 '내가 그런 것이 아니라
칼이 그랬다'고 말하는 것과 무엇이 다르겠습니까?

—『맹자』양혜왕장구상편

군주는 서문표(西門豹), 전자방(田子方), 오기(吳起), 이회(李悝) 등 쟁쟁한 인재를 등용해 위나라를 전국시대 최강국으로 만들었다. 심지어 훗날 천하를 통일한 진나라도 이 시대에는 위나라에 번번이 패배해 전략적 요충지를 잃고 후퇴를 거듭해야 할 지경이었다. 역사에서 가정은 무의미하지만 위문후가 조금 더 살았더라면 천하를 통일한 나라는 위나라였을 것이라고 말하는 학자도 많다. 그의 아들인 무후(武侯) 때도 위나라는 강대국으로 군림했다.

그런데 3대째인 혜왕 때부터 문제가 생기기 시작했다. 공정하게 평가하자면 혜왕은 결코 무능한 군주는 아니었다. 하지만 야심이 능력을 넘어서는 게 문제였다. 이 때문에 해마다 전쟁이 그치지 않았다. 패권을 잡고 영토를 늘리기 위해 끊임없이 전쟁을 일으켰다. 하지만 전쟁이 늘 마음대로 될 리 없다. 간혹 이기는 경우도 있었지만 빈번하게 패배했고 나라는 점점 약해졌다. 혜왕은 더군다나 사람 보는 안목도 엉망이었다. 상앙(商鞅)[54]이 위나라 재상 공숙좌(公叔座) 밑에 있을 때에도 공숙좌의 추천을 무시해 진나라로 떠나게 했다. 그 결과 상앙의 개혁으로 국력을 키운 진나라에 전략적 요충지인 하서 지방을 빼앗기고 말았을 뿐 아니라 그 여파로 수도를 기존의 안읍(安邑)에서 동쪽인 대량(大梁)으로 옮길 수밖에 없었다. 이에 따라 나라 이름도 양나라로 불리게 되었는데 혜왕이 위혜왕에서 양혜왕으로 바뀐 이유도 여기 있다. 그러므로 맹자가 만났을 무렵의 혜왕은 대량으로 수도를 옮긴 이후의 쇠약해진 왕이었다. 맹자를 만난 혜왕은 맹자에게 다음과 같은 질문을 던졌다.

"과인은 나라를 다스리는 데 마음을 기울여 하내(河內)에 흉년이 들면 백성들을 하동(河東)으로 보내고 곡식을 하내로 보내며, 하동에 흉년이 들어도 그렇게 합니다. 이웃 나라들의 정치를 보면 과인처럼 마음을 쓰는 이가 없는데도 이웃 나라의 백성이 줄지 않고 우리나라의 백성이 늘지 않는 이유가 무엇입니까?"

이 질문에는 설명이 좀 필요하다. 그동안 맹자는 왕이 덕을 베풀어 백성을 위하면 사람들이 그 왕이 다스리는 나라로 몰려들어 나라가 강성해진다고 말해왔다. 애민 정책이 도덕적으로 옳을 뿐만 아니라 정치적으로도 매우 효과가 크다는 것이다. 그래서 양혜왕은 '당신의 주장이 옳다면 흉년이 들 때마다 이렇게 애민 정책을 펼치는 내 나라에 백성들이 몰려들어야 할 텐데 실제로는 별로 그렇지 않다. 이게 어찌 된 일이냐?' 하고 따진 것이다. 맹자의 대답은 이렇다.

"왕께서 전쟁을 좋아하시니 전쟁에 비유해 말씀드리겠습니다. 전쟁터에서 두 병사가 도망을 갔습니다. 한 병사는 100보, 다른 한 병사는 50보를 도망갔습니다. 50보를 간 병사가 100보를 도망간 병사를 향해 쓸모없는 인간이라며 비웃었습니다. 왕께서는 이를 어떻게 생각하십니까?"

생각해보고 자시고 할 이유도 없다. 당연히 말도 안 되는 소리다. 양혜왕의 반응도 마찬가지였다.

"50보를 간 자는 100보를 도망간 사람보다 멀리 가지 않았을 뿐,

결국 둘 다 도망치지 않았는가!"

맹자가 결정타를 날린다.

"왕께서 만약 이것을 아신다면, 이웃 나라보다 백성이 더 늘어나기를 바라지 마소서."

맹자의 주장을 요약하자면 이렇다. 물론 당신은 나름대로 애민 정책이라 생각하고 그런 구휼 정책을 펴겠지만 사실 당신은 백성을 진정 사랑하는 것이 아니다. 당신의 진정한 목적은 전쟁터로 백성들을 내보내서 용감하게 싸우게 만드는 것 아닌가? 당신에게 백성들은 목적이 아니며 수단일 뿐이다. 전쟁에서 이기기 위한 수단. 당신에게는 백성에 대한 측은지심이 없고, 백성들의 고통에 공감하는 마음이 없다. 그러니까 백성들이 당신을 믿지 못하고, 당신의 정책이 효과가 없는 것이다.

이어지는 맹자의 통렬한 비판은 백성의 고통에 공감하는 왕의 진심이 얼마나 중요한지를 새삼 강조한다.

"개나 돼지가 사람이 먹을 것을 먹어 치워도 단속할 줄 모르고, 길에 굶어 죽은 송장이 널려 있어도 창고 문을 열지 않아서 사람이 죽는데도 내가 아닌 흉년 탓이라고 말하는 것은 사람을 찔러서 죽여놓고 내 탓이 아니라 병기(兵器) 때문이라고 말하는 것과 무엇이 다르겠습니까? 왕이 흉년 탓을 하지 않는다면 천하의 백성이 이리로 몰려들 것입니다."[55]

거듭 말하지만, 측은지심은 결국 차마 잔인해지지 못하는 마음이다. 따라서 왕이나 제후 같은 지도자가 최대의 측은지심을 갖도록 요구할 수밖에 없다. 일반 백성은 자신의 가정을 유지할 정도의 측은지심만 되어도 충분히 가치가 있을 것이다. 하지만 지도자는 다르다. 막강한 권력과 풍부한 자원을 소유한 만큼 다양한 사람과 넓은 분야에 영향을 미치기 때문이다. 권세와 자원이 있는 사람이 강한 책임감과 측은지심을 지니지 못하면 모두가 피해를 입게 된다.

사실 모두가 어느 정도의 측은지심은 가지고 있다. 이 측은지심을 어떤 이는 먼 곳까지 확장하고, 어떤 이는 그렇게 하지 못한다. 그런데 가장 최악인 경우는 막강한 권세의 지도자들이 최대한은커녕 최소한의 측은지심도 지니지 못한 것이다. 그들은 측은지심이 없으면 완벽하게 이기적으로 변한다. 이기적인 그들은 너무나도 많은 자원을 장악하고, 너무나도 막대한 영향력을 행사한다. 주왕이나 걸왕 같은 폭군처럼 잔혹한 형벌을 많이 시행한 측은지심이 없는 이들은 위해성이 강하고, 너무나도 많은 사람에게 피해를 준다. 그 때문에 혁명이 일어난다. 맹자에 따르면 혁명이란 결국 측은지심이 없는 군왕을 없애는 것이다.

그래서 전제군주가 다스리던 시절에 맹자는 어떻게 신하가 임금을 해칠 수 있느냐고 의심을 받기도 했다. 특히 명(明)나라를 세운 주원장(朱元璋)은 맹자를 극도로 싫어해서 아예 『맹자』를 과거 시험에서 빼려고 했을 정도다. 이러한 전제군주 쪽의 의심에 대한 맹자의 답이 매우 중요하다. 맹자는 아버지는 아버지다워야 하며, 아들은 아들다워야 한다고 말했다. 임금은 임금다워야 하고, 신하는 신하다워야 한다. 주왕과 걸왕은 임금 같지 않았을 뿐만 아니라 오히려 그 반대였다. 임금으로서의 인자함을 보여주지 않았다. 만약 이를 보여주지 않는다면 임금이 아니며, 그저 독부(獨夫)에 불과하다. 악정(惡政)을 행해 백성의 호응을 받지 못하는 독부에게는 어느 누구도 다가가려 하지 않으니 고립되게 마련이다. 그런 사람이 살해당했다고 해서 임금이 시해되었다고 말하는 사람은 없다.[56] 그런 사람은 아무런 의미도, 가치도 없으며 백성들에게 극심한 괴로움만 주는 독부일 뿐이다.[57]

儒
家

되지도 않을 일을 하는 자

　기원전 497년 봄, 노나라에 더 이상 희망이 없다고 생각한 공자는
제자들과 함께 조국을 떠났다. 이때 그의 나이 쉰다섯. 당시의 평균수
명이나 사회적 역할을 고려해보면 지금 기준으로는 일흔이 훨씬 넘은
셈이다. 보통 사람이라면 은퇴를 고려할 시기에 공자는 자신의 모든
것을 걸고 노나라를 떠난 것이다. 그리고 자신의 이상을 받아줄 군주
를 찾아 천하를 떠돌았다. 이 유랑은 무려 14년 동안 이어졌다.

　처음엔 희망을 가지고 기운차게 출발했겠지만 공자의 이상을 이해
해주는 군주는 어디에도 없었고 떠돌아다니는 삶은 고달프기 그지없
었다. 식량이 떨어져 굶기 일쑤였으며, 도적으로 오해받아 생명의 위험
을 감수해야 하는 경우도 많았다. 도중에 이러저러한 이유로 공자의 목

숨을 노리는 자도 심심치 않게 등장했다. 이 때문에 앞서 언급한 장저와 걸익처럼 유랑 중 만난 많은 이가 공자를 조롱했다. 또 많은 곳에서 그는 "상갓집 개" "헛된 이름을 탐하는 자" 등의 소리를 듣는 조롱의 대상이었다. 아마 그런 조롱 중 가장 가슴 아픈 말은 이것이었으리라.

"되지도 않을 일을 하는 자."

공자가 아무리 낙관적인 인간이라 할지라도 14년이나 기약 없는 유랑을 하다 보면 절망감을 떨치기 어려운 경우도 많았을 것이다. 실제 그에 대한 일화 곳곳에서 좌절감에 빠진 모습을 묘사한 것을 어렵지 않게 접할 수 있다. 그도 인간인데 "되지도 않을 일을 하는 자"라는 조롱에 어찌 가슴 아프지 않았겠는가. 더군다나 유랑이 막바지에 이를수록 자신의 꿈을 실현할 길이 요원하다는 사실은 분명해졌다.

하지만 공자는 포기하지 않았다. 14년이라는 유랑 기간 동안에도 포기하지 않았으며 결국 지친 몸을 이끌고 노나라로 돌아온 다음에도 포기하지 않았다. 죽음에 임박해서조차 공자는 자신의 뜻을 제자들이 이루기를 바라며 교육에 모든 것을 걸었다.

도대체 공자는 왜 포기하지 않은 것일까? 무엇이 그를 포기를 모르는 인간으로 만든 것일까? 나는 공자의 '공감하는 마음' 때문이었다고 생각한다. 세상 사람들의 고통을 차마 그대로 두고 보지 못하는 그 마음이 공자로 하여금 자신의 이상을 포기할 수 없도록 한 것이다. 그런데 공감하는 마음이 있다고 해서 왜 포기하지 못할까? 그것은 부모의 마음을 헤아려보면 짐작할 수 있다.

얼마 전 이스라엘에서 있었던 작은 사건이 많은 이를 울렸다. 사건은 2016년 12월 9일 유대 광야의 절벽에서 발생했다. 중년의 옴리 니르는 열 살짜리 아들 일라이 니르를 데리고 등산객들과 함께 산을 올랐다. 그런데 하산 도중에 사고가 발생했다. 등산로를 따라 설치된 손잡이를 잡고 절벽을 내려가던 아들이 그만 발을 헛디딘 것이다. 떨어지는 아들을 아버지는 간신히 붙잡았다. 하지만 절벽에 매달린 채 아들을 붙잡고 장시간을 버티는 것은 불가능했다. 힘이 빠진 그가 한 선택은 아들을 안고 떨어지는 것이었다. 자신의 몸으로 충격을 흡수해 아들이라도 보호하기 위해서였다. 사람들이 추락 지점으로 달려가 보니 아버지는 즉사한 상태였다. 아들 일라이도 생명이 위급해 병원으로 이송했지만 결국 이틀 만에 아버지를 따라 세상을 떠나고 말았다.

이 이야기를 들으면서 아버지가 어리석다고 할 사람은 아무도 없을 것이다. 그 아버지의 마음을 알기 때문이다. 세상의 어느 부모가 절벽에 매달린 자식을 보고 어차피 되지도 않을 일이라고 손을 놓을 수 있겠는가. 되지 않을 줄 알더라도, 아예 되고 안 되고를 따지지 않고 자식을 끌어안는 것이 부모의 마음이다. 자식의 고통을 차마 두고 볼 수 없기 때문이다. 나는 공자의 마음도 그러했을 것이라고 생각한다. 세상 사람들의 고통이 눈에 선명하게 보이는데 어찌 성공 여부를 따지겠는가. 공자가 되지 않을 줄 알면서도, 되고 안 되고를 따지지 않고 세상을 떠돈 이유는 인간의 고통에 공감하는 바로 그 마음 때문이었을 것이다.

儒家

나 자신을 믿을 수 있다면

마지막으로 부모의 마음과 관련해 꼭 하고 싶은 이야기가 하나 있다. 부모의 마음을 가지고 살아가는 것이야말로 인간이 스스로의 선의를 믿게 되는 가장 큰 경험이라는 점이다. 사실 인간을 믿는다는 것은 결국 자기 자신을 믿는 것이다. 우리가 막연하게 인간이라고 칭하지만 내가 늘 겪고 대면하는 가장 가까운 인간이 누구겠는가? 바로 나 자신이다. 내가 그 미세한 감정의 흐름과 복잡한 내면을 늘 느끼면서 살 수밖에 없는 인간이 누구겠는가? 바로 나 자신이다. 그러니 세상에 어떤 인간이 나를 실망시킨다 한들 나 자신이 나를 실망시키는 것에 비할 수 없다. 또 세상에 어떤 인간이 나를 두렵게 한들 나 자신이 나를 두렵게 하는 것에 비할 수 없다. 따라서 인간이 스스로의 선의를 진정으로 믿게 된다면 보편적인 인간의 선의 역시 믿을 수 있게 된다. 최소한 그 가능성은 믿어 의심치 않게 될 것이다. 다시 말해 내가 누군가를 조건 없이 사랑하고 걱정하는 일을 구체적으로 경험하게 된다면 다른 어느 누군가도 나를 조건 없이 사랑해줄 수 있다는 사실을 믿게 된다. 그러므로 나는 부모로서 자식을 조건 없이 사랑하는 경험이야말로 인간이 세상에 대한 믿음을 회복할 수 있는 가장 중요하고도 가장 쉬운 경험이라고 생각한다. 물론 이 경험이 단지 혈연적인 가족에서만 가능한 것은 아니다.

1947년 독립 이후 인도에서는 광신적인 종교 폭동으로 힌두교도와 이슬람교도 사이에 학살극이 발생한 적이 있다. 그때 한 힌두교도가 종교적 광기에 취해 이슬람교도를 살해했다. 폭동이 한창일 때는 흥분 상태에서 사람을 죽였지만 흥분이 가라앉고 나자 살인을 했다는 죄책감에 스스로를 도저히 용서할 수 없었다. 아마 세상이 지옥 그 자체였을 것이다. 괴로움에 빠진 그는 간디를 찾아갔다. 간디는 그에게 다음과 같은 조언을 했다.

"이번 폭동으로 고아가 된 이슬람교도 아이를 양자로 입양하십시오. 그리고 그 아이를 이슬람교도로 키우십시오."

아마도 간디는 고아가 된 이슬람교도 아이만을 위해 이런 조언을 하지는 않았을 것이다. 종교적 광기로 살인을 한 그 힌두교도가 스스로를 용서할 수 있도록 하기 위해 이런 조언을 한 것이다. 비록 쉽지는 않겠지만 그 힌두교도는 이슬람교도 고아를 가족으로 받아들여 보호하고 사랑하는 경험을 통해 스스로를 용서할 수 있게 될 것이고 인간에 대한 믿음 역시 회복할 수 있었을 것이다. 그리고 이슬람교도에 대한 종교적 분노를 폭발하는 일은 다시는 없었을 터다.

'어떻게 하면 인간에 대한 신뢰를 회복할 것인가?'라는 문제에 대해 공자와 맹자가 일러준 조언들도 생각해보면 '자기 자신을 믿어도 되는가?'에 대한 가르침이기도 하다. 가족에 대한 나의 사랑을 구체적으로 체험함으로써 인간에 대한 신뢰를 회복하고, 타인에게 차마 잔인해지지 못하는 나의 마음을 생생하게 경험함으로써 인간이 가진 가능성을 믿도록 한 것이다. 그러니 만약 지금까지 공자와 맹자의 이야기를 '어떻게 하면 다른 사람을 믿을 수 있게 될 것인가?'에 대한 해답이나 처방으로 읽었다면, 이제 '어떻게 하면 나 자신을 믿을 수 있게 될 것인가?'로 질문을 바꿔 다시 읽어보기 바란다. 공자도 스스로의 학문을 '자기 자신을 위한 학문'이라는 뜻에서 위기지학(爲己之學)[58]이라고 하지 않았는가.

02

墨家

—

정의 없는 세상에
분노할 때

모두의 시선이 위를 향할 때 그는 아래를 바라보았고, 모두가 승자의
영광을 노래할 때 그는 패자의 아픔을 이야기했다. 그는 고통이 무엇
인지 알았으며, 한 그릇의 밥이 지닌 의미를 이해하고 있었다. 이것이
동아시아 역사상 가장 독특한 사상가인 묵자의 본질이다.

兼相愛 交相利

•••

사람들이 서로 사랑하면
서로에게 이익이 된다.

—『묵자』겸애편

墨
家

인류 최초의 가상 전쟁

　기원전 440년. 강대국 사이에 낀 약소국 중 하나인 송(宋)나라
는 전쟁의 공포에 휩싸여 있었다. 남방의 강국 초나라가 송나라를 공
격하기 위해 긴박하게 움직이고 있었기 때문이다. 보통 춘추시대의
강대국으로 제(齊), 진(晉), 초(楚), 오(吳), 월(越) 이렇게 다섯 나라를 들
고, 춘추오패(春秋伍霸)라고 부르는데 사실 이들 나라가 동시에 강성했
던 것은 아니다. 그저 열거한 순서대로 한 차례씩 패권을 잡았을 뿐이
다.[59] 이 중 춘추시대 내내 강성했던 나라는 진나라와 초나라다. 일시
적인 부침은 있었지만 북방의 강자인 진나라와 남방의 강자인 초나라
는 춘추시대 내내 으르렁거리면서 힘의 균형을 이루었다. 따라서 춘
추시대의 대표적인 강국을 꼽으라고 하면 진나라와 초나라를 드는 것

이 일반적이다.

　이런 강대국 초나라가 송나라를 노렸던 것이다. 더군다나 그즈음 초나라가 벌이는 전쟁은 가공할 만했다. 기존의 전쟁처럼 적당히 패배를 인정하고 복종을 맹세하면 군대를 물리는 게 아니라 아예 나라를 멸망시켜서 초나라에 병합하는 전략을 고수했다. 이에 따라 기원전 447년에는 채(蔡)나라, 기원전 445년에는 기(杞)나라를 멸망시키고 초나라와 합쳤다. 송나라로서는 나라의 운명을 걱정할 수밖에 없는 상황이었다.

　그런데 한창 전쟁을 준비하던 초나라의 수도에 남루한 옷차림의 한 사내가 도착했다. 그의 이름은 묵적(墨翟), 바로 우리가 묵자(墨子)라고 부르는 사람이다. 묵자는 우선 초나라 혜왕 밑에서 전쟁 무기를 만들고 있던 공수반(公輸盤)을 찾아갔다. 공수반은 당시 천하제일이라 꼽히던 기술자였다. 이번 전쟁에서도 그는 운제(雲梯)라는 신무기를 만들어 혜왕을 기쁘게 하던 중이었다. 그런데 공수반을 찾아간 묵자는 다짜고짜 사람을 하나 죽여달라고 부탁했다.

　"북쪽에 나를 얕보는 자가 있어 그대의 힘을 빌려서 그를 죽이고 싶소."

　이런 황당한 부탁에 공수반이 동의할 리 없다. 묵묵부답으로 거절의 뜻을 표시했다. 그러자 이번엔 더 노골적으로 돈까지 제시하는 것이 아닌가.

　"10금(金)을 드리겠소이다."

공수반은 제대로 짜증이 났다. 날 어찌 보고 이런 부탁을 한단 말인가.

"저의 의(義)는 본래 사람을 죽이지 않습니다."

공수반이 대답하자 묵자는 그제야 자신이 온 목적을 드러냈다.

"그렇다면 내 말을 들어주시오. 나는 북쪽에서 그대가 운제를 만들어 장차 송나라를 공격한다는 말을 들었소. 그런데 송나라가 무슨 죄가 있소? 초나라는 땅이 남아도는데도 백성은 아직 부족하오. 부족한 백성을 죽이면서까지 남아도는 땅을 위해 다투는 것은 어리석은 일이오. 죄 없는 송나라를 공격하는 일은 어질다고 할 수 없으며, 알면서도 간하지 않는 것도 충성스럽다 할 수 없소. 더구나 의를 말하며 한두 사람은 죽이지 않으면서 수많은 사람을 전쟁으로 죽이는 것은 말도 되지 않는 일이 아니오?"

할 말이 있을 리 없다. 공수반도 두 손을 들고 말았다. 하지만 어쩌랴, 전쟁은 왕이 결정한 일인 것을. 왕의 뜻이 확고하기 때문에 어쩔 수 없다고 변명하기 시작했다. 물론 그 정도 변명에 물러설 묵자였다면 수천 리 길을 걸어 여기까지 오지도 않았을 것이다. 묵자는 당장 왕을 만나게 해달라고 요청했다. 이렇게 해서 묵자는 자신의 의도대로 초혜왕을 만나게 된다.

묵자와 혜왕의 만남은 워낙 유명한 이야기인지라 중국의 대문호인 루쉰(魯迅)도 이 대목을 글로 남겼다. 이제부터는 루쉰이 묘사한 두 사람의 만남을 따라가 보자.

초나라 왕은 일찍부터 묵적이 북쪽의 성현이라는 것을 알고 있었으므로 공수반이 소개하자 힘들이지 않고 곧 그를 만나 주었다. 너무 짧은 옷을 입어 다리가 긴 왜가리 모양이 된 묵자는 공수반을 따라 편전(便殿)으로 들어가 초왕에게 인사를 하고 점잖게 입을 열었다.

"지금 어떤 사람이 덮개가 있는 수레(轎車)는 싫다 하고 오히려 이웃의 낡은 수레를 훔치려 하고 있습니다. 또 수놓은 비단은 싫다 하고 오히려 이웃의 짧은 모직 잠방이를 훔치려 하고 있습니다. 쌀과 고기는 싫다 하고 이웃의 쌀겨밥을 훔치려 하고 있습니다. 이는 어떤 사람일까요?"

"그건 틀림없이 도벽이 있는 사람이겠지요."

초왕은 솔직하게 말했다.

"초나라 땅은," 하고 묵자가 말했다.

"사방이 5000리나 되나, 송나라는 겨우 사방이 500리밖에 안 됩니다. 이것은 바로 덮개 있는 수레와 낡은 수레의 비유와 같은 것입니다. 초나라에는 운몽(雲夢)이라는 큰 소택(沼澤)이 있어 코뿔소와 암외뿔소, 고라니, 사슴이 가득하고, 양자강(揚子江)과 한수(漢水)에는 다른 곳에 비교할 수 없을 만큼 많은 물고기나 자라, 악어가 있습니다. 그런데 송나라에는 이른바 꿩이나 토끼, 붕어조차도 없습니다. 이것은 쌀, 고기와 쌀겨밥의 비유와 같은 것입니다. 초나라에는 소나무, 가래나무, 녹나무, 예장 등의 큰 나무들이 있으나, 송나라에는 큰 나무라고는 없습니다. 이것은 바로 수놓은 비단옷과 짧은 모직 잠방이의 비유와 같은 것입니다. 그런 까닭에 신(臣)이 보기에 왕의 관리들이 송나라를 공격하려는 것은 이와 같은 것입니다."

"분명히 그렇소!"

초왕은 고개를 끄덕이며 말했다.

"그러나 공수반은 이미 나를 위해 운제를 만들었으니 공격하지 않을 수 없소."

"그러나 승패 또한 아직 단정할 수 없습니다."

묵자가 말했다.

"나뭇조각만 있다면 지금 시험할 수 있습니다."

초왕은 새롭고 기이한 것을 좋아하는 왕이라 매우 신이 나서 곧 신하를 시켜 당장 나뭇조각을 가져오게 했다. 묵자는 자기의 가죽띠를 둥글게 구부려 공수반을 향해 활 모양으로 휘어놓고 그것을 성벽으로 삼았다. 몇십 개의 나뭇조각을 둘로 나누어 한쪽은 자신에게 두고 다른 한쪽은 공수반에게 건네주었다. 바로 공격과 수비의 기구다.

그리고는 그들 두 사람은 각각 나뭇조각을 쥐고 장기를 두듯 싸움을 시작했다. 공격하는 쪽의 나뭇조각이 전진하면 수비하는 쪽의 나뭇조각은 막아내고 이쪽이 후퇴하면 저쪽은 나아간다. 그러나 왕과 신하들은 조금도 이해할 수 없었다.

이렇게 일진일퇴하기를 모두 9번이나 했고, 공격과 수비를 하는 데도 대략 각기 9가지 수법으로 바뀌는 것을 보았을 뿐이었다. 이것이 끝나자 공수반은 손을 멈추었다. 묵자는 곧 가죽띠의 활 모양을 자기 쪽을 향해 바꾸어놓았다. 이번에는 그가 공격하는 것 같았다. 역시 일진일퇴하면서 서로 버티고 있었다. 그런데 세 번째에 이르러 묵자의 나뭇조각이 활 모양의 가죽띠 안쪽으로 들어갔다.

초왕과 신하들은 비록 그 영문을 알 수가 없었으나 공수반이 먼저 나뭇조각을 내려놓고 얼굴에 기분 나쁜 표정을 나타내는 것을 보고는 그가 공격과 수비의 양면에서 완전히 실패한 것을 알았다.

초나라 왕도 흥이 약간 깨지는 것을 느꼈다.

"나는 어떻게 하면 당신을 이길 수 있는지를 알고 있소."

잠시 후에 공수반은 멋쩍은 듯이 말했다.

"하지만 난 말하지 않겠소."

"나도 당신이 어떻게 하면 나를 이길 수 있을지를 알고 있소."

묵자는 오히려 조용히 말했다.

"그러나 나도 말하지 않겠소."

"무슨 말들을 하고 있는 겁니까?"

초왕은 놀랍고 의아한 듯이 물었다.

"공수반의 생각은" 하고 묵자는 몸을 돌려 대답했다.

"저를 죽이려고 하는 것뿐입니다. 저를 죽이면 송나라에는 지킬 사람이 없어지게 되므로 공격할 수 있다고 생각하고 있습니다. 그러나 저의 제자 금활리(禽滑釐) 등 300명은 이미 저의 방어용 기계를 가지고 송나라 성에서 초나라에서 오는 적들을 기다리고 있습니다. 나를 죽인다 해도 역시 함락시킬 수는 없습니다."

"정말 훌륭한 방법이오!"

초왕은 감격하면서 말했다.

"그렇다면 나도 송나라를 공격하는 것을 그만두겠소."[60]

墨家

춘추시대에서 전국시대로

그런데 이 이야기를 따라가다 보면 시대의 분위기가 달라지고 있음을 느끼게 하는 구절들을 마주하게 된다. 우선 신무기의 등장이다. 초나라 편에서 공성 무기를 만들던 공수반은 물론 수비 측인 송나라를 돕고 있던 묵자도 다양한 신무기를 개발해 전쟁터에 내놓고 있었다. 뒤에서 좀 더 자세히 설명하겠지만 이 신무기들은 매우 살상력이 강했을 뿐 아니라 운용하는 데 많은 인력이 필요했다. 또 하나 주목할 점은 약소국들을 아예 멸망시키고 있다는 것이다. 송나라를 공격하려던 무렵의 초나라는 이미 채나라와 기나라를 멸망시켜서 병합한 상태였다. 이 두 나라가 비록 큰 나라는 아니었지만 채나라는 주나라 무왕의 동생인 채숙(蔡叔)이 세운 나라요, 기나라는 전설적인 고대의 성군인 우(禹)임금의 자손을 왕으로 봉한 나라였다. 춘추시대가 비록 난세였어도 이 정도로 유서 깊은 나라는 손대지 않는 것이 관례였다. 설혹 전쟁을 하더라도 임금을 바꾸는 정도에 그쳤다. 그런데 이젠 아예 나라를 멸망시켜서 병합하는 시대가 된 것이다. 확실히 세상은 변하고 있었다. 사실 춘추전국시대에서도 묵자가 초나라를 찾아간 기원전 440년 무렵은 일종의 전환기였다. 춘추시대가 막을 내리고 전국시대가 시작되고 있었기 때문이다.

그렇다면 춘추시대와 전국시대는 무엇이 다를까? 보통 전국시대의 시작으로 잡는 기준은 춘추시대 북방의 강자였던 진나라가 멸망하고 진의 유력 가문들이 나라를 한(韓), 위(魏), 조(趙)로 나눠 가진 사건이다. 통상 '삼진(三晉)의 성립'이라고 부른다. 그런데 이 세 나라가 진나라를 실질적으로 나눠 가진 때는 기원전 453년이고 주나라 왕실로부터 공식적인 승인을 받은 것은 기원전 403년이다. 따라서 전국시대의 공식적인 시작은 기원전 403년이지만 실질적으로는 기원전 453년인 셈이다. 아니 사실은 그 이전에 전국시대는 이미 시작되고 있었다. 앞서 이야기한 신무기나 새로운 전술의 개발, 대규모 병력 동원, 전쟁 상대국의 멸망 같은 특징은 이미 춘추시대 후기에 나타나고 있었다. 너무나도 유명한 오나라와 월나라 간의 전쟁이 대표적인 예일 것이다.

와신상담(臥薪嘗膽)이라는 한자 성어로도 유명한 오왕 부차(夫差)와 월왕 구천(句踐) 사이의 전쟁은 이전의 전쟁과는 비교할 수 없을 정도로 처절했다. 춘추시대 양대 강국이었던 진나라와 초나라 간 전쟁인 성복(城濮)전투*나 필(邲)전투**, 언릉(鄢陵)전투*** 등은 단 한 차례의 격전으로 승패가 결정되었고 결정적인 전투도 하루나 이틀을 넘기지 않았다. 하지만 춘추 후기의 패자인 오나라와 월나라의 전투는 상대방의 수도를 함락하기까지 싸움이 그치지 않았으며 둘 중 하나가 멸망하고서야 전쟁이 끝났다. 병력의 규모도 이전과는 완전히 달랐다. 이전에는 2만 명을 넘기는 경우가 없던 전쟁터에 오나라와 월나라는 10만 대군을 동원했다. 글자 그대로 총력전의 시대가 된 것이다. 이런 오나라와 월나라 간의 전쟁이 오나라의 멸망으로 끝난 때가 기원전 473년이고 묵자가 태어난 것이 기원전 470년을 전후한 시기니까 묵자는 전국시대라는 새로운 시대와 함께 세상에 태어난 셈이다.

전국시대의 전쟁은 대규모이기만 한 것이 아니었다. 참혹함에서도 유례를 찾아볼 수 없었다. 포로 문제만 해도 그렇다. 전쟁이 벌어지면 포로가 생기게 마련이다. 그런데 밥을 먹여야 하고 거치적거린다는 이유로 포로들을 태연자약하게 벼랑에서 밀어서 모두 죽이기까지 했다. 전국시대의 대표적인 전투인 장평(長平)전투에서는, 숫자가

● ── 기원전 632년 진나라를 중심으로 한 연합군과 초나라를 중심으로 한 연합군이 성복에서 싸운 사건이다. 이 전투에서 진나라가 초나라를 이김으로써 진문공(晉文公)은 패자가 되었으며 중원에 대한 초나라의 압박을 제거했다.
●● ── 기원전 597년에 초나라가 진나라 산하의 제후국 정나라를 공격해 항복시키고서 뒤늦게 구원하러 온 진나라 군대와 싸운 사건. 이 전쟁에서 초나라가 승리해 초장왕(楚莊王)이 패권을 확립했다.
●●● ── 기원전 575년에 있었던 진나라와 초나라의 전투. 이번에는 진나라가 승리해 지난번 필전투의 패배를 설욕했다.

다소 과장되었다고 여겨지기는 하지만, 40만 명이나 되는 사람을 생매장하기도 했다. 포로가 생기면 귀찮으니 그랬던 것이다. 남성과 여성 모두에게 잔인했는데, 특히 남성은 몰살시켰고 여성은 노예로 만들었다고 한다. 패했다간 죽거나 노예가 되는 것이다.

그리고 이런 시대의 변화가 가장 두드러지게 나타난 부분은 무기였다. 춘추시대에는 무기를 주로 청동으로 만들었는데 강도가 약해서 금방 못쓰게 되었다. 하지만 전국시대의 무기는 철제여서 상대를 공격할 때 큰 힘을 발휘할 수 있었다. 가공할 무기와 잔혹한 전쟁으로 인해 결국 모두가 전쟁에 참전하나 모두가 전쟁의 피해자가 되는 것이 전국시대의 전쟁이었다.[61]

이렇게 전쟁의 규모가 커지고 국력을 오로지 전쟁에 쏟아붓는 시대가 되자 사람들의 관심은 자연스럽게 어떻게 하면 전쟁에서 이길 것인지에 몰리기 시작했다. 전쟁에서 승리하는 방법을 논하는 사상이라면 당연히 병가다. 그러다 보니 전국시대 초기에 각광받은 사상가들은 단연 병가의 선구자들이다. 춘추전국시대 최초로 총력전의 진면목을 보여준 오왕 합려(闔閭)를 도운 손자(孫子)[62]가 있으며, 전국시대 초기 강대국이었던 위나라 문후를 도운 오자(吳子)[63]도 있다. 신무기를 만들어낸 공수반 같은 사람들 또한 비록 병법가는 아니었지만 이런 시대 분위기에서 각광받는 존재였다. 또 직접적으로 전쟁 방법을 연구한 것은 아니지만 법가(法家) 역시 이런 시대 분위기에 따라 널리 환영받았다. 이들은 전쟁을 당연하게 여기고 전쟁에서 이기기 위해 국력을 총동원할 수 있는 체제를 만들려고 했다. 심지어 대표적인 법가 사상가인 상앙은 국력을 충실히 하는 데 그쳐서는 안 되고 국력이 충실해졌으면 가끔 전쟁을 벌여서 다른 나라를 침략해야만 부국강병을 이룰 수 있다고 주장하기까지 했다.[64]

그런데 이렇게 전쟁을 당연하게 여기고 전쟁을 통해 나라를 부강하게 만드는 것이 오히려 현명한 대책이라고 생각하던 시대에 전쟁에 전면적으로 반대한 놀라운 사상가, 바로 묵자가 등장한 것이다.

墨家

문명과 야만의 차이

우리는 송나라를 공격하려던 초나라의 시도를 좌절시킨 묵자의 활약을 이미 앞에서 지켜보았다. 그런데 묵자는 단지 송나라만 구원한 것이 아니다. 정나라를 호시탐탐 노리던 노양문군(魯陽文君)[65] 역시 묵자가 직접 찾아가서 전쟁을 포기하게 만들었다고 한다. 다행히 이 경우에는 말만으로도 설득에 성공한 모양이다. 노양문군은 묵자의 설득을 받아들인 후 묵자와 몇 차례 더 대화를 나누었다. 그때 나눈 이야기가 기록에 전하는데 다음과 같은 내용도 있다.

노양문군이 묵자에게 물었다.

"초나라의 남쪽에 사람을 잡아먹는 나라가 있다고 합니다. 그 나라에서는 첫째 아들을 낳으면 잡아먹는데, 말하기를 이렇게 하면 아우에게 좋다고들 합니다. 또 맛이 좋으면 그것을 임금에게 바치는데 임금이 기뻐하면 곧 그 아비에게 상을 내린답니다. 참으로 흉악한 풍습이 아니겠습니까?"

말해 무엇 하겠는가. 흉악하기 그지없는 풍습이다. 자식의 고기를 먹다니 인간이라면 할 수 없는 일이다. 그런데 묵자의 대답은 예상과 달랐다.

"비록 중국의 풍속이라 하더라도 그와 다를 것이 없습니다. 전쟁에서 그의 아비를 죽이고는 그의 자식에게 상을 주는데, 이것은 그의 자식을 잡아먹고 그의 아비에게 상을 주는 것과 무엇이 다릅니까? 진실로 어짊과 의로움을 쓰지 않는다면 무엇으로써 오랑캐들이 그의 자식을 잡아먹는 것을 비난할 수 있겠습니까?"[66]

남쪽 오랑캐들의 야만스러운 풍습을 언급하면서 '우리는 그래도 그들보다는 인간적이다'라고 착한 척하는 노양문군에게 묵자는 문명이라는 가면을 쓰고 있는 우리 자신의 잔인한 모습을 직시하라고 조언한 것이다. 이 이야기의 구조는 사실 앞서 공자 편의 가정맹어호(苛政猛於虎)와 매우 유사하다. 모두들 야생의 호랑이가 무섭다고 하지만 잔인하기로 따진다면 문명이라는 가면을 뒤집어쓴 가혹한 정치가 더하다고 공자는 이야기했다. 묵자 역시 문명의 가면을 쓴 우리가 더 잔인할 수 있다는 점을 분명하게 지적했다. 아니 식인 풍습의 비유가 호랑이의 비유보다 더 강렬한 것처럼 묵자의 주장은 공자보다도 더 강렬하다. '전쟁으로 세월을 보내는 우리는 사실 매일매일 식인종의 삶을 살고 있는 것이나 마찬가지다. 제도와 명분으로 치장한다고 해서 전쟁의 잔인한 속성이 사라지는 것은 아니다. 그러니 착한 척하지 말고 제발 정신 좀 차려라!'

묵자의 주장은 이처럼 직설적이었고 초나라 혜왕과 노양문군을 직접 찾아가 전쟁을 막은 것에서 알 수 있듯이 매우 실천적이었다. 그런데 도대체 묵자는 어떤 사람이었기에 이미 2500여 년 전에 이토록 투철한 반전주의자가 될 수 있었을까? 이제부터 묵자라는 인물에 대해 한번 알아보도록 하자.

墨
家

——

묵(墨)의 비밀

사실 묵자에 대해 공식적인 역사 기록에서 알 수 있는 것은 그리
많지 않다. 묵자에 관한 『사기』의 기록은 단 24글자다. "묵적은 송나
라 대부로서 성을 방어하는 기술이 뛰어났으며 절용을 주장했다. 공
자와 동시대 또는 후세의 사람이다."[67] 이게 전부다. 더구나 사마천은
독립된 열전으로 묵자를 기록한 것도 아니다. '맹자순경열전'의 끝부
분에 짤막하게 언급한 것이 전부다. 그런데 이렇게 기록이 간략한 인
물임에도 불구하고 그의 영향력은 결코 미미하지 않았다. 여러 가지
이유로 그의 학파는 소멸했고 그로 인해 후대 사람들에게는 묵자라는
이름이 낯설게 느껴지지만 춘추전국시대 당시에는 결코 그렇지 않았
다. 오히려 가장 유력한 학파 중 하나를 이끈 이였다.

天欲義而惡不義

●●●

하늘은 의로움을 원하며 불의를 미워한다.

—『묵자』법의편

맹자는 일찍이 "천하의 학설이 양주(楊朱)에게로 돌아가지 않으면 묵적에게로 돌아간다"[68]고 한탄한 바 있으며 한비자는 천하의 양대 학파로 유가와 묵가를 들었다.[69] 당시 가장 유력한 학파였고 이후 중국사 전체를 통틀어서도 가장 유력한 학파인 유가나 도가와 어깨를 나란히 하는 존재였던 것이다. 따라서 후대의 기록에서는 비록 사라졌어도 당대의 사상가인 맹자나 장자, 한비자 같은 사람의 기록에는 묵자의 행적이 적지 않게 언급되어 있다. 그리고 이들의 기록을 따라 묵자와 그의 제자들을 추적하다 보면 이 집단의 매우 독특한 특징을 발견하게 된다.

그중 가장 중요한 특징은 묵자와 그의 제자들이 당대의 사상가 집단과는 다르게 하층민 출신이라는 점이다. 이 사실은 이들을 가리키는 글자인 '묵(墨)'에서도 알 수 있다.

흥미로운 점은 '묵'이라는 성이 중국에 없다는 사실이다. 그래서 근대에 들어 시작된 묵자에 대한 논쟁에서 학자들은 '묵'이 성이 아닐지 모른다는 생각을 하기 시작했다. 그럼 '묵'은 도대체 무엇일까? '묵'의 한 가지 의미는 '먹'이다. 붓글씨에 쓰는 먹 말이다. 묵자와 그의 제자들은 주로 야외에서 태양 빛을 많이 받으며 열심히, 근검하며, 수고롭게 일해서 얼굴색이 새까맣게 되었는데 주변 사람들이 이를 경멸해 먹처럼 새까맣게 되도록 일하는 사람들이라는 뜻을 담아 별명을 붙였다는 것이다. 이것이 첫째 설이다.

또한 '묵'은 묵형이라는 의미도 있다. 경형이라고도 부르는데 얼굴에 문신을 하는 형벌이다. 그들 집단 전체가 범죄를 저질러서 형벌을 받은 사람이라는 설은 아직 없지만 전과자 그러니까 범죄를 저지르고 감옥에 갔다가 나와서 노예처럼 노동을 하는 사람들이라는 의미로 주변 사람들이 '묵'이라고 칭했으리라는 게 둘째 설이다.

또 일본에 와타나베 다카시(渡邊卓)라는 묵자 연구에 이름난 학자가 있는데, 그의 주장에 따르면 '묵'은 원래는 '실 사(絲)' 변을 붙인 '묵(纆)'이었다고 한다. 먹줄의 줄이라는 것이다. 다시 말해 그들은 공인(工人), 목수나 숙련된 사람들로 공인 집단이 일상적으로 휴대하는 도구인 먹줄을 가지고 있었으며, 이로 인해 이들 공인 집단이 '먹'이라는 글자를 성처럼 별명으로 썼다는 것이다.

아무튼 여러 가지 주장을 종합하면 '묵'은 별명 혹은 별칭이었을 것으로 보인다. 그런데 이런 이름을 붙인 이유는 고대 중국의 지식인이나 사대부, 귀족들이 수고해서 일하는 것을 그다지 좋은 일이라고 생각하지 않았기 때문에 묵가 집단을 경멸해 '묵'이라 한 듯싶다. 그렇다면 결국 그들의 전체 구성원은 공인이 많았다고 보아야 타당하다. 목수나 미장이 등 주로 도시를 건설하는, 성벽이나 성곽 등을 건설하는 숙련된 사람이 많았을 것이다.

그리고 그 외에 농민도 다수가 참가했다고 한다. 물론 학파인 만큼 그들의 주장을 이론화할 필요가 있기 때문에 지식인도 필요했다. 한자는 지금 기준으로도 매우 어려운 문자 아닌가? 그럼에도 역시 가장 중요한 점은 공인이나 농민 등 사회 계층이 낮은 사람들이 중심 구

성원이었다는 것이며, 이는 다른 학파와 구분되는 가장 큰 특징일 것이다.[70]

묵자가 속한 계급이 노동을 해야 하는 낮은 계급이었다는 근거는 묵자의 책에서도 발견할 수 있다. 『묵자』라는 책을 보면 이런 부분이 있다.

하루는 한 제자가 묵자에게 이렇게 물었다.

"우리는 어떻게 해야 정의로운 일을 할 수 있을까요?"

묵자는 다음과 같은 예를 들어 대답한다.

"만약 벽을 세우고 싶다면 흙을 날라 올 수 있는 사람은 흙을 나르고, 돌을 다룰 수 있는 사람은 벽돌을 만들고, 측량을 할 줄 아는 사람은 측량을 해라. 모두 각자의 일을 잘 분담하고 협력했을 때 비로소 벽을 잘 세울 수 있다. 이는 정의로운 일을 하는 것과 마찬가지다. 우리 묵가의 겸애(兼愛)와 비공(非攻)의 사상을 선양할 수 있으면 널리 알리고, 고대 성왕의 좋은 정책들을 전할 수 있다면 전파하면 된다. 소국을 도와 대국의 침략을 막을 수 있다면 소국을 도와라."

묵자의 비유에서 볼 수 있듯이 묵자는 제자에게 묵가의 사상과 도리에 대해 이야기할 때 모두 노동이나 생활과 관련된 비유를 들었다. 언어는 존재를 반영할 수밖에 없다. 이러한 비유만 보아도 묵자뿐만 아니라 그를 따르는 사람들의 사회 계급도 노동 계급에 속한다는 점을 알 수 있을 것이다.[71]

墨家

약자를 위한 전쟁은 없다

묵가 집단을 상징하는 '묵'이라는 글자는 이처럼 분명 노동하는 사람들을 가리킨다. 그리고 묵가 집단의 주요 구성원이 노동하는 사람, 바로 하층 민중이었다는 사실은 이들이 왜 그토록 강렬하게 '전쟁 반대'를 부르짖었는지도 잘 설명해준다.

사실 묵자가 주장한 '비공'이란 원래 일반적인 의미의 맹목적인 전쟁 반대가 아니다. 공격 전쟁, 침략 전쟁을 반대한다는 말이다. 묵자와 그의 제자들은 정의로운 전쟁은 오히려 반대하지 않았다. 누군가가 나를 해친다면 나도 나서서 반격을 해야 하지 않겠는가? 묵자는 오른뺨을 맞으면 왼뺨을 내주라는 식의 완전한 평화주의자는 아니다. 그는 전투적인 평화주의자다.

그렇다면 묵자는 왜 공격 전쟁에 반대한다는 의미에서의 '비공'을 주장하는가? 이 문제야말로 당시의 역사적 배경을 이해해야만 한다. 거듭 이야기하지만 춘추전국시대 중국의 대지는 전쟁의 혼란에 빠져 있었다. 크게는 국가와 국가 사이, 작게는 집단과 집단 사이 전쟁이 끊이지 않았고 서로 영토와 재물, 보물, 여자, 기술자들을 쟁탈하기에 급급했다. 춘추무의전(春秋無義戰)이라는 말이 있는데 춘추시대에는 정의로운 전쟁이 없었다는 뜻이다. 오직 서로 약탈하고 갈취하는 전쟁만 있었다. 물론 이 말은 전국시대에도 적용된다. 묵자는 전국 초기 사람으로 바로 이 혼란의 한가운데 서 있었다.

전쟁은 여러 재해 가운데서도 성질이 가장 악랄하고 파괴력 또한 제일 강하다 할 수 있다. 전쟁으로 백성들은 도탄에 빠지고 사회는 쇠퇴한다. 묵자는 민중의 편에 서서, 농민이나 사회 최하층에 위치한 사람들의 입장을 대변하며 민중의 삶을 우선적으로 살펴야 함을 강력하게 호소했다. 그런 만큼 그는 이런 상황을 매우 안타까워했다. 시국이 어지럽고 백성들이 제대로 먹지도 입지도 못하는 근본적인 원인이 침략 전쟁, 불의한 전쟁 때문이라는 사실을 잘 알고 있었던 것이다. 그래서 그는 민중을 대신해서 이 문제를 해결하려고 나섰다.[72]

이런 주장에 대해 어떤 사람은 전쟁이 꼭 가난한 민중만의 문제는 아니지 않느냐고 말할지도 모른다. 전쟁은 물론 모두에게 고통을 안겨준다. 하지만 모든 사람에게 고르게 고통을 주는 것은 아니다. 전쟁의 고통을 가장 크게 감당하는 사람은 바로 그 사회의 약자들이다.

평화로운 시기에도 사회적 약자들은 이런저런 착취와 고통에 시달리지만 노골적인 폭력이 지배하는 세상이 되면 그 고통은 평화로운 시기와는 비교조차 할 수 없을 정도로 커진다. 멀리 거슬러 올라갈 필요도 없이 지금도 시리아나 아프리카 등에서 벌어지고 있는 내전으로 누가 가장 큰 고통을 받는지 생각해보면 이러한 사실은 자명해진다. 따라서 그들 스스로가 사회의 최하층민이기도 한 묵자와 그의 제자들은 동시대의 어떤 사상가보다도 더 적극적으로 전쟁을 반대하고 절실히 평화를 추구했던 것이다.

墨家

민중 자신의 철학

정확히 어디에서 보았는지 기억나지 않지만 언젠가 인터넷에서 매우 인상적인 글을 읽은 적이 있다.

글쓴이가 하루는 동네의 붕어빵 노점 옆을 지나다가 이상한 생각이 들었다고 한다. 붕어빵이 3개에 1000원, 1개에 300원이라고 적혀 있었기 때문이다. 그래서 주인아저씨에게 물었단다.

"아저씨, 많이 사면 싸게 해주는 게 정상 아니에요? 그런데 이 붕어빵은 왜 1개만 샀을 때가 더 싸지요?"

주인아저씨가 무심히 답했다고 한다.

"붕어빵을 1개만 사 먹는 사람이 더 가난하거든요."

난 이 글을 읽고 잠시 뒤통수를 맞은 것 같은 멍한 느낌이 들었다. 세상에! 이건 내가 절대로 생각해낼 수 없는 '생각'이구나.

난 이런 '생각'이 진짜 삶이 가르쳐주는 '생각'이라고 여긴다. 그저 무심히 1000원 내고 붕어빵 3개를 사 먹는 나는 붕어빵을 1개밖에 살 수 없는 사람의 마음을 절대로 온전히 이해할 수 없다. 이건 내가 도덕적으로 나빠서도, 천성이 사악해서도 아니다. 그런 경험을 해본 적이 없기 때문이다. 1000원 한 장이 아까워서 붕어빵을 1개만 팔라고 부탁해본 적이 없기에 그 상황을, 그 마음을 온전히 이해할 수 없는 것이다. 따라서 이런 상황을 경험해본 사람만이 붕어빵을 1개씩 사는 사람에게 더 싸게 판다는 배려에 생각이 미칠 수 있다.

철학도 마찬가지다. 자신이 민중인 자의 철학과 민중을 위한다는 사명 의식으로 불타는 지식인의 철학은 절대로 같을 수 없다. 민중을 위하는 지식인의 눈에 보이지 않는 어떤 것이 그 자신이 민중인 자의 눈에는 보이기 때문이다. 묵자의 철학은 바로 '스스로가 민중인 자의 철학'이다.[73]

앞서 살펴본 것처럼 묵자와 그의 제자들이 누구보다도 적극적으로 반전을 주장한 이유도 그들 자신이 전쟁의 고통을 온몸으로 감당해야 하는 민중이기 때문이다. 그리고 지금까지 거듭해서 강조한 것처럼 그들의 철학이 매우 실천적이었던 이유도 그들 자신이 민중이기 때문이다. 지금 당장, 실제의 삶에 영향을 미칠 수 없다면 삶의 고통을 하루하루 직면하고 살아야 하는 민중에겐 아무 의미가 없지 않겠는가. 공리공담(空理空談)이나 고담준론(高談峻論)은 결코 그들의 방식이 아니었다.

墨
家

반드시 행하려는 마음

그런데 실천적이라는 말을 진지하게 따져보면 대체로 두 가지 의미가 있다. 첫째는 당연히 자신들의 이론을 말로만 떠들지 않고 반드시 실천한다는 뜻이고 둘째는 이론 자체가 매우 실제적이라는 뜻이다. 묵자와 그의 제자들은 이 두 가지 의미 모두에서 매우 실천적이었다.

우선 '반드시 실천한다'라는 측면에서 보면 묵자와 그의 제자들의 실천은 그야말로 저돌적이었다. 전쟁에 대한 태도부터 매우 실천적이었다. 그들은 입으로만 평화를 외치지 않았다. 묵자가 초나라 혜왕이나 노양문군을 직접 찾아가 목숨을 걸고 전쟁을 막은 것처럼 전쟁이 벌어지는 곳이면 어디든지 달려가서 약자의 편에 서서 싸웠다. 가난한 민중이었던 만큼 생활에서도 절약과 검소를 중시했는데 이를 단지 말로만 한 게 아니었다. 고개가 절로 숙여질 정도로 지독하게 검소한 삶을 실천했다.

묵자는 원래 공자의 사상을 공부했다고 한다. 유가에서 출발한 사상가였던 것이다. 그런데 그는 어느 날 일반 민중은 유가가 중시하는 귀족과 같을 수 없다는 것을 깨닫게 되었다. 그들은 사치할 수 없으며, 일을 하지 않아도 살 수 있는 그런 삶을 누리지 못했다. 그래서 묵자는 공자의 문하를 벗어나 '사람이라면 누구나 자신의 힘으로 살아남을 궁리를 해야 한다'고 주장했다. 사람은 동물과 다르다. 동물들은 털이 있고 날카로운 발톱이 있어 그것으로 자신의 삶을 유지할 수 있다. 하지만 우리 인간은 노동을 해야만 먹을 것과 입을 것을 얻는 게 가능하다. 따라서 묵가에서는 절약을 매우 강조한다. 먹고 입는 모든 것이 그냥 주어진 것이 아니라 노동의 결과물이기 때문이다. 그리고 이런 사상을 제창했기에 그들은 스스로도 그런 생활을 실천했다. 그들이 세상을 돌아다니면서 먹은 것은 채소와 물이었으며 옷도 제대로 안 맞아 소매가 짧았고 신발은 풀잎으로 엮은 것이라 생활이 매우 고통스러울 수밖에 없었다. 그들이 이렇게 힘들게 생활한 이유는 오직 세상을 이롭게 하고 세상의 해악을 제거하기 위해서였다.

묵자의 사상에 반대했던 맹자도 이런 부분에 대해 언급했다. 묵자의 행위는 진정으로 세상을 이롭게 하기 위해서였으며, 세상 사람들에게 이익이 되는 일을 하기 위함이었다. 맹자는 묵자를 이야기하며 마정방종(摩頂放踵)이라는 말을 사용했는데, 이는 머리에서 발까지 상처를 입었는데도 불구하고 세상 사람들과 국가를 돕기 위해 힘쓴다는 의미다. 원래 고대의 성군인 우임금의 행적을 나타내는 말로, 어떤 상태냐면 하도 걸어서 허벅지에 살이 하나 없고 종아리에 있는 털도 모두 떨어져나갔을 정도를 가리킨다. 묵자와 그의 제자들은 머리에서 발끝까지 상처를 입었지만 그럼에도 흔쾌히 세상 사람들을 위해 희생했던 것이다.[74]

도대체 어느 정도로 쉬지 않고 일을 하고 어느 정도로 먼 길을 다녀야 허벅지에 살이 하나도 남지 않고 종아리에 털이 다 닳아 없어지는지 알 수 없지만 그들의 삶이 얼마나 처절했는지는 엿볼 수 있다. 여담이지만 이런 제자들의 고행에 가슴 아파한 묵자가 그의 제자 중한 사람인 금활리에게 조촐하게 술 반 병과 육포 약간을 대접한 적도 있다고 한다.

"금활리는 묵자를 섬긴 지 3년 만에 손발에 못이 박이고 터서 쩍쩍 갈라졌으며 얼굴은 누렇게 뜨고 시커멓게 그을었다. 그는 몸소 몸을 놀려 시중을 들면서 감히 뭘 묻는 일도 없었다. 묵자는 이를 매우 아프게 여겨 술과 마른 고기를 마련해 태산에 올라 풀을 뜯어 자리를 마련해 앉고는 금활리에게 술을 권했다."[75]

묵묵히 실천하는 제자 금활리와 엄하지만 따뜻한 마음을 가졌던 묵자의 모습이 눈에 보이는 듯하다.

그럼 이제 실천적이라는 말의 둘째 의미를 짚어보도록 하자. 앞서 잠깐 언급한 것처럼 실천적이라는 단어의 또 다른 의미는 '이론 자체가 매우 실제적'이라는 것이다. 실사구시(實事求是)라고나 할까. 묵자와 그의 제자들은 현장에서 직접 효과가 있어야 한다는 점을 매우 중시했다. 이는 앞서 초나라의 공격을 막아내는 과정에서도 잘 드러난다. 묵자는 결코 아무 대책 없이 초나라에 가서 혜왕과 공수반의 인간성에 호소하는 식으로 행동하지 않았다. 사실 대책도 없이 가서 불 뿜는 듯한 웅변이나 펼치다가 장렬하게 죽는 것은 후세에 이름만이라도 남기겠다는 수작에 불과하다. 묵자는 결코 그런 사람이 아니다. 그는 반드시 전쟁을 막아내겠다는 목표를 세우고 실질적인 대책을 완비한 다음에 행동했다.[76] 이 때문에 묵자는 반전주의자였음에도 불구하고 엄청난 수의 전쟁 무기를 개발한 사람이기도 하다. 비록 그 무기가 방어용이긴 하더라도 말이다.

墨家

묵자의 전쟁 기술

말이 나온 김에 묵자가 개발한 신무기와 방어 전술에 대해 알아보도록 하자. 먼저 초나라가 송나라를 공격할 때 사용하려던 운제(雲梯)에 대한 대책이다. 그런데 운제는 도대체 어떤 무기일까?

운제라는 단어를 풀어보면 '구름 운(雲)'에 '사다리 제(梯)'로 이루어졌다. 글자 뜻만으로 보면 '구름같이 높은 사다리'라고 생각하기 쉽다. 하지만 실제로는 훨씬 복잡하고 거대한 무기였다. 단순한 사다리가 아닌 것이다. 무슨 말인가 하면 거대한 사다리 밑에 바퀴를 달아 이동이 가능하게 만들었을 뿐 아니라 사다리를 성벽까지 끌고 가는 동안 병사들을 보호하기 위한 방어벽도 설치해놓았다. 그리고 이동이 용이하도록 사다리를 접었다 펼 수 있도록 고안했다. 지금으로 치자면 트럭 위에 크레인을 얹은 것 같은 모양이라고 생각하면 된다. 아마 사극에서 몇 번쯤은 본 무기일 것이다.

여기까지 설명하고 나면 사극에서 많이 본 무기인지라 그게 뭐 그렇게 대단하냐고 반문할지도 모르겠다. 하지만 당시는 기원전 5세기다. 아직 철제 무기조차 일반적이지 않던 시대다. 춘추시대까지는 동원되는 병력도 사실 그렇게 대규모가 아니었다. 따라서 공성전(攻城戰)에 동원되는 공격 측의 무기도 사다리 정도가 전부였다. 그런데 운제라는 거대 무기가, 트럭 위에 크레인을 얹은 것 같은 놈이 전쟁터에 등장한 것이다. 아마 수비 측에서는 무시무시한 무기라고 느꼈을 것이다.

이렇게 처음 보는 신무기가 나왔는데도 묵자는 상대방의 약점을 즉각 파악해 매우 효과적인 대책을 마련했다. 첫 번째 대책은 운제가 덩치가 큰 만큼 이동이 쉽지 않다는 약점에 착안한 것으로 성벽 주변에 물웅덩이를 파고 진창을 만들어버리는 식이다. 이렇게 하면 가벼운 사람이나 사다리 정도는 통과할 수 있을지 몰라도 1대의 무게만도 몇 톤은 되었을 운제는 통과하기 쉽지 않다. 더구나 수비군이 쏘는 빗발치는 화살 속에서 진창에 빠진 운제를 끌어내는 작업은 거의 불가능에 가까울 것이다. 그리고 겨우 운제를 끌어내 성벽까지 이르더라도 두 번째 대책이 기다리고 있다. 성 위에서 화살과 돌과 모래와 재를 비처럼 퍼붓고, 섶을 태우는 불과 끓는 물을 부어서 운제를 막는데 힘을 보태는 것이다.[77] 운제는 나무로 만든 만큼 불에는 약할 수밖에 없다는 점에 착안한 공격이다.

그 외에도 물을 이용한 수공(水攻)에 대한 대책인 비수(備水), 개미 떼처럼 성벽을 기어오르는 적군을 격퇴하는 방법인 비아부(備蛾傅), 높은 고지를 만들어 공격하는 적을 물리치는 데 유용한 비고림(備高臨), 땅굴을 파고 공격하는 적을 막기 위한 비혈(備穴) 등 다양한 대책이 있었다. 모두 다 설명하려면 새로운 책이 한 권 필요할 정도이니 이 중 가장 흥미로운 비고림과 비혈에 대해서만 좀 더 설명하겠다.

비고림은 당태종(唐太宗)이 안시성을 공격할 때 사용했던 전술처럼 인공 산을 만들어 성을 공격하는 방법에 대한 대책이다. 이렇게 인공 산을 만드는 이유는 물론 높은 곳에서 전투할 때의 이점을 제거해 성의 방어 능력을 무력화하기 위해서다. 그런데 이 공격법에 대한 묵자의 평가는 매우 혹독하다. 묵자의 말을 직접 들어보자.

"흙을 쌓아 성을 공격하는 것은 졸렬한 전법이다. 그것으로 병사들을 피로하게 만들기에는 족하지만 성을 해치기에는 부족하다. 수비하는 쪽에서도 성 위에다 높은 대를 쌓고 적의 발판을 내려다보고 공격한다. 여기서 강한 쇠뇌를 쏘고 여러 기계의 힘을 빌리며 특수한 무기로 공격하면 적을 물리칠 수 있다."[78]

비고림보다 흥미로운 것은 비혈이다. 각종 신무기가 등장하기 때문이다.

비혈은 현대적으로 이해하자면 일종의 갱도전이다. 갱도전은 명확한 전술적 특징이 있는데 쉽게 발각되지 않는다는 것이다. 이 때문에 적이 땅굴을 사용하면 방어군도 그렇게 해야 한다. 그러다 보니 지하에서 전쟁을 하게 되는데 문제는 적이 어디서부터 갱도를 파서 공격할지 알 수 없다는 데 있다. 지상에서는 보이지 않기 때문이다. 묵자는 이 문제를 해결하기 위해 앵청(罌聽)이라는 기구를 개발했다. 사용 방법은 다음과 같다.

우선 용적이 비교적 큰 질항아리를 설치하고 청각이 예민한 군사 한 명을 선정해 그 안에 들어가 동태를 파악하게 한다. 이 질항아리의 표면에는 얇은 소가죽을 씌웠기 때문에 소리를 크게 확대할 수 있다. 게다가 적이 땅굴을 파면 소리와 진동이 땅굴을 타고 전파되어 오게 마련이므로 청각이 예민한 군사가 그 속에 엎드려서 소리를 들어 적의 동태를 파악하는 것이다.

그런데 소리의 전파 속도는 공기 중에서보다 고체에서 훨씬 빠르다. 묵자는 이 점을 고려해 거리를 알아내는 방법까지 고안했다. 앵청으로 적이 땅굴을 파는 방향을 알아내는 것은 물론 심지어 그 거리도 어림짐작해낼 수 있었던 것이다. 그래서 상대방이 어떤 방향으로 땅굴을 파면 수비군도 똑같이 그 방향에 따라 땅굴을 판 다음 갱도전을 펼쳤는데 이때 특수한 무기를 사용하곤 했다. 지상에서 쓰는 무기는 길이가 길어 지하에서 사용하기 불편할 수 있기 때문에 작게 만들었다. 예를 들면 작은 창이나 짧은 칼 같은 것이다. 이 외에 지하에서는 풀도 무기로 썼다. 풀을 태워서 그 연기로 적이 숨 쉬기 어렵게 만드는 작전을 펼친 것이다. 질그릇 굽는 가마처럼 만든 아궁이에 쑥을 넣고 불을 붙여 이것을 풀무질했다. 당연히 적은 숨 쉬기 어렵게 되는데 타는 목탄이나 석탄을 넣기도 했다고 한다.[79]

중국 과학사 연구자 중 한 사람인 로버트 템플은 그의 책 『그림으로 보는 중국의 과학과 문명』에서 묵자가 사용한 이 연기 전술을 세계 최초의 독가스를 이용한 화학전으로 설명했다.

"독가스를 사용한 화학전의 역사는 적어도 기원전 4세기까지 거슬러 올라간다. 당시 그 일을 책에 기록한 것은 철학자이며 사회개혁자였던 묵자를 창시자로 하는 묵가였다. 초기의 묵가 책에는 도시를 포위한 적진에 풀무로 독가스를 뿜어 넣는 일이 기록되어 있다. 이것은 제1차 세계대전의 참호용 겨자 가스보다 2300년이나 빨랐다."[80]

묵자가 만들어낸 신무기는 앵청과 독가스에 그치지 않았다. 이후에도 그는 뢰(雷)● 와 자거(藉車)●● 그리고 연노거(連弩車)●●● 등 많은 무기를 개발했다.

● — 통나무에 뾰족한 철심을 무수히 박은 후 통나무 양쪽에 원반을 달아 성벽에서 내리치는 무기. 성벽에 매달린 적병을 공격하기 위해 사용했다.
●● — 성벽 위에 설치한 일종의 이동용 발코니. 성벽에 매달린 적병을 바로 머리 위에서 공격하는 데 썼다.
●●● — 10명이 조종하고 한 번에 60개의 화살을 발사할 수 있었다고 전해지는 발사 무기. 일종의 기관총 같은 역할을 했다. 다만 크기가 너무 커서 성에 고정해놓고서만 쓸 수 있었다.

墨
家

싸우는 평화주의자

이렇게 묵자가 만든 방어 전술과 신무기를 살피다 보면 그 기술력에 놀라기도 하지만 한편으로는 그가 반전주의자라는 사실이 좀 어색하게 느껴진다. 전쟁에 반대하는 것은 인간의 생명을 소중하게 여기기 때문인데 이토록 잔인한 무기를 스스럼없이 사용한다는 게 왠지 앞뒤가 맞지 않는 일처럼 생각되기 때문이다. 묵자가 만든 무기 중 인간적인 것은 사실 하나도 없다. 너무 당연한 이야기다. 전쟁 무기이기 때문이다. 불로 태우고, 한 번에 수십 발의 화살을 날리며, 수십 개의 쇠꼬챙이로 사람을 덮친다. 인간의 마음이 아닌 야수의 마음이 느껴지지 않는가?

패배한 적을 대하는 자세에서도 묵자 혹은 묵가의 태도는 단호했다. 대체로 유가적인 전통을 따르는 사람은 적의 공격이 끝나고 패배한 적이 도주하면 그들을 놓아주는 것이 좋다는 식의 태도를 보였다. 하지만 묵자는 달랐다. 도주하는 적일지라도 끝까지 추격해서 끝장을 내야 한다고 주장했다. 전쟁을 일으킨 자들의 전투 능력을 말살시켜야 한다고 본 것이다.

도대체 반전주의자인 묵자는 왜 이런 무시무시한 무기를 거리낌 없이 만들고 도주하는 적까지 단호하게 처단할 만큼 냉혹했을까? 아마 이것도 그들이 가진 강렬한 실천성 때문일 것이다. 전쟁을 아예 하지 않겠다면 모르겠거니와 일단 전쟁터에 뛰어들고 나면 자비란 있을 수 없다. 더구나 전국시대로 접어들면서 세상은 총력전의 시대로 바뀌고 있었다. 적의 공격 능력을 확실하게 말살하지 않으면 전투에서의 승리란 불가능하게 된 것이다.

그런데 앞서 말한 것처럼 묵자는 애초에 전쟁 자체를 부정하지 않았다. 약한 자를 공격하거나 약소국을 점령하기 위한 전쟁을 부정한 것이지 방어를 위한 전쟁은 오히려 적극적으로 인정한 사람이다. 따라서 비록 방어를 위한 전쟁이라고 할지라도 승리하려면 야수의 마음을 가질 필요가 있다는 점을 분명하게 인식하고 있었다. 비록 잔인해 보일지라도 그렇게 확실하게 전쟁을 벌인 자를 응징해야만 다시는 전쟁을 일으킬 마음을 품지 못하리라 생각한 것이다. 임진왜란 당시 제 발로 철수할 터이니 무사히 돌아가게만 해달라는 왜군의 요청을 거절하고 끝까지 전투를 벌여 적에게 치명적인 타격을 입힌 이순신 장군의 노량해전도 아마 이러한 마음으로 치른 전투였을 것이다.

墨家

싸움으로 싸움을
막을 수 없다

묵자와 그 제자들의 반전 운동은 이처럼 실제 전투에 대한 적극적인 개입이었고 전쟁을 일으킨 자에 대한 처절한 응징이었다. 그리고 이와 같은 자신들의 적극적인 개입이 최소한 두 가지 차원에서 전쟁을 막아줄 것이라고 믿었다. 일차적으로는 묵가 집단 자체가 일종의 억지 전력이 되는 것이다. 세상 어느 곳에서 전쟁이 나더라도 그곳에 달려가 약자의 편이 되어서 싸우는 집단이 있고, 그 집단의 전투력이 전투의 승패를 가를 정도로 뛰어나다면 누구도 쉽게 전쟁을 일으키지 못할 것이기 때문이다. 마치 송나라에 대한 침략을 포기한 초나라의 예처럼 말이다. 두 번째는 자신들이 개발하는 방어용 무기와 전술이 전쟁을 막아줄 것이라고 믿었다. 방어 무기의 위력이 언제나 공격용 무기를 압도한다면 어느 누구도 상대방을 공격하려고 하지 않을 것이기 때문이다.

하지만 상황은 꼭 그렇게 돌아가지 않았다. 묵가 집단이 직접 전쟁 억지 전력이 되든 자체 개발한 방어용 무기가 전쟁을 막든 이것에는 모두 한 가지 전제가 있다. 바로 묵가의 기술력이 누구보다도 뛰어나야 한다는 것이다. 물론 실제로 묵가 집단의 기술력은 놀라울 정도였다. 현장에서 갈고 닦은 당대 최고의 기술을 가진 장인들이 참여하고, 묵자 자신도 뛰어난 과학자였기에 이들은 기원전 5세기를 기준으로 볼 때 세계 최고의 기술력을 자랑했다. 세계 최초의 사진기를 만든 이도 묵자였고[81] 그리스에서 유클리드 기하학이 탄생하기 100여 년 전에 이미 유클리드 기하학의 기본 원리를 제시한 이도 묵자였다.[82] 심지어 아르키메데스보다 300년 정도 이전에 이미 지렛대의 원리도 알고 있었다고 한다.[83]

하지만 아무리 놀라운 기술력을 지녔다 하더라도 이를 묵가 집단이 독점하는 데는 한계가 있게 마련이다. 아니 사실은 묵가 집단이 자신들의 전쟁 기술을 적극적으로 퍼뜨렸기 때문에 애초에 기술 독점 자체가 성립되지 않았다. 방어용 무기와 방어 기술을 적극적으로 확산시켜 방어력을 높이는 게 전쟁을 막는 길이라고 믿었기 때문이다. 그런데 기술이란 양날의 칼과 같은 성격을 가지고 있어 방어용 무기로 개발한 기술이라도 언제든지 공격용으로 변형할 수 있다. 또 지금 당장은 묵가 집단의 기술력이 가장 뛰어나다 하더라도 언젠가는 새로운 기술이 등장하고 공격 무기도 개량을 거듭할 것이 분명했다. 힘으로 힘을 막는 데는 명백한 한계가 있을 수밖에 없었다. 뭔가 다른 차원의 근본적인 해결책이 필요했다. 간디도 말하지 않았는가. "눈에는 눈을 고집한다면 모든 세상의 눈이 멀게 될 것"이라고.

묵자가 생각한 근본적인 해결책은 바로 '겸애', 곧 사랑이었다. 묵자의 말을 들어보자.

"천하 사람들이 서로 사랑하지 않는다면 강자는 반드시 약자를 억누르고, 부자는 반드시 가난한 사람을 능멸하고, 귀한 사람은 반드시 천한 사람에게 오만하며, 간사한 자들은 반드시 어리석은 사람들을 속이게 될 것이다. 이처럼 천하의 화와 찬탈과 원한이 생겨나는 근본적인 원인은 서로 사랑하지 않기 때문이다."[84]

그런데 이렇게 놓고 보면 뭔가 싱거운 느낌이 들기도 한다. 지금까지 매우 전투적이고 실천적인 관점에서 전쟁을 막고 평화를 지키려고 한 묵자가 갑자기 아름다운 이상의 세계로 날아가버린 듯한 느낌이 들기 때문이다. 왠지 세상 물정 잘 모르는 듯한 느낌이 든다고나 할까. 이런 방식으로 과연 세상을 구할 수 있을까?

墨
家

서로 사랑하는 것이 이익이다

묵자가 생각하는 사랑은 사실 그렇게 소박하고 천진한 것은 아니었다. 묵자에게는 이 사랑이라는 단어조차도 매우 실천적인 의미를 가진다. 우선 묵자가 '겸애'라는 해결책을 발견한 맥락 자체가 매우 실천적인 경험에 기반을 둔 것이었다. 상유이말(相濡以沫)이라는 말이 있다. 메마른 연못에서 물고기들이 서로의 침으로 서로를 적셔주는 모습을 표현한 것이다. 비참한 환경에서도 서로를 아껴주는 민중의 삶과 겹쳐지지 않는가? 이 때문에 어떤 이들은 이 '상유이말'의 고사야말로 묵자가 '겸애'를 주장하게 만든 민중의 경험을 반영한 것이라고 말한다. 그런 면에서 본다면 우리가 익히 알고 있는 '장님과 앉은뱅이'라는 옛이야기는 묵자의 '겸애'를 잘 보여주는 예일 것이다.

'장님과 앉은뱅이' 이야기는 신기하게도 전 세계적으로 매우 다양한 변형이 존재한다. 알려진 바로는 고대 인도의 설화집인『판차탄트라』에 실린 것이 그중 가장 오래되었다고 한다. 인도 설화 속의 이야기는 이렇다.

어느 숲에서 큰불이 났습니다.

그 숲에는 두 사람이 있었습니다.

한 사람은 장님이었고, 한 사람은 앉은뱅이였습니다.

불이 나자 두 사람은 당황하였습니다.

앉은뱅이는 불이 난 것을 볼 수는 있으나 걸을 수가 없었고, 장님은 반대로 걸을 수는 있지만 볼 수 없었던 것입니다.

두 사람은 서로 돕기로 약속했습니다.

그리고 장님은 앉은뱅이를 자신의 어깨에 태웠습니다.

장님은 앉은뱅이의 지시대로 걸어서, 불이 난 숲을 빠져 나왔습니다.

이 이야기도 좋지만 난 프랑스 플로리앙이라는 작가가 쓴 동화를 더 좋아한다. 동화의 내용은 이렇다.

어느 날 장님 한 사람이 다리 난간 위에 올라섰습니다. 발 아래로 무섭게 흐르는 강물 소리가 천둥처럼 크게 들렸습니다. 지팡이도 던지고, 신발도 가지런히 벗은 장님은 이제 뛰어내릴 준비를 다 마쳤습니다.

"아, 죽기 전에 딱 한 번만이라도 이 세상을 볼 수 있다면…."

그때 뒤에서 앉은뱅이가 울부짖었습니다.

"이봐요, 거긴 내 자리요! 내가 먼저 뛰어내릴 거요."

"거기 누구요? 나는 앞을 못 보는 장님이라 아무짝에도 쓸모없다지만, 당신은 누군데 뛰어내리려는 거요?"

"나는 앉은뱅이라오. 다리를 못 쓰니 아무 일도 할 수가 없소. 그래서 뛰어내리려는 거요."

바로 그때, 세찬 바람이 불어와 앉은뱅이의 모자가 날아가 버렸습니다. 앉은뱅이가 두 손을 허우적거렸지만 소용없었습니다.

"이봐요, 나는 다리가 멀쩡하니 내가 주워 오겠소."

"안돼요, 당신은 앞을 볼 수 없으니 잘못하다간 다리 밑으로 뚝 떨어질 수도 있단 말이오!"

두 사람은 무슨 좋은 수가 없을까 하고 생각했어요.

"그래, 바로 그거야! 내 등에 업히시오."

앉은뱅이는 장님의 눈이 되어주고 장님은 앉은뱅이의 다리가 되어주었답니다.

"어어, 조심조심! 왼쪽에 개울이 있소!"

꼬불꼬불 산길을 요리조리 뒤뚱뒤뚱!

장님과 앉은뱅이는 하염없이 걸어갔습니다.[85]

우리가 익히 알고 있는 장님과 앉은뱅이의 전래 동화이든 인도의
설화이든 혹은 유럽에서 전해진 이야기든 여기에는 공통점이 있다.
세상의 밑바닥에서 살아가던 장님과 앉은뱅이가 서로에게 연민을 느
끼고 서로를 돕기로 했다는 것이다. 그리고 이러한 연민 혹은 사랑은
두 사람 모두에게 도움이 된다. 묵자는 이런 상황을 겸상애(兼相愛) 교
상리(交相利)라는 말로 설명한다. '모든 사람이 서로 사랑하면 서로에
게 이익이 된다'는 뜻이다.

묵자가 말하는 '겸상애' 혹은 줄여서 '겸애'란 모든 것을 포용하
는 사랑을 뜻한다. 굉장히 광범위하고 넓은 사랑이다. 그래서 영어로
는 'Universal Love'라고 번역한다. 문자 그대로 세상의 모든 이를 사
랑하는 것이다. 현재를 살아가고 있는 사람이든 미래의 사람이든 과
거의 사람이든 상관없이, 가족이든 남이든 차별 없이 남녀노소 불문
하고 모든 사람을 사랑하는 것을 말한다. 일괄적이며 차별 없는 사랑
이고 모든 것을 포용하는 사랑이다.[86]

墨家

'한 사람쯤'의 희생

이런 비유에 대해 그건 어디까지나 순진한 어린아이에게 들려주는 이야기에서나 가능한 일 아니냐고 반박하는 사람이 있을지도 모르겠다. 실제로는 어렵고 극단적인 상황이 오면 이기적으로 변하는 게 인간의 자연스러운 모습이고 이렇게 이기적인 인간이 더 잘 살아남는 것이 현실 아니냐고 말이다. 이런 반론을 이야기하는 사람들이 생각하는 세상은 아마도 미뇨넷호의 네 사람이 마주했던 상황과 비슷한 곳인지도 모르겠다.

19세기 영국을 떠들썩하게 했던 미뇨넷호 사건은 1884년에 벌어졌다. 당시 배에는 선장 톰 더들리와 선원 네드 브룩스, 항해 담당 에드윈 스티븐스, 어린 급사 리처드 파커 이렇게 총 네 사람이 승선해 있었다. 그런데 항해를 시작한 지 7일 만에 거대한 풍랑을 만나 어떠한 조치를 취해볼 새도 없이 배가 침몰해버리고 말았다. 다행히 선장과 선원들은 소형 보트에 옮겨 탔지만 그들을 기다리고 있는 것은 끝없이 펼쳐진 대서양이었다. 더군다나 그들이 가진 것은 통조림 2개와 나이프 1개, 경도 측정 시계뿐이었고 마실 물조차 없었다.

그렇게 표류를 시작한 지 7일쯤 되자 갈증을 더 이상 참을 수 없게 되었고 선장인 더들리는 빨리 구조되지 못하면 제비뽑기로 희생자를 고른 후 그 인육을 나눠 먹자고 제안했다. 처음에는 브룩스의 강력한 반발로 결정이 보류되었다. 하지만 얼마 후 어린 파커가 갈증을 이기지 못하고 바닷물을 마시는 바람에 몸이 허약해지자 선장은 파커를 희생시키자고 나머지 사람들을 설득했다. 파커는 몸이 허약해져가는 와중에도 살려달라고 빌었다. 브룩스는 이번에도 반대했지만 결국 갈증을 참을 수 없게 되자 상황을 묵인했고 나머지 두 사람이 파커를 살해해 그의 피와 인육으로 세 사람은 4일을 더 버텼다. 그리고 드디어 기적적으로 그들의 눈앞에 독일 배 한 척이 나타났다.

이 사건에서 '겸상애 교상리'라는 묵자의 주장은 발붙일 틈조차 찾기 어렵다. 상황이 너무나 절망적이고 누군가를 희생하지 않고서는 벗어날 수 없는 지경이라면 나머지를 위해 한 사람쯤 희생하는 것이 당연하다고도 여겨지기 때문이다. 살기 위해 죽이려는 자와 죽는 자 사이에 사랑이 끼어들 틈이 어디 있겠는가.

하지만 절망적인 상황이라고 해서 힘없는 누군가를 희생시키는 것이 정말 그렇게 당연할까? 이 질문에 대한 대답은 결코 간단하지 않다. 왜냐하면 상황은 비슷하지만 결론은 완전히 다른 또 하나의 사건이 존재하기 때문이다. 바로 디어로지호라는 배에서 벌어진 일이다.

1943년 연합군 측의 전함 디어로지호는 독일 잠수함의 어뢰를 맞았다. 미뇨넷호의 경우처럼 이 배도 침몰했고 선원들은 작은 고무보트로 옮겨 탔다. 파도는 거칠고 바람은 거세게 불어오는데 설상가상으로 몇몇 선원은 부상을 입은 상태였다. 더욱 최악인 것은 인원에 비해 고무보트가 너무 작아서 곧 가라앉을 듯 위험했다는 사실이다.

자, 이제 어떻게 할 것인가? 누가 희생해야 하는가? 미뇨넷호 방식으로 이 문제를 해결했다면 아마 부상당한 선원들의 생명이 먼저 사라졌을 것이다. 하지만 디어로지호의 선원들은 전혀 다른 선택을 했다. 힘센 사람들이 배에 남아 물을 퍼내는 동안 다른 사람들은 교대로 뱃전에 매달리기로 한 것이다. 물론 처음에는 디어로지호의 선원들도 전체가 죽지 않으려면 누군가가 희생해야 한다고 생각했다. 하지만 곧 모두가 살아야 할 가치가 있으며 아무도 희생되어서는 안 된다는 결론에 도달했다. 그리고 결국 모두가 살아남았다. 이 사건이야말로 서로에 대한 사랑을 잃지 않는다면 모두에게 이익이 된다는 묵자 교훈의 살아 있는 예가 아닐까?

마지막으로 한 가지 덧붙이고 싶은 것은 이 두 사건에서 살아남은 사람들 이야기다. 디어로지호에서 살아남은 사람들은 당연히 그날의 아름다운 추억을 기리며 남은 삶을 살았을 터지만 미뇨넷호의 생존자들에게는 더 참혹한 삶이 기다리고 있었다. 우선 브룩스는 선원 생활로 돌아가지 못했다. 대신 떠돌이 서커스단에 스카우트되어 식인마로 분장하고 관객들 앞에서 날고기를 씹어 먹는 연기를 하며 연명했다. 그는 알코올 중독에 빠졌고 술에 취하면 "이건 내가 아니야!"라고 울부짖었다고 한다. 결국 브룩스는 궁핍하게 살다 죽었다. 불행하긴 스티븐스도 마찬가지였다. 그는 당시의 충격으로 다신 배를 타지 못했고 브룩스와 마찬가지로 알코올 중독으로 비참하게 생을 마감했다. 비록 불가피한 상황이라 할지라도 죄 없는 사람의 생명을 유린하고 그 인육에 손을 댄 참혹한 기억이 그들의 삶조차 파괴해버린 것이다.

墨
家

이익에 대한 두 가지 견해

　'겸상애 교상리'라는 묵자의 주장을 이렇게 인정하더라도 한 가
지 마음에 걸리는 부분이 있다. "서로 사랑하면 서로에게 이익이 된
다"라는 구절에서 강조하는 '이익'이라는 단어다. 이익이라니? 맹자
가 그토록 비난했던 것이 바로 이 이익이라는 단어가 아니던가.

　사실 난 묵자에 대한 다큐멘터리를 제작하면서 내내 이 이익이라
는 단어가 마음에 걸렸다. 그건 아마도 내가 처음 동양 철학에 관심을
가지기 시작했을 때 나의 마음을 지배한 이가 맹자였기 때문일 것이
다. 이익에 대한 맹자의 관점은 기본적으로 묵자와는 완전히 상반된
다. 이익과 관련해 너무나도 유명한 『맹자』의 첫 대목을 살펴보자.

　맹자가 양혜왕을 처음 만났을 때의 일이다. 양혜왕은 당시 부국

강병을 추구하던 중인지라 맹자를 만나자마자 그 방도를 물었다.

"선생께서 천 리가 멀다 않고 오셨으니, 무엇으로 장차 내 나라를 이롭게 하시렵니까?"

양혜왕 입장에서야 당연한 질문을 한 셈인데 맹자의 대답은 완전히 왕을 바보로 만든 것이었다.

"왕께서는 하필이면 이익을 말씀하십니까? 오직 인과 의가 있을 뿐입니다. 왕께서 어떻게 하면 내 나라를 이롭게 할까 하고 말씀하신다면, 대부들은 어떻게 하면 내 집안을 이롭게 할까 하고 말할 것이고, 사서인(士庶人)*들은 어떻게 하면 나 자신을 이롭게 할까 하고 말할 것이니, 위아래로 서로 이익만 노린다면 나라가 위태로워질 것입니다.

만승의 나라**에서 그 임금을 죽이는 자는 반드시 천승의 가문***이요, 천승의 나라에서 그 임금을 죽이는 자는 반드시 백승의 가문입니다. 만에서 천을 취하고, 천에서 백을 취함은 결코 적은 것이 아니건마는, 진실로 의를 뒤로 돌리고, 이익을 앞세운다면 다 빼앗지 않고는 만족하지 않을 것입니다."[87]

맹자가 두려워하는 일은 세상이 이익 추구의 장으로 변하는 것이다. 이익을 중심으로 생각하는 것은 결국 욕망과 탐욕을 중심으로 생

● ─ 아직 벼슬을 하지 않은 선비들과 일반 백성들
●● ─ 1만 대의 전차를 운용할 수 있는 나라. 천자의 나라를 말한다.
●●● ─ 1000대의 전차를 운용할 수 있는 나라. 제후의 나라를 말한다.

각하는 것이다. 그리고 욕망과 탐욕이 세상의 전면에 나서면 세상은 만인에 대한 만인의 투쟁이 벌어지는 살벌한 지옥도로 변할 수밖에 없다. 따라서 맹자는 어떤 경우에도 이익을 논하기를 극도로 꺼렸다. 설혹 옳은 일을 하라고 군주를 설득하는 경우에도 이익을 들어 말해서는 오히려 상황을 악화시킬 뿐이라고 강조했다.[88]

그런데 묵자는 자기주장의 핵심을 설명하면서 '겸상애 교상리'를 말하고 더 나아가 의로움이란 곧 이익(義, 利也)[89]이라고까지 주장했다. 도대체 묵자는 왜 이토록 강력하게 이익을 말한 것일까? 난 이 이유 역시 묵자의 철학이 '민중을 위한 철학'이 아니라 '민중 자신의 철학'이기 때문이라고 생각한다. 묵자와는 시공간적으로 무척 멀리 떨어져 있는 사람이지만 20세기 미국의 대표적인 빈민운동가인 솔 앨린스키의 일화를 보면 묵자의 진정한 의도가 무엇인지 짐작할 수 있을 것이다.

이미 1930년대 대공황 시절부터 시카고에서 빈민운동을 해온 앨린스키는 1960년대 미국에서 학생운동이 폭발했을 때 운동권 학생들에게 전설적인 영웅이었다. 이 때문에 당시 최대의 학생운동 조직인 SDS(Students for a Democratic Society)의 리더들이 그를 만나 조언을 구했다. 그런데 이들과 대화를 나눈 앨린스키는 이들의 생각이 너무도 순진해 학생운동은 실패하게 되어 있다고 일축했다고 한다. 결국 앨린스키와 의견 차이를 보인 학생운동 리더들은 그의 운동 방식이 '퇴폐적이고, 타락하고, 물질주의적인 부르주아 가치'의 전복은 물론 자본주의 타도와도 거리가 멀지 않느냐고 비판했다. 한마디로 고상한 이상을 추구하지 않고 현세적인 물질을 너무 중시한다고 생각한 것이다. 그러자 앨린스키는 이들에게 다음과 같이 쏘아붙였다.

"그 가난한 사람들이 원하는 게 '퇴폐적이고, 타락하고, 물질주의적인 부르주아 가치'의 향유에 동참하는 것이라는 사실을 모르는가?"[90]

오직 배고파본 경험이 없는 자만이 배고픈 민중 앞에서 정신세계의 고귀함을 논하는 법이다. 사실 민중에게 필요한 물질적 이득이란 겨우 한 끼의 밥과 따뜻한 잠자리일 뿐이다. 제후나 대부들이 추구하는 더 많은 영지나 벼슬 같은 물질적 이득과는 차원이 다르다. 한 끼 밥의 가치를 아는 사람이라면 어떻게 민중에게 물질적 이득을 멀리하라고 말할 수 있겠는가.

墨家

물질적 이익이 없으면
사랑이 아니다

이익에 대한 묵자의 사고방식에서 정말 중요한 점이 하나 더 있다. 묵자가 이야기한 이익은 나뿐만 아니라 상대방의 이익이기도 하다는 것이다. 사실 맹자가 비판한 이익은 근본적으로 '나의 이익'이다. 다른 사람에 대한 고려가 배제된 나만의 욕망, 나만의 탐욕인 것이다. 하지만 묵자가 생각하는 이익에는 이미 '상대방의 이익'을 위한다는 점이 전제되어 있다. 이런 관점에서 생각한다면 오히려 '구체적이고 물질적인 이익'을 말하지 않는 것이야말로 진정한 사랑이라고 할 수 없다. 20세기 미국의 대표적인 문화비평가인 수전 손택이 『타인의 고통』에서 지적한 것도 바로 이 점이 아닐까?

義, 利也

忠, 利君也

孝, 利親也

●●●

의로움이란 이익을 주는 것이다.
충이란 임금을 이롭게 하는 것이며,
효란 부모를 이롭게 하는 것이다.

—『묵자』경상편

수전 손택이 예로 든 보스니아 내전을 생각해보자. 아니 지금 현재 벌어지고 있는 시리아 내전도 마찬가지다. 익사해 해변에 밀려온 난민 아이 에이란 쿠르디의 사진 같은 전쟁 사진은 아마 누구나 한 번쯤 보았을 것이다. 그리고 이런 사진과 영상을 보면서 가슴 아픈 연민과 고통도 느꼈을 것이다. 어쩌면 인류애라는 고귀한 감정을 떠올렸을지도 모른다. 하지만 지금 이 순간에도 전쟁과 폭력, 재난과 굶주림, 악랄한 정치 등으로 인해 세상의 모든 지옥 속에서 죽어가는 이들에게 오로지 가슴속의 연민만 베푼다면, 지금 이들을 구해내려는 직접적인 노력을 하지 않는다면, 도대체 그런 연민이나 동정심이 무슨 소용이란 말인가. 위선일 뿐이라고 비난해도 할 말이 없지 않은가. 『타인의 고통』에서도 이 점을 말한다.

　　"고통받고 있는 사람들에게 연민을 느끼는 한, 우리는 우리 자신이 그런 고통을 가져온 원인에 연루되어 있지는 않다고 느낀다. 우리가 보여주는 연민은 우리의 무능력함뿐만 아니라 우리의 무고함도 증명해주는 셈이다. 연민은 어느 정도 뻔뻔한 반응일지도 모른다. 특권을 누리는 우리와 고통을 받는 그들이 똑같은 지도상에 존재하며 우리의 특권이 그들의 고통과 연결되어 있을지도 모른다는 사실을 숙고해보는 것, 그래서 전쟁과 악랄한 정치에 둘러싸인 채 타인에게 연민만을 베풀기를 그만둔다는 것, 바로 이것이야말로 우리의 과제이다."[91]

　　따라서 묵자의 사랑은 단지 감정이나 생각에 그쳐서는 안 된다. 반드시 행동을 통해 상대방에게 이익을 주는 데까지 나아가야 한다.

묵자는 '이 사람들에게 필요한 사랑이란 무엇인가? 참된 사랑이라는 것은 말로만 달콤하게 이야기하는 그런 것이 아니고 실제적으로 배고픔과 추위를 면할 수 있고 좀 쉴 수 있는 여유를 주는 것이다. 이렇게 구체적인 행복감을 느끼게 해주어야 하므로 이것은 물질적인 것을 줄 수밖에 없는 것이다'라고 주장했다. 정말 배고픈 사람에게 빨리 뛰어가서 도와주는 것이 참된 사랑이지, 입으로만 '내가 당신을 정말 사랑한다. 나의 측은한 마음이 당신을 위로하게 되는 것이다' 이렇게 말해봤자 그것은 의미가 없다는 것이다. 현실적으로 사랑이 어떤 힘을 가지기 위해서는 반드시 물질적인 것, 즉 이익이 필요하다.[92]

더불어서 이렇게 직접적인 이익을 주어야 한다는 묵자의 주장을 올바로 이해하기 위해서는 하늘 그러니까 천(天)에 대한 묵자의 사상을 반드시 알아야 한다. 묵자는 자신의 책에서 계속해서 이익이 중요하다고 말했다. 그런데 도대체 이 이익은 어디서 오는 것일까? 묵자에 따르면 이익은 본래 하늘에서부터 온다. 그럼 하늘은 어떤 존재일까?

『묵자』 법의편(法儀篇)에서 이와 관련된 내용을 찾아볼 수 있다. 하늘이란 가장 어진 존재를 의미한다. 그런데 여기서 어질다는 것은 무엇을 의미할까? 묵자는 말했다. 진정한 하늘의 사랑이란 사랑하는 대상을 수단이 아닌 목적으로 여기는 것이라고. 원문에서는 "사람을 사랑하는 것은 말을 사랑하는 것과 다르다"고 했다. 이 진정한 어짊, 진정한 사랑이란 바로 내가 상대방을 사랑할 때 상대방이 목적이 되며, 상대방을 수단으로 여기지 않는 것이다. 즉 하늘이 인간을 사랑하는 이유는 인간을 목적으로 여겨서 이롭게 하기 위함이지 인간을 수단으로 여기는 것이 아니라는 말이다. 따라서 그 사랑은 말을 사랑하는 것과는 다를 수밖에 없다. 내가 오늘 이 말을 사랑한다면 그 이유는 말이 나를 도와 마차를 끌기 때문이다. 또 이 말을 팔면 많은 돈을 받을 수 있기 때문이다. 이때 말을 사랑한다는 것은 말을 하나의 도구로 여겼을 뿐 목적으로 봤다 하기 어렵다.

그러므로 소위 이익을 준다는 것, '겸애'는 두 가지 측면에서 이해 가능하다. 첫째는 사랑하는 대상이 구체적인 행복감을 느끼게 하는 것, 바로 그 대상이 원하는 바를 물질적으로, 실질적으로 얻을 수 있게 해주는 것이다. 또 다른 하나는 사랑의 대상을 바로 목적으로 여기는 것이다. 이런 사랑이야말로 그 대상의 가치가 더욱 숭고하게 상승하게끔 만들 수 있다. 이것이 바로 묵자가 말하는 이익을 주는 사랑이다.[93]

墨家

가족은 특별한 존재여야 하는가?

'겸애' 곧 사랑에 대한 묵자의 생각이 독특한 또 하나의 이유는 사랑은 반드시 평등하고 보편적이어야 한다고 봤다는 점이다. 묵자의 주장을 직접 들어보자.

"남의 집 안 보기를 자기 집 안 보듯이 하면 누가 어지럽히겠는가. 남의 나라 보기를 자기 나라 보듯 하면 누가 침략하겠는가. 그러므로 대부들이 서로 남의 집 안을 어지럽히지 않고, 제후들이 서로 남의 나라를 침략하지 않게 될 것이다."[94]

얼핏 보면 매우 상식적인 듯한 이 주장이 왜 독특할까? 그건 유가의 주장과 비교해보면 알 수 있다. 매우 유사하지만 사실은 매우 다른 맹자의 주장을 들어보자.

"나의 집안 어른을 공경하는 마음으로 다른 집 어른을 공경하는 데까지 미치게 하고, 나의 아이를 사랑하는 마음으로 다른 사람의 아이를 사랑하는 데까지 미치게 한다."[95]

앞선 공자 편에서도 설명했듯이 공자와 맹자는 사랑의 감정을 반드시 가까운 곳에서 출발해서 점차 범위를 넓히며 확충해야 한다고 주장했다. 그것이 가장 자연스러운 인간의 감정이기 때문이다. 따라서 아무래도 가까운 가족에 대한 사랑이 멀리 있는 이들에 대한 사랑보다 클 수밖에 없다. 한데 묵자의 관점에서 보면 이것은 매우 큰 문제를 만드는 주장이다. 가까운 주변에서부터 시작하라는 말은 결국 나의 가족과 남의 가족을 구별하라는 뜻인데 이렇게 갈라놓는 데서 세상의 모든 혼란이 시작된다고 생각했기 때문이다. 따라서 묵자는 공자의 관점을 별애(別愛), 즉 차별하는 사랑이라고 비판했다. 이 둘의 차이는 구체적인 사례를 통해서 보면 더욱 분명해진다.

묵자의 시대로부터 약 100년쯤 지난 진(秦)나라 혜왕 때의 일이다. 당시 묵가 집단 하나가 진나라에 자리 잡고 있었는데 이 집단의 우두머리인 거자(鉅子)●는 복돈(腹䵍)이라는 사람이었다. 복돈에게는 나이 들어서 얻은 외동아들이 하나 있었다. 그런데 이 아들이 그만 살인을 저지르고 말았다. 묵가의 법에서 살인자에게는 사형만이 있을 뿐이다. 이때 복돈에게 진나라 왕의 사자가 도착했다. 사자를 통해 왕

● — 묵가 조직의 책임자. 묵가는 이 거자가 조직원의 생사 여탈권을 가질 정도로 조직 규율이 엄격하다. 묵자가 초대 거자였다.

이 보낸 내용은 다음과 같았다.

"선생의 연세가 이미 많은데, 다른 아들이 있는 것도 아니잖소. 과인이 이미 관리에게 명해 주살하지 말도록 했으니, 선생은 이대로 과인의 말을 들으시오."

이때의 진나라는 상앙의 개혁을 거친 이후이므로 법 적용이 그야 말로 혹독하고 엄격했다. 아마 전국시대 어느 나라보다도 가혹한 처벌을 했을 것이다. 그런데 그 진나라의 법으로도 복돈의 아들을 용서했다고 한 것이다. 하지만 복돈의 대답은 단호했다.

"묵자의 법에 '사람을 죽인 자는 죽이고, 사람을 다치게 한 자는 형벌을 내린다'라고 되어 있는데, 이는 사람을 죽이거나 다치게 함을 금하려는 것입니다. 사람을 죽이거나 다치게 함을 금하는 것은 천하의 대의입니다."

결국 복돈은 그의 아들을 죽이고 말았다.[96]

혹시 왕이 사정했음에도 불구하고 끝내 아들을 죽였다고 생각한다면 복돈이 인정머리가 없는 사람으로 보일지도 모르겠다. 그러나 바로 이 사건 덕분에 모두의 이익을 추구하는 묵가의 사상이 더욱 빛나게 되었다고 볼 수도 있다. 복돈은 사사로운 정에 얽매어 법도를 어겨서는 안 되며 모두의 본보기가 되어야 한다고 생각한 것이다. 이처럼 아들일지언정 법도를 어겼으면 무조건 원칙대로 처리하는 것이 묵가의 자세다.[97]

묵가 집단에겐 어떤 경우에도 사적인 관계보다 공적인 의리가 중요했다. 그런데 맹자는 이와는 관점이 다르다. 『맹자』에 전하는 이야기를 하나 살펴보자.

하루는 제자인 도응(桃應)이 맹자에게 물었다.

"순임금이 천자를 하고 고요(皐陶)가 법을 담당하는 관리를 하고 있는데 순임금의 아버지인 고수가 사람을 죽였다면 어떻게 해야 합니까?"

순임금은 누구나 아는 전설적인 명군이며 동시에 전설적인 효자다. 다만 이 질문은 실제 일어난 사건은 아니고 효자인 순임금을 들어 일종의 딜레마 상황을 표현한 것이다. 맹자는 당연히 잡아서 처벌해야 한다고 대답했다. 아무리 임금의 아버지라도 살인한 자를 봐줄 수는 없지 않은가. 그러자 제자가 다시 물었다.

"그렇다면 순임금은 그것을 막을 수 있습니까?"

"순임금이 어찌 그것을 막을 수 있겠느냐? 그것을 받아들여야 할 것이다."

여기까지는 복돈의 경우에 비춰 크게 다르지 않다. 사실 당연한 일일 것이다. 문제는 그 다음이다. 제자가 그럼 살인한 아버지가 몰래 찾아오면 순임금은 어떻게 해야 하느냐고 물었다. 이때 맹자의 대답이 중요하다.

"순임금은 천하 버리기를 헌신짝 버리듯 할 것이다. 그리고 몰래 아버지를 업고서 도망가 바닷가에 숨어 지내며 천하를 잊을 것이다."[98]

맹자는 공적인 책무와 사적인 가족애 사이의 딜레마를 어느 한쪽의 손을 들어줌으로써 해결하지 않는다. 다만 임금으로서 아버지의 살인을 눈감는 것은 공적 책무를 저버리는 일이므로 임금 자리를 포기하는 식으로 이 딜레마에 답한다. 그런데 묵자에게 이런 상황은 딜레마도 아니다. 비록 가슴 아프겠지만 무조건 공적 책무가 중요하기 때문이다. 그러므로 아들과 아버지의 입장이 바뀐다고 해도 결과가 달라지지 않는다. 묵자에게 '겸애'의 정신은 이토록 엄격한 것이었다.

물론 그렇다고 해서 묵가가 부자지간의 정을 생각하지 않은 것은 결코 아니다. 다만 묵가의 전체적인 사상을 보면 이보다는 인간관계에서의 평등을 더 중히 여기며 '겸애'와 함께 평등을 매우 강조한다. 사람과 사람 사이는 평등하다는 것이다. 복돈의 경우를 생각해보면 만약에 누군가의 아들이 사람을 죽였다면 그 죽은 사람의 부모는 어떤 마음이겠냐는 것이다. 내 가족도 중요하지만 상대방 가족의 마음도 똑같이 중요한 것이다. 그렇기 때문에 묵자는 모두가 평등을 통해 이 사회의 정의를 실현해야 한다고 생각했다. 물론 묵가도 아들에게 연연하는 마음이야 있었겠지만 묵가의 사상에서 사회 정의의 가치는 혈육지간의 정(情)이라는 가치보다 월등히 높다. 또한 사회의 정의는 하늘의 이치, 세상의 이치와 맞는 것이다. 따라서 묵가는 자신의 가족이나 묵가의 사람들이 사회에서의 규율이나 법률을 어겼을 때 감싸지 않는 태도를 보였다.[99]

墨
家

평등하고 보편적인 사랑

묵자가 이렇게 평등한 사랑을 강조한 이유는 그 사랑의 근원이 공자나 맹자와 좀 다르기 때문이다. 앞서 설명한 것처럼 공자나 맹자의 경우 사랑의 근원은 우리가 일상적으로 경험하는 인간의 감정이라 봤다. 초자연적인 존재를 끌어들이지 않고 매우 경험적인 차원에서 인간의 감정을 살피고 이 경험적 감정을 기반으로 도덕을 세우려고 했다. 자연스러운 감정의 흐름을 부정하지 않고 오히려 그 감정의 장점을 계발하는 것이 공자나 맹자의 목표였다. 따라서 가장 강렬한 사랑의 감정인 가족 간의 사랑을 중시할 수밖에 없었다.

그런데 여기서 문제는 유가 사상은 본질적으로 귀족의 관점에서, 통치자의 관점에서 세상을 바라본다는 데 있다. 게다가 당시는 봉건

愛人若愛其身

●●●

다른 사람을 사랑하기를 내 몸과 같이 하라.

—『묵자』겸애편

사회였다. 내가 군주라면 그 자리를 아들에게, 아들은 또 손자에게 물려줄 것이다. 혹은 혈연관계가 있는 친척이 군주라면 그럴듯한 자리를 하나 맡거나 사회적으로 높은 계급을 누릴 수도 있을 것이다. 묵자는 이런 상황에서 만약 유가처럼 계급과 친소 관계를 구별하면서 백성을 사랑한다면, 그 사랑이 모두에게 퍼지기까지는 너무 오랜 시간이 걸리거나 사랑할 수조차 없을 가능성이 크다고 봤다. 그렇게 되면 백성들의 생활은 더욱 고통스러워져 춥고 배고프고 휴식을 취할 수조차 없게 될 것이다. 그렇기 때문에 묵자는 사람과 사람의 사이가 결코 혈연관계에 따라서는 안 되며 반드시 '하늘의 뜻'에 기반을 두어야 한다고 생각했다. 하늘은 모든 사람을 사랑한다. 하늘에서 내린 비는 세상 만물을 적신다. 그곳이 어디든 상관없이 비는 내린다. 그래서 하늘은 보편적인 사랑이며 전체적이고 평등한 사랑인 것이다. 그가 내 아버지이고 아니고를 떠나 하늘이 나를 사랑하듯 상대를 사랑해야 한다. 그렇기 때문에 묵가가 강조한, 자신을 사랑하듯 타인을 사랑하는 마음의 근원은 하늘의 뜻에 있는 것이다.

또 한 가지 반드시 이야기하고 싶은 점은 묵자의 경전에도 언급된 내용인데, 고대의 사람뿐만 아니라 현대의 사람도 사랑해야 하고 현대의 사람뿐만 아니라 미래의 사람도 사랑해야 한다는 것이다. 이게 무슨 소리인가 싶겠지만 사실 이것은 매우 놀라운 통찰이다. 묵자가 말한 사랑의 개념은 시간과 공간을 초월한 것이다. 혹자는 '고대의 사람들을 어떻게 사랑합니까?'라고 물을지 모르겠다. 하지만 우리는 고대 현인들과 그들의 사상을 사랑하는 것이 가능하다. 묵자와 묵가의 사상을 사랑할 수 있다. 그럼 어떻게 사랑하느냐? 바로 그 사상과 철학을 현재 우리 생활에서 실천하는 것이다. 그럼 어떻게 실천할까? 특히 미래의 사람들과 관련해서는 과연 어떻게 사랑을 실천할까? 미래의 사람들은 아직 태어나지도 않았는데 말이다.

우리는 미래의 사람도 분명히 사랑할 수 있다. 예를 들면 젊은 부부가 아직 태어나지 않은 아이를 위해 돈을 저축하는 것처럼 말이다. 우리의 자손들도 이 지구에서 살아야 하기 때문에 지구의 환경을 지키는 것 또한 미래의 사람들을 사랑하는 일이다. 우리의 자손을 위해 푸른 산과 맑은 물, 생존할 수 있는 환경을 당연히 남겨주어야 한다. 단지 이 시대만의 경제를 발전시키고자 환경을 파괴해서 물과 공기를 오염시키면 이로 인해 후대에 태어난 자손들이 이 지구에서 살 수 없게 되지 않겠는가. 현재의 환경에 대한 파괴나 극단적인 기후의 변화 등 환경 파괴와 관련된 모든 문제 역시 묵자가 바라는 바가 아니다. 그것은 '겸애'가 아니기 때문이다.[100]

墨
家

차라리 미친 사람이 될지언정

이제 묵자에 대한 가장 강력한 비판과 만나야 할 순서가 된 것 같다. 사실은 가장 단순한 비판이기도 하다. 너무 이상이 커서 비현실적이라는 점이다. 이런 경우에 많이 쓰는 말이 '오활(迂闊)하다'이다. 뜻이 비록 크지만 세상 물정에 어두워서 비현실적이라는 뜻이다. 묵자가 살던 당대에도 이런 비판을 한 사람이 있었으니 무마자(巫馬子)다.

하루는 무마자가 묵자에게 질문을 던졌다.

"선생께서는 천하를 아울러 사랑한다고 하지만 아직 그 이로움이 보이지 않습니다. 저는 천하를 사랑하지 않지만 아직 해로움이 보이지 않습니다. 결과가 모두 나타나지 않았는데, 선생께선 어찌하여 홀로 스스로는 옳다고 하면서 저는 그르다고 하십니까?"

조금 부연하자면 이런 말이다. '당신이 세상을 돌아다니며 '겸애' 와 '비공'의 사상을 실현하려 애쓰지만 이 세상은 여전히 어지럽기만 하지 않은가? 실제로는 현재의 상황을 조금도 개선하지 못하고 있는 셈이다. 반면 나는 '겸애'나 '비공' 같은 사상을 널리 알리려고 애쓰지는 않지만 결과적으로 아무 영향이 없기는 서로 같다. 그러니 당신이나 나나 크게 차이 없다. 둘 다 아무런 효과가 없기는 마찬가지다. 그런데도 왜 당신은 자신이 한 것만 긍정하고 내가 하는 것은 부정하려하는가?'

묵자가 곧바로 반박한다.

"지금 여기에 불이 난 집이 있다고 합시다. 지나가던 한 사람이 물을 들고 가서 거기다가 끼얹어서 불을 끄려고 했습니다. 한데 다른 사람이 지나가다가 보고는 불을 더 붙이고 장작을 집어넣었습니다. 물론 아직 결과는 나타나지 않았지만 당신은 두 사람 중 누구를 더 귀하게 여기겠습니까?"

미치지 않고서야 불 지르는 자를 더 좋다고 할 사람은 없을 것이다. 무마자도 그러했다.

"저는 물을 들고 와서 끄려는 사람을 옳게 여기고 불을 더 붙이려는 사람을 그르다고 여길 것입니다."

그러자 묵자는 자신 역시 '겸애'해야 한다는 자기의 뜻을 옳게 여기고, 천하를 사랑하지 않는다는 무마자의 뜻을 그르다고 여긴다고 답했다.[101]

중국의 속담을 빌려 말하자면 묵자는 "개인 집 앞 눈은 제각기 쓸고, 남의 집 기와에 덮인 눈은 신경 쓰지 마라"라는 말에 동의하지 않는 것이다. '나는 내 할 일만 잘하면 돼! 내가 어떻게 이 사회를 돌볼 수 있겠어? 이 세상은 원래 이렇게 어지러운걸, 내가 아무리 노력해도 아무 소용없다고.' 이게 바로 무마자가 말한 것처럼 내가 아무리 노력해도 변하지 않을 테니 아무것도 하지 않겠다는 태도다. 그런데 묵자는 다르다. 비록 내가 뭔가를 했을 때 그 효과가 물을 들고 왔으나 불을 끄는 데에는 못 미치는 것처럼, 이 세상의 어려운 판국을 더 낫게 만들 정도는 안 될지라도 할 수 있는 한 온 힘을 다해 무엇인가를 해야 한다는 것이다.

그래서 묵가의 경전에서 언급한 정의는 세상의 일을 자신의 일로 만드는 의지를 갖는 것이다. 즉 새로운 세상의 이익을 자신의 본분으로 삼는 의지를 가져야 한다는 것이다. 묵자는 사람이라면 누구나 적든 많든 공익을 위해 무언가를 할 수 있는 의지를 가져야 하고 또한 모두 그런 능력을 가지고 있다고 생각했다. 그리고 비록 그런 행위 자체가 효과가 없을지라도 노력을 해야 한다고 주장했다.[102]

무마자는 여기서 물러서지 않았다.

"선생은 의를 행한 지 오래되었으나 다른 사람이 도와주는 것을 보지 못했고, 귀신이 도와주는 것도 보지 못했소. 그럼에도 의를 행하니 미친 것이 아닙니까?"

예나 지금이나 되고 안 되고를 따지지 않고 옳은 일을 하는 사람은 다 미친놈 취급을 받은 모양이라 좀 씁쓸해진다. 그런데 묵자의 대답은 결코 씁쓸하지 않고 오히려 유쾌하다.

"한 가게에 주인이 있고 그 아래 두 명의 종업원이 있는데, 그중 한 명은 가게 주인이 왔을 때만 일을 하고 주인이 없으면 일을 하지 않습니다. 반면 다른 한 명은 주인이 있든 없든 일을 열심히 하죠. 당신이 그 가게의 주인이라면 누구를 더 좋아하겠습니까?"

여기서도 무마자는 묵자의 공격을 빠져나가지 못한다. 무마자는 마지못해 대답한다.

"당연히 내가 보든 안 보든 열심히 일하는 종업원을 좋아할 것입니다."

묵자는 말한다.

"내가 바로 그 종업원입니다. 혹시 당신도 미친 것 아닙니까? 내가 미쳤다면서 그 미친놈을 좋아하니 말입니다. 내가 열심히 일한다고 해서 하늘이나 신이 즉시 나에게 복을 내려주지는 않을지라도 나 자신이 생각하기에 내가 당연히 해야 하는 일이라서 하는 것이지 신속한 보답을 바라고 하는 것이 아닙니다."[103]

그리고 묵자는 당당하게 선언한다. 천하를 위해서라면 그까짓 미친놈 취급 좀 받는 것이 무슨 대수란 말인가.

墨
家

무엇이 현실적인가?

묵자의 주장은 여기에서 그치지 않는다. 자신의 주장이 비현실적이라고 비판하는 사람들에게 사실은 오히려 자신의 주장이 현실적이며, 세상 사람들이 현실적이라고 이야기하는 부국강병의 술책이 오히려 비현실적이라고 주장했다.

한 사람이 묵자에게 이런 비판을 한다.

"이렇게 생각해보십시오. 역사를 돌아봤을 때 북방의 제나라나 진나라 그리고 남쪽의 초나라나 월나라는 전쟁을 통해서 영토를 넓히고 국력 역시 강성해졌죠. 그러니 침략 전쟁을 반대만 하는 것은 옳지 않은 일 같습니다. 그 나라의 입장에서 생각해보면 전쟁을 통해 더 큰 이익을 얻을 수 있으니까요."

非獨染絲然也 國亦有染

●●●

실만 물드는 것이 아니다. 나라도 물드는 법이다.

—『묵자』소염편

이에 묵자는 단호하게 대답한다.

"좋습니다. 전쟁을 약에 비유해서 이 문제에 대해 생각해봅시다. 이 세상에는 몇천 개의 국가가 존재하는데 이 모두가 서로 전쟁을 하다가 결국 마지막 네 개의 국가만 이익을 얻고 나머지 몇천 개에 달하는 국가와 그 국민들은 불이익과 고통을 얻습니다. 이건 마치 내가 의사이고 약을 하나 처방했는데 이 약을 먹은 일만 명 중 단 네 명만 병이 나은 것과 마찬가지입니다. 나머지 사람은 병이 깊어지거나 심지어 죽어나가죠. 마치 나라가 망하는 것처럼. 그럼 이 약을 좋은 약이라고 말할 수 있을까요?"[104]

무한 경쟁을 찬양하고 부국강병을 부르짖는 사람들은 사실 사물의 한쪽 측면만 편협하게 바라보는 것이다. 그들에겐 승리한 사람의 영광만 보이기 때문이다. 하지만 현실을 공정하게 살펴보면 승리한 사람은 오히려 극소수다. 대부분의 사람, 99%의 사람은 무한 경쟁의 패배자가 될 수밖에 없는 것이 현실이다. 이것은 결코 99%의 사람이 어리석고 무가치해서가 아니다. 어떤 경우에도 무한 경쟁은 99%의 패배자를 만들어야만 하기 때문이다. 누군가는 패배자가 되어야 하는 것이 무한 경쟁의 본질이다. 따라서 1%를 제외한 99%가 패배자가 되는 이 시스템은 수많은 사람에게 해악을 끼치는 셈이다. 아니 승리한 1%조차도 언제 패배할지 모른다는 공포에 시달린다는 점에서 모두를 패배자로 만드는 시스템이다.

이처럼 묵자는 모두가 승자의 영광을 추구할 때 패배한 자의 고통을 주목했다. 승자의 눈이 아닌 패자의 눈으로 세상을 본 것이다. 그리고 이런 시각으로 세상을 바라보았기에 얼핏 비현실적으로 여겨지는 '비공'과 '겸애'가 오히려 현실적이라고 주장할 수 있었던 것이다. 이런 주장이 가능했던 이유 역시 묵자의 철학이 언제나 패배자 취급을 받아야 하는 '민중' 자신의 철학이었기 때문은 아닐까?

마지막으로 묵자 사상의 현실성과 관련해 꼭 짚고 넘어가고 싶은 게 한 가지 있다. 바로 '물들임'에 대한 것이다. 『천자문』에도 전하는 묵비사염(墨悲絲染)이라는 구절이 그것이다. 그 뜻은 묵자가 실이 물드는 것을 보고 슬퍼한다는 말이다.

어느 날 묵자는 실을 물들이는 사람을 보고 탄식해 말했다.

"파랑으로 물들이면 파란색, 노랑으로 물들이면 노란색, 이렇게 물감의 차이에 따라 빛깔도 변해 다섯 번 들어가면 다섯 가지 색이 되니 물들이는 일이란 참으로 조심해야 할 일이다. 사람이나 나라도 이와 같아 물들이는 방법에 따라 일어나기도 하고 망하기도 할 것이다."[105]

이것이 아마 자신의 주장이 비현실적이라는 비판에 대한 묵자의 최종적인 답변일 것이다. 지금 비록 세상이 어지럽고, 이기적인 인간만 성공하는 것처럼 보일지라도 내가 먼저 시작한다면 언젠가 모든 이가 '겸애'로 물드는 날이 올 것이라는 예언이자, 반드시 그렇게 물들이고야 말겠다는 의지의 표명으로서 말이다.

03

道家

—

불안을
견딜 수 없을 때

춘추전국시대는 난세였다. 그런데 난세란 어떤 세상일까? 아마도 폭
풍우 치는 바다 같은 곳일 것이다. 내가 가만히 있고자 해도 세상이
내버려두지 않는다. 혼란과 고통이 나를 잡고 흔들어댄다. 그저 가만
히 숨죽이고 있는 것조차 결코 쉬운 일이 아니다. 이렇게 배가 폭풍우
를 만나면 불필요한 짐은 버려야 한다. 내게 꼭 필요한 것만 남기고 아
낌없이 버려야 살아남을 수 있다. 장자는 '무엇을, 어떻게 버릴 것인
가?'에 대한 대답을 제시한다.

人能虛己以遊世

其孰能害之

•••

사람이 빈 배처럼 자신을 비우고 인생을 살아간다면

누가 그를 해칠 수 있겠는가?

—『장자』산목편

견딜 수 없다면 도망쳐라

앞서 공자 편에서 언급한 사람 중 장저와 걸익이 있다. 세상을 바꾸려는 의지에 불타던 공자와 자로에게 그런 시도가 덧없다는 점을 지적하고 자신들처럼 숨어 살기를 권한 이들이다. 『논어』를 보면 이들 외에 접여(接興)[106]라는 인물도 나온다. 미친놈처럼 공자가 탄 수레 옆을 지나가면서 다음과 같이 노래했다고 한다.

"봉황이여! 봉황이여! 덕이 쇠한 것을 어찌하려느냐. 앞으로의 날들은 기대할 수 없고, 지나간 날들도 쫓을 수 없도다. 천하가 제대로 다스려지면 성인은 업적을 이루지만 천하가 어지러워지면 성인은 그저 살아갈 뿐이다. 지금은 겨우 형벌을 면할 때로구나. 그만두어라!

그만두어라! 사람들에게 덕으로 나아가는 것을. 위험하구나! 위험하구나! 땅에 금을 긋고 혼자 달려가는 일이."[107]

접여 같은 이는 공자와 동시대를 살았고, 세상이 혼란스럽다는 데는 생각이 일치했지만 해결 방향이 완전히 달랐다. 공자뿐만 아니라 묵자나 한비자와도 전혀 달랐다. 공자나 묵자, 한비자는 비록 그 해결책이 서로 다르기는 했어도 어찌 되었든 세상의 혼란을 종식하기 위해 무엇인가를 하려고 했던 이들이다. 하지만 장저와 걸익, 접여 등은 아예 그런 마음이 없다. 세상을 바꾸려고 하기보다는 스스로를 지키려고 했으며 적극적으로 맞서기보다는 오히려 도망치려고 했다. 달리기 시합으로 치자면 남들이 앞으로 내달릴 때 이들은 뒤로 뛰어간 셈이다. 난 이기는 것에 아예 관심 없다고 하면서…. 이들의 구호는 매우 간단했다.

"견딜 수 없다면, 도망쳐라."

20세기 중국의 대표적 사상가인 펑유란(馮友蘭)은 이들이 가장 초기적인 형태의 도가 철학자라고 보았다. 난세를 겪는 사람들의 일차적인 반응은 세상에 대한 기대를 접고 숨어드는 것일 수밖에 없으니 매우 타당한 의견이라 생각한다. 이 초기 형태의 도가 철학을 대표하는 인물이 양주다. 물론 이 사람도 도망칠 것을 권했다. 그것도 아주 당당하게….

천하를 위해
나의 털 한 올이라도 뽑지 않겠다

반면 이렇게 도망치는 행태를 참을 수 없는 사람들이 있었다. 바로 천하를 위해 자신의 모든 것을 던진 묵자와 그의 제자들이다. 그래서인지 『열자(列子)』에는 다음과 같은 재미있는 이야기가 전한다.

하루는 묵자의 제자인 금활리가 양주를 찾아갔다. 금활리는 묵자 편에서 소개했다. 묵자를 모신 지 3년 만에 손발에 못이 박이고 터서 쩍쩍 갈라졌으며 얼굴은 누렇게 뜨고 시커멓게 그을었다는 바로 그 사람이다. 천하를 위해 자신의 몸이 가루가 되어도 고행을 멈추지 않았던 묵자의 수제자인 만큼 숨어서 제 한 몸이나 보존하겠다는 양주가 마음에 들지 않아 따지러 갔을 것이다. 그래서 외출했다가 들어오는 양주를 보자마자 다짜고짜 물었다.

"만약 선생께서 저에게 털 한 가닥을 뽑아 줘 제가 천하를 이롭게 할 수 있다면, 선생께선 저에게 털 한 가닥을 뽑아 주시겠습니까?"

이에 양주가 "어떻게 털 한 가닥으로 천하를 이롭게 할 수 있겠는가?" 하고는 거절했다. 그런데도 금활리는 끈질기게 "만약에 털 하나로 천하를 이롭게 할 수 있다고 가정한다면, 그럼 털 하나를 뽑아 줄 수 있겠습니까?"라고 다시 물었다. 양주는 대답도 하지 않고 그냥 집 안으로 들어가 버렸다.

이 정도에 물러서면 천하의 묵가가 아니다. 이번엔 양주의 제자인 맹손양(孟孫陽)이 들어오는 것을 보고 금활리가 다시 다가가 좀 전에 있었던 일을 말했다. 그러자 맹손양이 대답한다.

"스승님께서는 그저 말장난을 하고 싶지 않았을 뿐입니다. 괜찮다면 내가 스승님을 대신해서 질문을 해보겠습니다. 만약 당신의 피부에 작은 상처를 내면 내가 만금을 주겠다고 하면 그렇게 하시겠습니까?"

당연하다. 하지 않을 이유가 없다. 금활리도 그렇게 하겠다고 대답했다. 맹손양은 계속해서 물었다.

"그럼 당신의 팔 하나를 자르면 내가 나라를 주겠다고 하면 팔을 내주시겠습니까?"

금활리가 잠시 머뭇거렸다. 그러자 맹손양이 결정타를 날린다.

"물론 한 올의 털은 피부보다 가치가 덜하고, 피부는 팔다리보다

가치가 덜하겠지요. 하지만 털이 모여 피부를 이루고 피부가 모여 팔다리가 된 것입니다. 털 한 올은 본래 몸의 만분지 일 중 하나인데 어찌 가볍게 여기겠습니까?"[108]

이 이야기가 이른바 일모불발(一毛不拔)의 일화이다. 설혹 천하를 위한다 할지라도 나의 털 한 올 뽑지 않겠다는 진정한 이기주의라고나 할까? 사실 기왕 도망을 치기로 작정했으면 이 정도의 당당함이 있어야 한다. 그런데 이 일화는 단지 지독한 이기주의나 도망치기쯤으로 치부할 수 없는 통찰을 담고 있다. 아니 이 통찰을 따라가다 보면 오히려 이들이 겨우 세상을 등지고 숨어드는 정도로 세상에 즉자적으로 반응한 것이 아니라는 사실을 깨닫게 된다.

그 통찰의 핵심은 바로 '생명'이다. 이 일화에서 양주와 그의 제자는 생명과 물질을 대비시키고 있다. 털은 아무리 작더라도 생명의 일부다. 나의 생명을 구성하는 요소 중 하나인 것이다. 반면 이익은 아무리 크더라도 나에겐 외부적인 물질일 뿐이다. 만 냥의 금이든 임금의 자리든 다 마찬가지다. 맹손양이 더 이상은 논지를 확대하지 않았지만 그의 주장을 한 걸음 더 진전시켜보면 다음 질문은 이럴 것이다.

"당신의 목을 자르면 천하를 준다고 해도 그렇게 하시겠습니까?"

미치지 않고서야 그러겠다고 대답할 사람은 없을 것이다. 목을 자른 다음에 천하를 얻은들 무슨 소용이란 말인가. 중요한 건 크다 작다가 아니다. '물질적 가치를 위해서 내 생명을 훼손해도 되느냐?'다. 결국 여기에서 털 한 올은 나의 생명을 유지하고, 나의 의지에 반해 누구에 의해서도 훼손될 수 없는 생명의 상징인 것이다. 이것을 양주는 경물중생(輕物重生)[*] 이라고 표현했다.

● ── '물질을 가벼이 여기고 생명을 중히 여긴다'는 뜻으로 양주의 핵심 사상이다.

왕의 자리에서 도망치다

비슷한 관점의 이야기가 『장자』에도 등장한다. 월나라 왕자 수(搜)의 일화다. 『장자』에 전하는 바에 따르면 춘추시대에서 전국시대로 넘어가던 무렵 월나라 조정은 매우 혼란스러웠다. 연이어 세 사람의 임금이 살해당한 것이다. 결국 왕자 수에게 왕이 될 기회가 찾아왔다. 그런데 그의 선택은 앞선 세 왕과 전혀 달랐다. 도망쳐버린 것이다. 왕자 수는 깊은 산속 동굴 속에 숨고 말았다. 그는 도대체 왜 도망을 간 것일까?

왕자 수의 선택을 이해하려면 우선 왕이란 어떤 자리인지를 생각해봐야 한다. 춘추전국시대를 기준으로 보면 하나의 국가, 사회를 운영하려고 할 때 그 정점에 있는 것이 왕이다.

따라서 어떤 사람이 왕이란 직책이 나한테 적합하다고 생각한다는 것은 곧 자신이 왕이라는 사회적 역할을 통해 평소에 하고 싶던 일을 펼칠 좋은 기회라고 여기는 것이다. 그런데 왕이나 제후라는 자리는 사실 욕망과 야욕이 결집된 욕망의 중심이기도 하다. 여기서 또 한 가지 생각할 점은 왕이 어떤 결정을 내리느냐에 따라 어떤 사람은 욕망이 실현되고 어떤 사람은 좌절된다는 것이다. 이렇게 좌절된 사람은 다른 마음을 먹을 수밖에 없다. '내가 왕이라면 저렇게 하지 않을 텐데…' 이런 사고가 만연하면 왕이나 제후가 운영하는 사회임에도 왕이나 제후라는 자리가 안정성을 갖지 못하고 누군가가 앉고 싶어 하는 불안한 상태가 된다. 이런 관점에서 바라보면 왕이라는 자리는 나의 생명이 언제 훼손당할지 모르고, 누군가에게 침해당할지 모르는 아주 혼란하거나 위험한 자리라고 여겨질 만하다.

왕자 수는 고민을 한 것이다. 왕위를 계승할 기회가 오자 이걸 수용해서 왕이 되어야 할지 아니면 받아들이지 않아야 할지를 놓고 고민한 끝에 지금 왕의 자리를 오르는 것은 평소 가졌던 꿈과 이상을 실현할 기회를 잡는 게 아니라 봤다. 오히려 언제 죽임을 당할지 모르는, 그러니까 자신의 자연적인 수명이 여든이더라도 마흔에도 죽을 수 있는 상황에 놓이게 된다고 생각했다. 그러니 왕위에 오르기보다 이 자리를 피하는 쪽이 오히려 자신의 생명을 보호할 수 있다고 판단하고 도망친 것이다.[109]

여기서 중요한 점은 혼란한 세상에 쓸데없이 참견하지 말아야 한다는 것이다. 의롭게 나서서 이 혼란을 중재하려고 한다면, 의롭게 모든 것을 바로잡고자 한다면 나 자신이 완전히 사라져 멸망하게 된다. 장자의 조언을 따른다면 눈에 띄지 말아야 한다. 자신을 숨겨야 한다. 하지만 그렇다 하더라도 아마 완벽하게 숨길 수는 없을 것이다. 따라서 누군가가 나에게 다가와 이 혼란과 위험 속에서 함께하자고 한다면 오히려 약삭빠르게 달아나야 한다. 이것이 살아남아서 행복하고 자유롭게 되는 방법이다. 이런 혼란의 시기에조차도.[110]

진흙 속에 꼬리를 끌며

초기의 도가 철학자들은 이처럼 물질을 위해서 삶을 희생시키는 것을 극도로 경계했다. 돈이든 명예든 어떠한 외부적 가치도 나의 삶 그 자체보다 중요하지 않다는 것이 이들이 공유하는 생각이었다. 당연히 장자 역시 평생에 걸쳐 명예나 금전적 이득 같은 것에 마음을 빼앗기지 않고 살았다. 『사기』에 전하는 이야기 역시 그런 장자의 삶이 드러난다.

원래 이름이 주(周)인 장자는 몽(蒙)이라는 땅에서 칠원(漆園), 즉 옻나무 정원을 가꾸는 하급 관리의 생활에 만족하면서 지냈다고 한다. 그런데 그가 현명하다는 소문이 제법 널리 퍼진 모양이다. 장자에게 초나라 위왕(威王)이 사람을 보냈다. 초나라에 와서 정치를 돌봐달라는 초청이었다. 초나라 왕의 사자가 찾아왔을 때 강가에서 낚시를 하고 있던 장자의 대답은 의외였다. 가지 않겠다고 한 것이다. 그리고 다음과 같은 이야기를 사자들에게 들려주었다.

"천금이라면 큰돈이고 경상(卿相)이라면 높은 지위이지요. 하지만 그대는 큰 제사에 희생으로 바치는 소를 보지 못했소? 수년간 맛난 음식을 먹고 아름답게 수놓은 비단옷을 두르고 있다가 제사를 지낼 때가 되면 태묘에 끌려갑니다. 소가 그때 가서 더러운 돼지를 부러워한들 무슨 소용이 있겠소. 돌아가 주시오. 즐겁게 지내고 있는데 방해가 되오. 나는 시골에서 가난하지만 자유롭게 사는 것이 좋소. 나는 누구에게도 구속받고 싶지 않소이다."

결국 초나라 위왕의 초대는 무산되었다.[111]

그런데 여기서 명심해야 할 것이 하나 있다. 보통의 경우 사람들은 장자가 앞에서 예로 든 '제물로 바쳐진 소'의 교훈이 생명의 소중함을 이야기한 것에 그친다고 생각한다. 하지만 그가 정말로 이야기하고 싶었던 내용은 '생명의 소중함'을 넘어선다. 정말로 중요한 것은 자유다. 생명의 본질은 자유이기 때문이다. 제물로 바쳐진 소의 경우에도 소의 진정한 불행은 자유를 잃은 것이다. 자유를 잃었기 때문에 자신의 생명이 자신의 것이 아니게 되었다. 부와 명예를 피해 도망치는 진정한 이유도 단지 생명을 건지려는 데 있지 않다. 자유를 지키려는 것이다. 장자가 당시로서는 지식인들의 유일한 취업 기회였던 정부 요직을 멀리한 이유도 바로 자유를 지키기 위해서인 셈이다. 다만 이러한 형태의 자유에는 항상 대가가 따르는 법이다. 가난과 외로움이다. 장자의 가난은 『장자』 산목편(山木篇)에도 기록되어 있다.

하루는 장자가 위나라 왕을 찾아갔다. 장자가 찾아갔다면 아마 맹자와의 대화로 유명한 양혜왕일 것이다. 그의 밑에서 장자의 친구인 혜시(惠施)가 벼슬을 하고 있었기 때문이다. 아무튼 왕이 장자를 만났는데 옷차림이 영 한심했다. 왕이 대뜸 장자에게 물었다.

"선생은 어찌 이렇게 피폐해지셨습니까?"

옷차림이 오죽했으면 이렇게 물었을까. 아마 초혜왕을 찾아간 묵자 못지않았으리라. 하지만 장자의 대답은 당당했다.

"저는 가난하지 피폐한 것이 아닙니다. 선비로서 도를 가지고도 행하지 않는 것은 피폐한 것이지만, 옷이 해어지고 신이 뚫어진 것은 가난한 것이지 피폐한 것은 아닙니다."

장자는 자신이 선택한 자유의 대가가 무엇인지 확실히 알고 있었던 것이다.

道
家

세상의 올가미로부터

하지만 아무리 가난과 외로움을 감수하고 세상을 벗어나려 해도 세상의 올가미가 놓아주지 않을 때가 있다. 그물은 사방으로 펼쳐지고, 온갖 올가미가 옥죄어온다. 앞서 등장한 왕자 수의 경우도 마찬가지였으리라.

사실 왕자 수의 이야기에는 더 흥미로운 후반부가 있다. 그가 사라진 후 월나라는 난리가 났다. 왕이 될 사람이 없어졌기 때문이다. 곧 전국을 샅샅이 뒤져 결국 왕자 수가 숨은 동굴을 찾아내고야 말았다. 그러나 그는 동굴에서 나오려 하지 않았다. '나와라' '못 나간다' 옥신각신하던 끝에 신하들이 꾀를 냈다. 동굴에 쑥을 피워서 연기를 들여보낸 것이다. 연기가 들어오니 왕자로서도 더 버틸 재간이 없

無聽之以耳

而聽之以心

●●●

귀로 들으려고 하지 말고,

마음으로 들을 수 있도록 하라.

—『장자』인간세편

었다. 결국 동굴 밖으로 나왔다. 월나라의 신하와 백성들이 신이 나서 왕자를 수레에 태웠다. 그는 줄을 잡고 수레에 올라 하늘을 우러러보며 울부짖었다고 한다.

"임금이라니! 임금이라니! 어찌하여 나를 놓아줄 수 없다는 것인가!"

단 한 번만이라도 세상을 벗어나고 싶었던 적이 있는 사람이라면 아마 왕자 수의 울부짖음이 결코 남의 일처럼 여겨지지 않을 것이다. 그래도 왕자 수는 비극적으로 죽지는 않은 듯하다. 왕 노릇 하기 싫어하는 사람을 구태여 죽여가면서까지 그 자리를 빼앗지는 않을 테니 말이다. 그렇게 왕자 수의 경우에는 하기 싫은 임금 노릇을 하는 것으로 끝이 났지만 결국 죽음을 면치 못한 사람도 있다. 위진남북조시대 대표적인 도가 사상가이자 죽림칠현(竹林七賢)[112]의 리더였던 혜강(嵇康)이 그렇다.

혜강은 모든 면에서 뛰어난 사람이었다. 우선 인물이 출중했다. 군계일학(群鷄一鶴)이라는 표현이 있는데 이는 원래 어떤 이가 혜강의 아들인 혜소를 보고 "의젓하고 늠름해 마치 닭의 무리 속에 있는 한 마리의 학 같았다"라고 한 데서 유래했다고 한다. 그런데 옆에 있던 왕융이라는 사람이 "혜소의 아버지는 그보다 더 뛰어났는데, 당신은 그의 부친을 본 적이 없으니 그렇게 말하는 것"이라고 했다고 한다. 어느 정도 외모였는지 짐작이 갈 것이다. 여기에 문장도 출중했다. 죽림칠현을 대표하는 사람이었으니 당연한 소리인지도 모르겠다. 여기까지만으로도 대단한데 인품도 훌륭했던 모양이다. 혜강 주위에는 그를 따르는 사람이 끊이지 않았다. 이렇게 훌륭한 인재였기 때문일까? 그리 대단한 집안이 아니었는데도 공주와 결혼까지 했다. 조조(曹操)의 증손녀인 장락정주(長樂亭主), 즉 장락정 공주였다. 아마 평화로운 시대를 살았다면 누구나 부러워할 만한 생애였을 것이다. 그런데 문제는 그가 살았던 시대가 춘추전국시대 못지않은 난세였다는 데 있다.

혜강이 어른이 되어 세상에 이름을 날릴 무렵, 조조가 세운 위나라는 불과 4, 5대 만에 사마씨에게로 실권이 넘어가고 있었다. 한(漢)나라 황실을 멸망시키고 세운 위나라였지만 조씨 역시 똑같은 꼴을 당하고 있었던 것이다. 조조의 증손자 사위 격인 혜강으로서는 매우 위험한 시대를 만난 셈이다. 마치 왕자 수가 그런 것처럼 혜강도 도망치기로 결심한다. 그래서 집안 식구들을 데리고 산양(山陽)이라는 시골로 이사를 가 그곳에서 자신과 뜻이 맞는 친구들과 어울려 거문고와 술을 즐기며 살았다. 하지만 문제는 내가 세상을 버리고자 해도 세상이 나를 그냥 놔두지 않는 경우가 있다는 것이다. 혜강도 마찬가지였다.

당시 사마씨의 가장으로 정권을 장악하고 있던 사마소(司馬昭)는 자신의 권력을 확고하게 만들면서 한쪽으로는 조씨 일가를 잔혹하게 살해하고, 또 다른 한편으로 당대의 유명한 지식인들을 포섭하려고 했다. 세상인심이란 그때나 지금이나 마찬가지여서 적지 않은 사람이 사마씨 정권의 편으로 돌아섰다. 상황이 이러하니 당대를 대표하는 지식인인 혜강이 포섭 공작의 목표가 된 것은 당연한 순서였다. 사마씨 정권은 혜강의 친구와 친지들을 동원해 그를 끌어들이기 위한 다양한 공작을 펼쳤다. 하지만 혜강은 완강히 거부했다. 조씨의 위나라에 대한 충성심 때문이 아니라 권력 투쟁에 염증을 느껴서였다. 하지만 절대 권력을 추구하는 입장에서는 이런 식의 반응은 오히려 용납할 수 없는 행동이었다. 더군다나 혜강처럼 유명인일 경우에는 더더욱 가만두어서는 안 되는 일이다. 결국 혜강은 '풍속을 해쳤다'는 코에 걸면 코걸이, 귀에 걸면 귀걸이 식의 죄목으로 체포되어 형장의 이슬로 사라졌다. 죽림칠현의 삶을 다룬 『야만의 시대, 지식인의 길』이라는 책에는 『진서(晉書)』에 전하는 혜강의 죽음을 다음과 같이 그리고 있다.

혜강이 사형장인 동시(東市)로 갈 때 태학생 3,000명이 그를 스승으로 모실 것을 요구했으나 허락되지 않았다. 사형은 그대로 집행되었다. 혜강은 천천히 사형장 가장자리로 가서 사람들 틈에 끼어 있던 형 혜희(嵇喜)에게 말했다.

"칠현금은 갖고 오셨습니까?"

암암리에 마음이 통했는지 혜희는 동생이 몇 년간 지니고 다니며 연주하던 칠현금을 갖고 왔다. 혜희는 급히 칠현금을 꺼내 동생에게 건네주었다. 혜강은 하늘의 태양을 한 번 쳐다보고는 앉아서 현을 조율하고 호흡을 가다듬은 뒤 연주를 시작했다. 칠현금 소리는 마치 흰

매가 푸드덕 날아가 상공을 빙빙 돌다 떨어져 내리는 듯했다. 그 소리
는 날카롭게 사람들의 마음을 파고들었다.

혜강이 연주한 곡은 바로 유명한 '광릉산(廣陵散)'이었다. '광릉산'
은 전국시대의 협객 섭정(聶政)이 한나라 재상 협루(俠累)를 찔러 죽인
이야기를 담고 있었다. 아마도 이 곡은 웅장하고 기세가 드높았을 것
이며 곡 안에 표현된, 폭정에 대한 반항 정신은 혜강의 심정과 딱 맞
아떨어졌을 것이다. 혜강의 빼어난 두 손이 사람들의 심금을 두드리
는 듯했다. 사람들은 때로는 은은하게, 때로는 격정적으로 우는 듯도
하고 원망하는 듯도 한 칠현금 소리에 흠뻑 취했다. 이 순간, 사람들
은 시간이 정지되어 음악이 끝나지 않기를 소망했을 것이다. 하지만
얼마 후, 칠현금 소리가 뚝 그쳤다. 혜강은 칠현금을 내려놓고 탄식
하며 말했다. 이 말은 세상에서 가장 감동적이고 아름다운 유언이 되
었다.

"당시에 원효니(袁孝尼)가 내게 '광릉산'을 배우고자 했지만 내가
거절했다. 뜻밖에도 이제 '광릉산'이 전해지지 않겠구나!"

이렇게 말하고서 혜강은 목을 내밀어 죽음을 맞이했다. 때는 경
원 3년(262년) 가을이었고 혜강은 마흔도 안 된 한창 나이였다.[113]

암울한 시대 탓인지 민감한 감수성 탓인지는 모르겠지만 혜강이
젊은 시절에 형에게 보낸 시는 이미 자신의 운명을 예견하고 있는 듯
하다.

"스스로 세속과 관계를 끊고 평생 몸을 다치지 않으려고 다짐했

건만 세상사 이리 어려울 줄 어찌 생각했으리오. 사냥꾼이 날 잡으러 오네. 그물이 구름처럼 사방에 펼쳐져 있고 새 그물 얼기설기 걸려 있네. 떨쳐 날아오르려고 하나 형편이 좋지 않아 날개를 쭉 펼칠 곳이 없네."[114]

세상사를 벗어난다는 것은 이처럼 생각보다 간단하지 않다. 왕자수도 그렇고, 혜강도 마찬가지다. 심지어 혜강은 당대 최고의 도가 사상가였음에도 세상이 쳐놓은 올가미를 벗어나지 못했다. 상황이 이러하니 예전에 비해 국가와 사회가 만들어놓은 그물이 훨씬 더 촘촘한 현대 사회를 생각해보면 세상사를 벗어나기가 거의 불가능한 일처럼 느껴진다. 하지만 너무 쉽게 절망하지는 말자. 장자를 따라가다 보면 생각하지도 못했던 곳에서 도망칠 구멍을 발견할 수 있을 것이다.

선 밖으로 탈출하라

『월든』이라는 책이 있다. 19세기 중반 미국의 철학자였던 헨리 데이비드 소로가 월든 호숫가에 통나무집을 짓고 홀로 살았던 2년여의 삶을 기록한 책이다. 마치 초기 도가 철학자들처럼 지낸 셈인데 우리나라에서도 베스트셀러인지라 아마 많은 이가 읽어보았을 것이다. 이 책을 읽은 이의 전형적인 반응 중 하나는 '요즘은 이렇게 살 수 없잖아?'다. 생각해보면 그렇기도 하다. 요즘 세상에 어디에 가서 통나무집을 짓고 자연이 주는 것에만 만족하며 살아갈 수 있겠는가.

그런데 정말 그럴까? 사실 이런 반응이 나오는 가장 큰 이유는 소로가 제시한 삶의 방식을 그가 실제 살았던 그대로 혹은 비슷하게라도 따라 해야 한다고 생각하기 때문이다. 물론 책을 읽고 나면 통나무

집까지는 아니더라도 흙집이라도 지어야 할 것 같은 기분이 드는 게 자연스럽기는 하다. 하지만 소로조차도 다른 사람이 자신처럼 사는 것은 결코 권하지 않았다. 아니 소로는 그렇게 숲속에서 혼자 사는 법을 실험해본 후 오히려 문명 세계로 다시 돌아왔다. 숲속에서 자유롭게 살 수 있다면 사람들 속에서도 자유롭게 살 수 있기 때문이다.

소로가 반드시 숲속에서만 자유로이 지낸 것이 아닌 것처럼 우리가 도망칠 곳도 반드시 공간으로서의 자연일 이유는 없다. 장자의 경우도 마찬가지다. 『장자』에 전하는 일화들을 읽어봐도 그는 결코 산속에 들어가서 혼자 살지 않았다. 오히려 항상 사람들과 어울려 살았다. 장자는 결코 물리적인 의미의 세속을 등지고 벗어나야 한다고 생각하지 않았다. 도망친다는 것은 결코 물리적인 공간의 의미가 아니다. 이제부터 이 점을 명심하고 장자의 이야기를 따라가 보자.

『장자』 외편의 산목편에 전하는 이야기다. 하루는 장자가 조릉(雕陵)이라는 곳의 울타리 안에서 거닐고 있다가 이상한 모습의 까치 한 마리가 남쪽으로부터 날아오는 것을 보았다. 날개의 폭이 일곱 자나 되고, 눈의 둘레는 한 치나 되었다고 하니 아무튼 엄청나게 큰 새였던 모양이다. 새는 장자가 있는지 없는지는 관심조차 없는 듯 그의 이마를 스치고 날아가 밤나무 숲에 앉았다. 장자는 새의 행동이 어이가 없었다.

"이게 무슨 새인가? 날개는 커도 높이 날지 못하고, 눈은 커도 제대로 보지 못하니!"

장자는 옷자락을 걷어 올리고 재빨리 다가가 활을 쏘려고 새를 겨누기 시작했다. 그런데 이렇게 겨누다 보면 대상을 자세히 집중해서 보게 마련이다. 그 덕에 이상한 모습을 발견했다. 그늘에 매미가 한 마리 앉아서 자신의 몸조차 잊은 듯 편하게 쉬고 있는데 그 뒤에 사마귀 한 마리가 매미 잡으려는 생각에 팔려 숨어서 매미만 바라보고 있는 게 아닌가. 그리고 그 뒤에는 예의 그 놈의 까치가 사마귀를 노리느라 정신이 팔려 있었다. 장자는 이 모습을 보고 탄식했다.

"참으로 어리석도다. 매미는 그늘을 즐길 줄 알지만 자신을 노리는 사마귀가 있는 것을 모른다. 사마귀 또한 매미를 잡겠다는 생각에만 빠져 까치의 밥이 될 줄을 모르고, 까치는 사마귀에 정신이 팔려 나의 사냥감이 되는 것을 모르고 있다. 아, 얼마나 어리석은 존재들인가!"

문득 두려운 생각이 든 장자는 그곳을 벗어나기 위해 일어섰다. 그때 뒤에서 화난 사람의 목소리가 들려왔다.

"이놈, 거기 누구냐? 여기는 아무나 들어올 수 없는 곳이다."

결국 장자 자신도 까치에 눈이 팔려 들어가서는 안 될 곳에 갔던 셈이다. 장자는 집으로 돌아와 3개월 동안이나 집 밖으로 나오지 않았다고 한다.[115]

이 이야기처럼 우리의 인생도 사슬에 얽매여 있는 것과 같을지 모른다. 마치 우리가 다른 사람보다 높은 위치에 있고 다른 사람을 붙잡을 수 있을 것 같지만, 사실 우리의 뒤에도 누군가가 우리를 붙잡으려고 하지 않겠는가? 이는 하나의 선으로 연결된 관계라고 할 것이다. 장자는 우리를 이런 관계로부터 벗어나게 하고자 했다. 중요한 것은 자신의 성공을 위해 다른 사람을 괴롭히거나 해하거나 붙잡지 말아야 한다는 점이다. 그렇게 함으로써 누군가 뒤에서 자신을 잡으려는 것을 방지할 수도 있을 터다.[116]

또 다른 면에서, 즉 이익에 눈이 먼 좁은 시야라는 측면에서 이 이야기를 볼 수도 있다. 그러면 모든 존재는 앞은 바라보면서 뒤는 못 보고 있다는 사실이 눈에 띈다. 한 걸음 더 들어가서 살펴보면 사람들이 한 방향으로만 집중되어 있다 보니 전체 속에서 자신이 어떤 상황에 처했는지 바라보지 못한다는 소리다. 장자가 이 우화를 통해 하고자 한 이야기는 결국 '사람들이 한쪽 방향으로만 열심히 가는데 그쪽이 과연 선이냐? 죽음일 수도 있다. 내가 앞을 바라보면서 사냥 목표물을 잡으면 성공이라 할 수 있지만, 잡는 순간에 나도 사냥물이 바로 되어버릴지도 모른다. 그러니 다들 눈앞의 이익만 보고 특정 방향으로 가면서 그게 선이고 살길이라 생각하지 말고, 그게 죽음의 길일 수도 있다는 점을 잊지 마라'는 뜻이기도 하다.[117]

오로지 이익을 중심으로 세상을 바라보면 세상은 일종의 먹이사슬로 연결되어 있다. 누구도 이 사실은 부정할 수 없을 것이다. 장자의 표현을 빌리자면 "만물이란 본디 서로 해를 끼치고 이익과 손해는 서로를 불러들이고 있는"[118] 것이다. 그런데 우리는 이런 세상을 살면서도 우리가 얼마나 위태로운 상태에 있는지 잊어버린다. 당장 눈앞에 성공이, 이익이 보이기 때문이다. 이것만 잡으면, 이번에만 해내면 성공하리라는 생각에 자신의 상황을 돌아보지 못하고 오직 한쪽 방향만 바라보고 이익을 추구한다. 하지만 우리가 무엇인가를 사냥하는 존재라면 동시에 사냥당하는 존재이기도 하다. 이익의 사슬 위에서 절대적인 강자란 없기 때문이다. 따라서 이 죽음의 나선을 피하는 길은 더 강해지는 것이 아니다. 선 밖으로 탈출해야 한다. 그리고 그 탈출은 눈앞의 이익에 대한 집착을 버릴 때에만 가능하다.

오만한 원숭이의 최후

그런데 여기서 이익이 물질적인 것만 가리키지는 않는다. 우리는 세속적인 이익을 좇는 것이 돈을 추구하는 것과 같다는 착각을 종종 한다. 하지만 인간은 그렇게 단순한 존재가 아니다. 물론 돈으로 대표되는 아주 구체적인 물질에 대한 욕망이 가장 강렬한 욕망이긴 하다. 하지만 물질적 욕망 못지않게 강렬한 욕망이 또 하나 있다. 남들에게 인정받고 싶어 하는 욕망, 바로 명예욕이다. 그래서 인간의 욕망에 대한 가장 정교한 관찰자들인 법가 사상가들도 "인간은 살아서는 이익을 계산하고 죽어서는 이름이 남기를 열망한다"[119]고 지적한 것이다. 물론 이 명예욕도 물질적 욕망만큼이나, 아니 어쩌면 그보다 더 위험한 존재다. 계산조차 할 수 없기 때문이다. 『장자』에도 이 명예욕과 관련된 재미있는 이야기가 하나 전한다.

하루는 오나라 왕이 배를 띄워 강을 건너가 원숭이가 많이 사는 산에 올랐다. 왕이 행차를 했으니 신하에 병사에 꽤나 요란했을 것이다. 당연히 대부분의 원숭이는 왕의 일행을 보자마자 놀라서 모든 걸 버리고 달아나 깊은 숲속으로 숨어버렸다. 그런데 한 마리만이 나뭇가지를 날렵하게 오가면서 열매를 따 획 내던지기도 하며, 왕에게 보라는 듯 온갖 재주를 부리는 게 아닌가. 심지어 이를 괘씸히 여긴 왕이 활을 쏘자 날아오는 화살을 손으로 잡아버렸다. 재주가 보통이 아닌 놈이었다. 왕은 화가 머리끝까지 나고 말았다. 주위에 신하들을 보고 외쳤다.

"한꺼번에 쏴라!"

원숭이의 재주가 아무리 뛰어나도 수많은 화살이 한꺼번에 날아오는 데는 피할 재간이 없었다. 결국 원숭이는 그토록 자랑스럽게 잡았던 화살을 그대로 손에 쥔 채 무수한 화살에 맞아 죽고 말았다. 이를 지켜본 왕이 자기의 친구인 안불의(顔不疑)를 돌아다보면서 말했다.

"저 원숭이는 자기 재주를 자랑하며 자신의 날램만 믿고 방자하게 굴다가 이처럼 죽임을 당하는 지경에 이른 거라네. 이러한 점을 경계해야 할걸세. 아아! 자네도 그 잘난 얼굴을 내세우며 남에게 교만하게 굴어서는 안 될 것이야!"[120]

이런 꼴을 당하는 사람을 모두들 아마 무수히 보아왔을 것이다. 명예욕이란 남보다 우월한 존재로 보이고 싶다는 욕망의 표현이기 때문에 결국 교만으로 빠질 수밖에 없다.

말하자면 원숭이는 자신의 능력을 과시하기 좋아하는 존재였던 것이다. 자신의 재주를 믿었고, 자랑하고 싶었기 때문에 피하지 않았으니 결국 남보다 뛰어나 보이고 싶은 마음이 화를 부른 셈이다. 이 이야기를 통해 하려는 말은 스스로의 재주를 너무 믿고 사회에서 우쭐거리며 잘난 척하면서 아무것도 두려워하지 않는 짓은 매우 위험하고 무지한 행위라는 것이다.[121]

그러므로 절대 공격적이어서는 안 된다. 싸우려 들지 말아야 한다. 그럼에도 사람들은 왜 공격적이 될까? 왜 싸우려고 할까? 많은 이가 남보다 우월해지려 하기 때문이다. 우월감을 가지고 남을 통제하고 싶어 한다. 그래서 왕이나 통치자가 되려고 한다. 다른 사람들보다 우월한 자리, 최고의 자리에 오르기 위해 싸움을 멈추지 않는다. 단지 물질적 욕망만이 아니다. 최고라는 우월감도 필요한 것이다. 하지만 장자는 이런 방식을 원치 않는다. 이는 오히려 위험하고 어리석은 방식일 뿐이기 때문이다.[122]

쓸모없음의 쓸모

　이토록 혼란스러운 세상으로부터 벗어나기 위해 반드시 명심해야 할 점은 법가 사상가들이 인간을 통제하기 위한 수단으로 주목한 두 가지 욕망, 즉 물질적 욕망과 명예욕의 유혹으로부터 벗어나는 것이다. 그런데 이런 삶은 도대체 어떤 삶일까? 『장자』에 전하는 지리소(支離疏)의 이야기는 이에 대한 힌트를 준다.

　지리소는 이름 그대로 온몸이 제각각인 사람이다. '지(支)'는 '팔다리 지(肢)' 그러니까 '몸의 사지'를 가리키는 것이고, '리(離)'는 '흩어져 있다'는 뜻이기 때문이다. 그래서 가장 뛰어난 『장자』의 영어 번역본 중 하나인 빅터 메이어 교수의 『Wandering on the Way』에는 'scattered apart'라고 번역되어 있다. 한마디로 장애인이다. 『장자』에 있는 표현을 그대로 옮기면 이렇다.

"지리소는 턱이 배꼽 아래에 숨어 있고, 어깨가 이마보다도 높고, 상투는 하늘을 가리키고, 오장이 위에 있으며, 두 넓적다리는 옆구리에 닿아 있었다."[123]

누구라도 불쌍하다고 생각하기 쉬운 그런 사람이다. 하지만 장자의 생각은 달랐다. 지리소는 결코 불행한 사람들이 아니었다. 불행하지 않은 정도가 아니라 오히려 더 나은 존재일 수도 있다고 봤다.

우선 지리소는 곱사등이로 등이 휘었기 때문에 바느질이나 빨래를 하는 데는 오히려 안성맞춤이었다. 그래서 사방에서 일감을 주는지라 먹고사는 데 부족함이 없었다. 또 키를 까불고 쌀을 골라내서 생기는 곡식만으로도 족히 열 사람은 먹여 살릴 수 있었다. 더욱 결정적인 강점은 전쟁이 빈발하던 난세에 전쟁터에 끌려갈 일이 없다는 것이다. 이 때문에 나라에서 군대로 징발해갈 때도 두 팔을 내저으며 그곳을 지날 수 있었고 큰 공사판으로 부역꾼을 마구 끌고 나갈 때에도 지리소만은 끌려가는 일이 없었다. 장점은 여기에서 그치지 않았다. 나라에서 빈민 구제가 있을 때면, 생긴 모습 덕분에 쌀 석 종(鍾)●에 장작 열 단은 꼭 받을 수 있었다.

사실 『장자』에는 지리소뿐 아니라 기형인 인물이 여럿 등장한다. 예를 들어 애태타(哀駘它)라는 이는 절름발이에 곱사등이고, 또 다른

●── 종(鍾)은 춘추전국시대 사용하던 용량의 단위로 약 49.7L다.

이야기에 등장하는 사람은 절름발이에 언청이이기까지 하다. 하지만 『장자』에서의 이들은 결코 불행하지 않다. 심지어 즐겁고 유쾌한 이들이다. 자신들의 신체적인 약점 때문에 오히려 살면서 곤란한 일에 휘말리지 않기 때문이다.[124]

이 비유에서 불구의 몸은 말하자면 불구의 덕목이라고 할 수도 있다. 불구였기에 지리소는 이런 환경을 조합해서 살아남았다. 이와 비슷한 다른 일화가 있다. 하늘을 덮을 듯이 커다란 나무였지만 누구도 손대지 않은, 목재로는 쓸모가 없는 나무의 이야기다. 이 덕에 나무는 살아남았고 그 아래에서 사람들은 쉬어 갔다. 장자는 이런 상황을 무용지용(無用之用)이라고 말했다. 쓸모없음의 쓸모 있음을 뜻한다.[125]

상수리나무가 베어지지 않은 이유

이야기가 나온 김에 쓸모없는 나무 이야기를 조금 더 해보자.

장석(匠石)이라는 목수가 제나라로 가다가 지신을 모신 사당에 서 있는 엄청나게 큰 상수리나무를 보았다. 어찌나 크고 장관인지 많은 사람이 모여서 구경하고 있었다. 나무의 그늘은 수천 마리의 소를 가릴 수 있었고 둘레는 100아름이나 되었다. 또 그 높이는 10길쯤 되는 높은 산을 내려다볼 정도였고, 뒤편으로 길게 뻗은 가지는 배를 만들고도 남을 만한 것이 10개 좀 넘게 있었다. 그런데 나무 주변에 구경 꾼이 잔뜩 모여 있는데도 정작 나무에 가장 큰 관심을 보여야 할 목수인 장석은 거들떠보지도 않고 그냥 지나쳐버렸다. 이상하게 여긴 장석의 제자들이 뒤쫓아 가서 물었다.

殺生者不死

生生者不生

●●●

삶을 죽이는 자는 죽지 않고,
삶을 살고자 하는 자는 살지 못한다.

—『장자』대종사편

"저희가 도끼를 들고 선생님을 뒤따라 다닌 이래 이렇게 좋은 재목을 본 적이 없는데, 어찌하여 거들떠보지도 않고 그냥 지나치십니까?"

장석이 제자들에게 말했다.

"그 나무에 대해 더 이상 말하지 마라. 아무짝에도 쓸모없는 나무다. 그것으로 배를 만들면 가라앉아버리고, 관을 짜면 금세 썩고, 그릇을 만들면 쉬 깨지고, 문짝은 진액이 줄줄 흘러나오고, 기둥은 금방 좀이 슨다. 그 나무는 재목이 될 수 없어 쓸모없는 까닭에 저렇게 긴 수명을 이어온 것이다."

역시 뛰어난 목수인지라 나무의 약점을 한눈에 간파한 것이다. 그런데 장석이 집에 돌아온 그날 밤 상수리나무가 꿈에 나타났다. 장석의 평가가 마음에 들지 않았던 모양이다.

"너는 나를 어디에다 견주려는 것인가? 좋은 재목에 견주려는가? 아니면 돌배, 배, 귤, 유자 등 과일나무에 견주려는가? 과일나무는 과일이 열리면 따게 되니, 딸 때에는 욕을 당하게 마련이다. 큰 가지는 꺾이고 작은 가지는 찢어진다. 이들은 자기의 재능으로 말미암아 고통을 당해 천수를 누리지 못하고 일찍 죽으니 스스로 화를 자초한 것이나 다름없다. 세상 만물이 이와 같지 않은 것이 없다. 나는 쓸모없기를 바란 지 오래다. 몇 번이고 죽을 고비를 넘기고 이제야 뜻대로 되어 쓸모없음이 나의 큰 쓸모가 된 것이다. 만약 내가 쓸모가 있었다면 어찌 이렇게 커질 수 있었겠는가? 너와 나는 다 같이 하찮은 존재에 지나지 않는다. 어찌하여 서로를 하찮다고 헐뜯을 수 있겠는가? 너처럼 죽을 날이 머지않은 쓸모없는 사람이 어찌 쓸모없는 나무를 알 수 있겠는가?"

장석이 화들짝 놀라 깨어보니 꿈이었다. 꿈 이야기를 제자들에게 이야기하니 제자가 물었다.

"그의 뜻이 쓸모없기를 바라면서 어찌하여 사당의 나무가 되었을까요?"

장석이 말했다.

"무슨 말이냐, 함부로 말하지 마라. 저 나무는 우연히 사당에 심어져 있을 뿐이요, 저 나무가 원해서 거기에 있게 된 것이 아니다. 그러나 다른 곳에 심어졌어도 베어지는 화를 당하지는 않았을 것이다."[126]

상수리나무가 베어지지 않고 살아남은 것은 쓸모없는 존재가 되었기 때문이다. 그런데 사실 이렇게 되는 것은 물질적 재화에 대한 욕망이나 명예욕을 버리는 순간 이미 결정된 것이다. 이런 마음이 없는 인간은 이미 쓸모없는 존재이기 때문이다. 왜 쓸모가 없을까? 쓸모라는 것은 이미 도구적인 존재라는 점을 전제로 한다. 쓸모 있는 인간이란 사실 도구적인 인간이다. 어떤 목적을 위한 도구로 사용할 수 있으니 쓸모가 있는 것이다.

그런데 도구로 부리기 위해서는 반드시 통제가 가능해야 한다. 톱이든 칼이든 내가 통제할 수 있는 선을 넘어서 제멋대로 움직인다면 어떻게 쓸모가 있겠는가. 따라서 쓸모 있는 인간이란 통제가 되는 인간이다. 그렇다면 무엇으로 인간을 통제할 수 있을까? 법가 사상가들이 항상 강조하듯이 물질적 이익과 명예욕이다. 이런 욕망을 버린 인간은 통제가 불가능하다. 그러니 쓸모가 없는 것이다. 지리소도 쓸모없는 인간이다. 못생겨서가 아니라 국가가 필요로 하는 도구적인 목적에 적합하지 않은 존재이기 때문이다. 전쟁이라는 목적, 부역이라는 목적에 쓸 도구적 가치가 없으니 국가나 조직이 아예 관심을 가지지 않은 것이다. 그리고 쓸모없는 존재가 되었기에 지리소는 자유롭게 살 수 있었다. 역으로 모든 면에서 뛰어났던 혜강이 죽음을 면하지 못한 이유는 그가 매우 쓸모 있는 인간이었기 때문은 아닐까?

지금 현재를 살라

사실이 이러함에도 우리는 항상 쓸모 있는 인간이 되기 위해 노력하고 서로를 채찍질한다. 생각해보면 어렸을 때부터 어른들에게 들었던 조언이 바로 "쓸모 있는 인간이 돼라"가 아니던가. 『장자』는 외영오적(畏影惡迹)이라는 우화를 통해 이렇게 쓸모 있는 존재가 되고자 스스로를 괴롭히는 인간을, 우리를 되돌아보게 한다.

옛날에 어떤 사람이 자기 그림자가 두렵고 자기 발자국이 싫어서 그것으로부터 달아나려 했다. 하지만 발을 빨리 움직일수록 발자국은 더욱 많아졌고, 아무리 빨리 뛰어도 그림자는 그의 몸을 떠나지 않았다. 그래도 그는 자신이 아직도 느리게 뛰기 때문이라 생각하고, 쉬지 않고 달려갔다. 하지만 아무리 달린들 그림자가 사라지거나 발자국이

없어질 리 없다. 결국 이 사람은 지쳐서 죽고 말았다.[127]

이 이야기는 놀라울 정도로 현대 사회를 풍자하는 듯하다. 정신 없이 급하게 차를 모는 서울의 거리가 생각나는 이야기라고나 할까. 우화 후반부를 보면 자기 그림자와 발자국에서 멀어지려는 사람 이야기를 하는 이에게 장자가 말한다.

"그저 나무 아래 누워 있는 것이 훨씬 더 좋았을 것입니다. 나무 아래에는 나무의 그림자 때문에 자신의 그림자가 생기지 않으니까요. 누워서 쉬면 발자국이 생기지 않습니다."

살아가는 데 너무 사로잡혀 즐기지 못한다는 말이 있다. 우리는 항상 지금 하는 일이 끝나는 몇 시간 뒤, 다음 날, 한 달 뒤에다 마음을 두고 살아간다. 그날을 위해 현재를 희생한다. 하지만 왜 그래야 하나? 쉬엄쉬엄 살 필요가 있지 않을까? 자연을 즐기고 이 순간을 누려야 한다. 아마도 이 이야기를 포함한 많은 중국 고전에서 얻는 가장 중요한 교훈은 '바로 지금 현재를 살라'일 것이다. 제발 정신없이 뛰어다니면서 인생에서 더 많은 것을 얻으려 하지 말기 바란다.[128]

그런데 사람들이 이렇게 쉴 틈 없이 뛰어다니는 근본적인 이유는 쓸모없어질까 봐 겁을 먹기 때문이다. 사실 그럴 필요가 없다. 장자는 세속적인 가치에 집착하지 말라고 충고한다. 만약 속세의 고난과 핍박, 타인의 질투 공격에서 벗어나고 싶으면 그냥 그 상황을 빠져나오면 된다. 그 속에서 무서워하고 또 다른 사람의 인정을 받기 위해 필사적으로 노력한다면 사실 불행을 심화할 가능성이 더 크다. 차라리 완전히 빠져나오는 것이 더 낫다. 빛이 없는 곳에서는 그림자가 생기지 않고 걷지 않으면 발자국이 생기지 않는 법이다.[129]

항상 쫓기듯이 살아가는 요즘 사람들에겐 '외영오적'의 이야기만큼 가슴을 치는 우화도 아마 없을 것이다. 니체의 지적처럼 우리는 "휴식을 부끄럽게 여기고, 생각할 시간이 늘어난 것에 대해 불편해하며, 항상 손에 시계를 쥐고 생각하기 때문이다. 심지어 점심 식사를 할 때에도 주식 시장의 최신 뉴스를 읽으면서 먹는다. 우리들은 마치 '무엇인가를 놓치고 있는 것처럼' 살아가고"[130] 있는 것이다.

쓸모의 문제를 초월하라

쓸모없음의 문제와 관련해 한 가지 꼭 짚고 싶은 지점이 있다. 장자의 '쓸모없음' 이야기에는 약간 복잡한 문제가 하나 도사리고 있다. 장자는 쓸모없어지는 것이 경우에 따라서는 문제 해결의 길이 아니라는 점을 암시하기 때문이다. 그 예가 바로 '쓸모없는 나무와 울지 않는 오리'의 비유다. 이야기는 이렇다.

장자가 제자들과 산길을 가다가 잎과 가지가 무성한 큰 나무를 보고는 나무꾼에게 그 나무를 베지 않는 까닭을 물었다. 그러자 나무꾼이 대답했다.

"아무짝에도 쓸모가 없는 나무이기 때문입니다."

장석이 만난 상수리나무와 같은 유형의 나무였던 모양이다. 장자가 나무꾼의 말을 듣고 나무의 쓸모없음이 나무가 천수를 누리게 했다고 제자들에게 말했다. 그런데 장자 일행이 산에서 내려오자 전혀 다른 상황이 그들에게 닥쳤다. 장자 일행이 장자의 친구 집에 묵었는데 주인이 심부름하는 아이에게 거위를 잡으라고 했다. 그러자 아이가 주인에게 한 놈은 잘 울고, 한 놈은 울지 못하는데 어느 놈을 잡는 게 좋겠냐고 물었다. 주인은 울지 못하는 놈을 잡으라고 했다. 옆에서 보고 있던 제자들이 장자에게 물었다.

"어제 산의 나무는 쓸모가 없어서 천수를 다할 수 있었는데, 오늘 이 집의 거위는 쓸모가 없어서 죽었습니다. 선생님! 도대체 어떻게 해야 하나요?"

장자가 웃으면서 대답했다.

"나는 쓸모 있음과 쓸모없음의 중간에 처하겠다. 쓸모 있음과 쓸모없음의 중간이란 도와 비슷하면서도 실은 참된 도가 아니다. 그렇기에 화를 면하기는 어려운 것이다."[131]

왠지 너무 무책임하게 느껴지는 대답이다. 지금까지 기껏 '쓸모없음의 쓸모'를 말해놓고 다시 중간에 처하라고 했다가 마지막에는 아마 중간도 위험할 것이라니… 도대체 어쩌란 말인가?

여기에는 크게 세 가지 정도의 함의가 있다. 먼저 생각할 수 있는 것은 흐름의 문제다. 『장자』에는 곳곳에 흐름을 따르라는 내용의 비유가 나온다. 마치 속이 빈 배처럼 흐름을 따르면 화를 면할 수 있다고 이야기한다. 쓸모가 없음과 있음의 문제도 마찬가지다. 절대적으로 고정된 원칙은 없다. 어떨 때는 쓸모 있음이 화를 부르고 때로는 쓸모없음이 화를 부르기도 한다. 중요한 것은 자신의 욕망을 비우고 흐름을 따르는 일이다.

둘째로 생각할 수 있는 것은 자유의 문제다. 쓸모없는 나무든 울지 않는 오리든 이들의 생사는 전적으로 타인의 손에 맡겨져 있다. 자유를 잃은 것이다. 설혹 울지 못하는 오리라 한들 만약 사육되는 존재가 아니라면 쓸모가 있어야 할지 없어야 할지 고민하지 않아도 되었을 것이다. 그러니 타인에 의해 자신의 쓸모가 결정되는 도구적 존재가 되지 말아야 한다.

이것은 다시 셋째인 가치의 문제로 이어진다. 타인에 의해 쓸모가 결정된다는 것은 타인에 의해 나의 가치가 정해진다는 뜻이다. 물질적 가치뿐 아니라 명예욕도 마찬가지다. 명예욕이란 결국 타인의 시선을 전제로 하는데 여기서도 나의 가치를 결정하는 것은 타인이다. 이렇게 나의 가치가 타인에 의해 결정되면 인간은 자유를 잃는다. 물질의 노예 혹은 다른 사람이 보내는 시선의 노예가 되는 것이다. 당연히 나의 삶이 내 것이 아니게 된다.

결국 쓸모의 문제에서 쓸모없어지라는 말은 쓸모의 반대편에 서라는 것이 아니다. 쓸모의 문제를 초월하라는 뜻이다.

신념이라는 이름의 물웅덩이

설혹 물질적 욕망이나 명예욕을 넘어서더라도 또 다른 차원의 욕망이 남는다. 이것은 어쩌면 욕망이라는 이름으로 부르기엔 오히려 어색할 수도 있다. 생각해보라. 앞서 언급한 공자나 묵자 그리고 그들의 제자가 돈이나 명예 때문에 그토록 고된 삶을 살고 죽음의 위기를 수없이 넘겨야 했던 것은 아니지 않은가. 그들에게는 '숭고한 이상' 혹은 '신념'이 있었다. 난세를 바로잡고 도덕적으로 올바른 세상을 만들겠다는 신념 말이다. 하지만 장자는 이 아름다운 신념에 대해서도 신랄한 평가를 남겼다.

숭고한 이상 혹은 신념에 대한 장자의 비판은 그것이 객관적으로 존재하는 절대적 가치가 아니라 결국 세상이 살기 어려워졌기 때문에 나온 부산물에 불과하다는 것이다. '인'이니 '정의'니 하는 것이 얼핏 보기에는 아름다울지 모르지만 결국 인간이 인간을 착취하고 억압하기 때문에 생겨난 대응 방식일 뿐이다. 애초에 착취 구조나 위계질서에 끼어들지 않는다면 생겨날 틈이 없는 것이다. 『장자』에 등장하는 '상유이말'의 우화도 그런 관점에서 이해해야 한다.

장자가 어느 날 길을 걷다 우연히 연못 하나를 보았다. 가뭄이 심해 거의 바닥이 드러난 연못에는 물고기들이 등지느러미를 내보이고 있었다. 비는 오지 않고 물고기가 다 죽을 것을 걱정한 장자는 다음 날 그 연못에 다시 갔다. 아니나 다를까. 물이 더욱 줄어 이제 물고기들은 배를 드러내기에 이르렀다. 장자는 '물이 완전히 마를 내일이면 물고기가 더는 살지 못하겠구나' 생각하고 물고기 걱정에 뜬눈으로 밤을 지새웠다. 날이 밝자마자 다시 찾은 연못은 예상대로 물이 하나도 남아 있지 않았다. 한데 물고기들은 물이 없는 가운데서도 죽지 않았다. 한쪽으로 모여 거품으로 서로를 적시면서 살아 있는 것이 아닌가.

참으로 감동적인 장면이다. 아마도 묵자라면 이 장면을 보고 '겸애'의 필요성을 더욱 확신했을 것이다. 하지만 장자는 오히려 탄식을 했다.

"샘물이 마르면 물고기들은 땅 위에 함께 모여 서로 물을 뿜어주고 서로 침으로 적셔준다. 그러나 이는 강물과 호수에서 서로를 잊고 지내는 것만 못한 것이다."[132]

물론 그토록 어려운 상황에서도 서로를 도우려고 애쓰는 모습은 아름답지만 애초에 그런 상황에 빠지지 않는 것이 더 좋다. 더 넓은 자유를 찾아 도망치지 않고 어째서 한 줌의 웅덩이 물에 목을 맨단 말인가.

도적질에도 도가 있다

'숭고한 이상'에 대한 장자의 비판은 여기서 그치지 않는다. 아마 이 문제에 대한 가장 통렬한 평가는 춘추시대의 대표적인 도적인 도척(盜跖)[133]과 관련된 이야기일 것이다.

『장자』에는 도척과 관련된 유명한 이야기가 두 개 나온다. 그중 하나는 이렇다.

하루는 도척의 부하가 도척에게 물었다.

"도적질에도 도가 있습니까?"

도둑놈 주제에 별걸 다 따진다고 생각하겠지만 도척의 대답이 걸작이다.

"어디엔들 도가 없겠느냐? 무릇 남의 집 안에 무엇이 숨겨져 있는지 마음대로 알아맞히는 것이 성(聖)이다. 남보다 앞장서 들어가는 것이 용(勇)이요, 나올 때는 남보다 나중에 나오는 것이 의(義)이다. 도둑질을 해도 안전 여부를 판단해 아는 것이 지(知)이며, 고루 나누어 갖는 것이 인(仁)이다. 이 다섯 가지를 갖추지 못하고서 큰 도둑이 된 자는 천하에 없었느니라."[134]

'인'이니, '의'니 하는 비유를 보고 눈치챘겠지만 이 우화는 명백히 공자에 대한 조롱이다. 도척에 대한 다른 우화에서는 공자에 대한 조롱이 더 노골적이다. 이 이야기는 좀 긴데 대화가 워낙 재미있으니 한번 살펴보자.

공자가 하루는 도척을 설득해 도적질을 그만두게 하려고 도척의 소굴을 찾아갔다. 졸개가 들어가 알리니, 도척이 화를 버럭 냈다.

"노나라의 위선자 공구라고? 그에게 전해라. 너는 적당히 말을 만들어내 함부로 문왕과 무왕을 칭송하며, 머리에는 나뭇가지같이 이것저것 장식한 관을 쓰고 허리에는 죽어버린 소의 가죽으로 만든 띠를 하고 다니면서 부질없는 소리를 멋대로 지껄이고, 농사를 짓는 것도 아니면서 먹고살며, 길쌈도 하지 않으면서 옷을 입는다. 입술을 놀리고 혀를 차면서 멋대로 옳고 그름을 판단해 천하의 군주들을 현혹시키고, 학자들로 하여금 근본으로 돌아가지 못하게 만들면서, 함부로 효니 공손함이니 하는 것을 정해놓고 제후들에게 요행히 인정을 받아 부귀라도 누려볼까 하는 속셈을 갖고 있다. 네 죄는 참으로 무겁다. 당장 돌아가거라. 그렇지 않으면 네 간으로 점심 반찬을 삼겠느니라."

세상에서 가장 흉악한 도적놈이 이렇게 말했으니 보통 사람이라면 겁을 먹고 도망갔을 것이다. 그런데도 공자는 굴하지 않고 다시 한 번 졸개에게 부탁해 결국 도척을 직접 만났다. 도척이 먼저 공자를 윽박지른다.

"구야, 앞으로 나오너라. 네가 하는 말이 내 뜻에 맞으면 살고, 거스르면 죽을 것이다."

공자가 좋은 말로 달랬다.

"천하에는 세 가지 덕이 있는데, 태어나면서부터 키가 크고 체격이 늠름하며, 용모가 아름다워 누구에게도 비길 수 없고, 늙은이도 젊은이도 고귀한 이도 미천한 이도 모두 그를 좋아하는 것, 이것이 첫째가는 덕입니다. 그 지혜는 천지를 뒤덮고, 능력은 모든 사물의 이치를 헤아리고 있는 것, 이것이 중간의 덕입니다. 용기가 있어 과감하며 많은 부하를 거느리는 것, 이것이 제일 나중의 덕입니다. 누구든 이 가운데 한 가지 덕만 갖추어도 제후가 되기 충분합니다. 그런데 장군께서는 이 세 가지 덕을 함께 갖추고 계십니다. 그런데도 도적놈 척이라는 소리를 듣고 계시니 저는 장군님을 생각해 이를 무척 부끄럽고 애석하게 여기고 있습니다. 장군께서 제 말을 따를 의향이 있으시다면, 저는 남쪽으로는 오나라와 월나라, 북쪽으로는 제나라와 노나라, 동쪽으로는 송나라와 위나라, 서쪽으로는 진나라와 초나라에 사신으로 가서, 그들로 하여금 장군을 위해 수백 리 사방으로 큰 성을 쌓아 수십만 호의 봉읍을 만들며, 장군을 제후로 삼게 하고자 합니다. 그리하면 천하와 더불어 이 난세를 혁파하고, 병사들을 쉬게 하며, 형제들을 거두어 보양해주고, 다 같이 조상에게 제사를 드릴 수 있게 될 것입니다. 이것이야말로 성인이나 재사들의 행위인 동시에 천하가 바라는 바입니다."

실제의 공자라면 이렇게 말하지는 않았을 것 같은데 아무튼 이 이야기에서는 공자가 이런 식으로 설득하려 하자 도척이 오히려 화를 냈다. 그러면서 공자를 비판하는데 아마 장자가 하고자 하는 말이 바로 도척의 말일 것이다.

"이익으로 권할 수 있고 말로 구할 수 있는 것은 모두 세상의 어리석은 평범한 사람이나 하는 짓이다. 지금 내 체격이 훌륭하며 용모가 아름답고 사람들이 나를 보면 좋아하는 것은 내 부모의 덕이다. 네가 칭찬해주지 않더라도 이미 알고 있다. 또 내가 듣기로, 남의 면전에서 칭찬하기를 좋아하는 자는 등 뒤에서 욕하기도 잘한다고 했다. 지금 네가 큰 성을 쌓게 한다느니, 백성들을 모아준다느니 했는데, 그것은 이익으로 나를 권하는 것이니 나를 평범한 사람들과 마찬가지로 다루려는 것이다. 하지만 그런 것이 얼마나 오래가겠느냐? 성이 크다 한들 천하보다 크겠느냐? 요임금과 순임금은 천하를 다스렸으나 그 자손들은 송곳 하나 꽂을 땅도 갖지 못했고, 탕왕(湯王)¹³⁵과 무왕도 스스로 천자가 되었으나 그 자손은 모두 끊기고 말았다. 그것은 이익이 너무 컸기 때문이 아니겠느냐.

또 내가 듣기에 옛날에는 새나 짐승이 많고 사람의 수는 적어 사람들은 모두 나무 위에 집을 짓고 살며 짐승의 해를 피했고, 낮에는 도토리와 밤을 줍고 밤에는 나무 위에서 잠을 잤다고 한다. 그래서 이들을 유소씨(有巢氏)[136]의 백성이라고 불렀던 것이다. 또 옛적에는 백성들이 옷을 입을 줄도 모르고 여름이면 장작을 쌓아놓았다 겨울에는 이것을 땠다. 그래서 이들은 지생(知生)[137]의 백성이라고 한다. 신농씨(神農氏)[138] 시대에는 안락하게 누워 자고 일어나서는 유유자적했다. 백성들은 자기의 어머니는 알아도 아버지는 몰랐고, 고라니나 사슴들과 함께 살았다. 농사를 지어서 먹고 길쌈을 해서 옷을 입었으며 서로를 해치려는 마음 따위는 지니지 않았다. 이것이 바로 지극한 덕이 한창 성했던 시대다.

그런데 황제(黃帝)[139]는 덕을 완전히 실현할 수 없어서 치우(蚩尤)[140]와 탁록(涿鹿)의 들에서 싸워 사람들의 피가 100리 사방을 물들였다. 이어 요와 순이 천자가 되자 많은 신하를 내세웠고, 탕왕은 그의 주군을 내쳤으며, 무왕은 주왕을 죽였다. 이 뒤로 강한 자가 약한 자를 짓밟고, 다수가 소수를 학대하게 된 것이다. 탕왕과 무왕 이후는 모두 세상을 어지럽히는 무리다. 지금 너는 문왕의 도를 닦고서 천하의 이론을 도맡아 후세 사람들을 가르친다고 나섰다. 넓고 큰 옷에 가는 띠를 두르고 헛된 말과 거짓 행동으로 천하의 임금들을 미혹시켜 부귀를 얻으려는 것이다. 도둑 치고도 너보다 더 큰 도둑은 없는데, 세상 사람들은 어째서 너를 도구(盜丘: 도적놈 구)라 부르지 않고, 반대로 나를 도척(盜跖: 도적놈 척)이라 부르는 것이냐!

너는 뛰어난 선비나 성인을 자처하지만, 노나라에서 추방되었고, 제나라에서는 궁지에 몰렸으며, 진나라와 채나라 사이에서는 포위를 당했으니, 천하에 몸 둘 곳이 없게 되지 않았느냐? 너는 자로로 하여금 처형을 당해 몸이 소금에 절여지게 했으니, 결국 환란으로 위로는 몸을 보전할 길이 없고, 아래로는 사람 노릇을 할 수 없게 만든 것이다. 너의 도를 어찌 귀한 것이라 하겠느냐.

이제 내가 너에게 사람의 성정에 대해 이야기해주겠다. 눈은 좋은 빛깔을 보려 하고, 귀는 좋은 소리를 듣고 싶어 하며, 기분은 만족을 바란다. 사람의 수명은 기껏해야 백 살, 중간 정도로는 여든 살, 이보다 낮으면 예순 살이다. 그것도 병들고 여위고 죽고 문상하고 걱정거리로 괴로워하는 것을 빼고 나면 그 가운데 입을 벌리고 웃을 수 있는 것은 한 달 중 불과 4~5일에 지나지 않는다. 하늘과 땅은 무궁하지만 사람에게는 죽음에 이르는 일정한 때가 있다. 이 유한한 육체가 무궁한 천지 사이에 있기란 빠른 말이 좁은 문틈을 획 달려 지나가 버리는 것과 다름이 없다. 따라서 자기의 기분을 만족시키거나 그 수명을 보양하지 못하는 자는 모두가 도에 통달하지 못한 사람이다.

네가 하는 말은 모두 내가 내버리는 것이다. 당장 돌아가거라. 다시는 그런 말을 하지 마라! 너의 도라는 것은 본성을 잃은 채 무엇 하나 제대로 된 게 없는 사기와 허위일 뿐이다. 그런 것으로는 사람의 참된 모습을 보전할 수 없다. 어찌 논의할 대상이나 되겠느냐."[141]

도척의 대답은 중간 부분을 줄였는데도 불구하고 이 정도로 길다. 이렇게 긴데도 인용한 이유는 도척의 대답이 불러일으키는 통쾌함을 공유하고 싶어서다. 장자는 도척의 입을 빌려 인의(仁義)니 도덕이니 하는 것을 모두 뒤집어엎었다. 그런데 그런 전복이 묘하게 설득력이 있다.

사실 이 이야기는 어느 관점에서 보느냐에 따라 약간 다른 의견이 있을 수 있다. 세속적인 관점으로 볼 때 강도는 아무도 좋다고 하지 않을 것이다. 강도는 세속의 '인의와 이성과 지혜'를 위배하기 때문이다. 그런데 도척의 관점에서 설명하자면 좀 다르다. '당신 공자가 말하는 인의와 이성과 지혜가 사회에서 많은 불행을 만들었다. 세상의 많은 충돌이 모두 당신의 인의와 이성과 지혜의 명분 속에서 생겨난 것이다. 왜냐하면 만약 당신이 어질지 않으면 나는 그것을 명분으로 공격할 수 있고, 그럼 당신은 나를 의롭지 못하다고 할 것이며 당신도 병사들을 데려와 공격할 수 있는 명분이 생기는 것이다. 사실상이는 우리 강도들보다도 못한 짓이다. 우리 강도들도 규칙은 지킨다.' 장자는 이 이야기 속에서 세속적으로 옳은 것과 도덕적 기준을 완전히 뒤집어버렸다. 좀 단순하게 말하자면 도척에 대한 우화는 전통적인 도덕적 가치와 옳음의 기준에 반하는 비판을 한 것이다.[142]

그리고 이 이야기를 따라가면서 편견을 버리고 바라보면 공자가 만난 도척은 자기만의 도덕적 신조를 지닌 사람이라는 사실을 알 수 있다. 누구에게도 의존하지 않고 확고하게 자리 잡은 자기만의 세계관이 뚜렷한 사람인 것이다. 도척은 비유하자면 니체가 말한 '초인'

즉 '위버멘쉬' 같은 인물이다. 초인은 스스로의 힘으로 가치를 창조한다. 한계를 뛰어넘는 것이다. 니체는 인간이 벌레였던 시기를 이야기한다. 그 후에 원숭이가 되었지만 아직도 인간 중에 너무나 많은 벌레와 원숭이가 있다고 지적한다. 인간은 한계를 뛰어넘어 자신만의 가치를 창조해야 한다. 그런 점에서 도척은 타인의 가치를 따르는 인물이 아닌 자기 세상을 창조하기 위한 가치를 만드는 사람이었다.[143]

결국 장자가 말하고자 한 것은 도척처럼 '도둑질이나 하면서 살아가라'가 아니다. '자신의 기준에 따라 살아라'다. 남이 부여한 기준은 그것이 설혹 고상한 도덕이나 윤리의 모습을 하고 있을지라도 각각의 생명이 지닌 특성을 고려하지 않은 획일적인 기준일 뿐이다. 그리고 이런 획일적 기준을 신봉하는 것은 항상 뜻하지 않은 비극을 만들어낸다.

신념에 대한 집착은 위험하다

침어낙안(沈魚落雁)이라는 말이 있다. 중국 고대의 전설적인 미녀인 서시(西施)나 여희(麗姬)의 아름다움을 표현하는 말인데 이 둘의 미모가 너무 뛰어나서 물고기들은 그녀들을 보고 기절해서 물속으로 가라앉고 기러기들은 날아가다 떨어진다는 뜻이다. 과연 중국인다운 표현이다. 그런데 정말 그랬을까? 당연히 그럴 리 없다. 서시나 여희가 아무리 아름다워도 인간의 눈에나 그럴 뿐이다. 물고기 입장에서야 자신들이 도망쳐야 할 존재 그 이상도 이하도 아니다.

사실 서시와 관련된 이야기 속에 담긴 의미는 굉장히 넓다. 장자는 몇 가지 예를 들어 설명했다. 우선 하나는 아름다움과 추함에 대해서인데 일례로 사람들은 모두 서시를 아름답다고 하지만 서시가 강가로 가니 물고기가 모두 놀라 도망갔다는 것이다. 아름다움과 추함에 대한 관념은 이토록 상대적이라는 이야기다. 또 우리들은 보통 나무 위에서 사는 것은 굉장히 무섭고 안전하지 못하다고 생각하지만 원숭이들은 나무 위에서 즐겁게 뛰어다닌다. 그리고 우리는 뱀이나 쥐가 먹기 힘든 동물이라고 생각하지만 까마귀는 아주 맛있게 먹는다.

이 이야기들은 표면적으로는 동물에 대한 것으로 서로 다른 동물은 사실 어디서 살고 무엇을 먹고 무엇이 아름다운지에 대한 기준 또한 다르다는 것을 보여준다. 그런데 사람도 아름다움, 맛있는 음식, 듣기 좋은 음악, 살기 편한 곳에 대한 기준이 모두 다르다. 이것이 핵심이다. 이런 기준은 모두 상대적인 것이다. 장자는 이 이야기를 통해서 우리를 획일적인 기준에서 벗어나게 한다.

그리고 이 이야기는 모든 사회와 국가가 어떤 하나의 기준을 절대적인 기준으로 세워서는 안 된다는 문제로 확장된다. 그렇게 되면 모두에게 유해한 결과를 초래하기 때문이다.[144]

장자는 모든 것이 이쪽과 저쪽, 옳음과 그름, 그리고 진실과 거짓으로 나뉜다고 보지 않았다. 오히려 가능성의 스펙트럼이 존재한다고 생각했다. 찬반 양쪽으로 나뉠 때도 있지만 대개 완전한 옳고 그름은 존재하지 않는다. 장자가 이야기하는 제물(齊物)은 모든 여러 가지 다른 가능성을 고르게 한다는 뜻이다. 그 어떤 것도 궁극적인 진실을 대변하지 않는다. 스펙트럼의 어딘가에 진실도 존재한다는 것을 알아야 한다.[145]

이 모든 우화는 교조주의가 지혜에 반한다고 말하고 있다. 변화하지 않는다면 오늘의 좋은 생각이 내일은 나쁜 생각이 된다. 인간의 경험은 변화의 과정 속에 있다는 사실을 깨달아야 한다. 그러려면 우리는 유연해야 한다. 다양한 관점에서 인간의 경험을 이해할 수 있어야 한다. 진화론자들은 딱따구리 부리에 감탄한다. 시간이 흘러 나무를 뚫을 수 있게 변화했기 때문이다. 그렇게 강해진 것이다. 하지만 잡아먹히는 벌레 입장에서 딱따구리의 부리가 강해진 것은 좋은 일이 아니다. 이렇듯 인간의 모든 경험 또한 다른 관점으로 볼 수 있다. 장자는 수많은 관점으로 세상을 바라보는 능력을 갖길 주장한다. 예를 들어 우리는 세계의 기아와 비극은 좋지 않은 일로 여긴다. 지극히 당연한 사실이다. 하지만 지구에 인구가 너무 많아서 자연이 지나치게 우세해진 인간의 습격에 맞서게 된 것일 수 있다.

중요한 점은 '하나가 굳어지면 원칙이 된다'는 것이다. 억압하고 변화를 방해하면 곧 파시즘, 전체주의가 되는 것이다.[146]

사람들은 언제나 자신을 반대하는 이들만 사라지면 천국이 올 것이라고 생각한다. 자신의 신념이 절대적으로 옳다고 믿기 때문이다. 그러다 보니 자신과 다른 신념을 가진 이를 끝내 이해하지 못한다. 아니 이해하려고 노력하지도 않는다. 하지만 사람들의 기대와 달리 결과는 항상 지옥으로 끝나곤 했다. 히틀러가 약속한 것도 일종의 천국이었고, 캄보디아의 폴 포트 정권이 꿈꾼 것도 이상적인 낙원이었지만 결과는 언제나 지옥이지 않았는가? 장자의 입장에서 볼 때 올바른 신념에 대한 집착 역시 물질적 욕망이나 명예에 대한 집착만큼 위험하다. 아니 어쩌면 더 위험할 수도 있겠다. 이익에 대한 집착은 한두 사람의 목숨으로 끝나지만 신념에 대한 집착은 수천, 수만으로도 끝나지 않기 때문이다.

道家

죽음을 직시하라

이제 죽음에 대해 이야기할 순서가 된 듯하다. 많은 수의 장자 철학 해석자들은 장자의 최종적인 목표는 죽음의 문제를 해결하는 것이었다고 한다. 아마도 욕망이나 신념에 대한 집착을 버린다 해도 끝내 벗어날 수 없는 것이 죽음의 공포이기 때문일 것이다. 아니, 욕망을 벗어던지고 쓸모없는 존재로 살아가려는 이유가 사실은 죽음에 대한 공포 때문 아니었던가. 애초에 이번 장자 편의 시작이 양주의 '경물중생'이었다는 것을 생각해보라. 어쩌면 우리는 죽음에 대한 공포 때문에 여기까지 온 것인지도 모른다. 하지만 장자는 죽음 앞에서조차 멈추지 않는다. 『장자』에 전하는 죽음에 대한 이야기들을 살펴보자.

죽음에 대한 우화로 우선 눈길을 끄는 것은 앞서 '침어낙안'에도 나왔던 여희라는 여인과 관련된 이야기다. 원래 여희는 예(艾)라는 땅을 지키는 관리의 딸이었다. 그녀는 진나라 임금에게 시집을 가게 되었다. 그런데 익숙한 고향을 떠나 낯선 나라 궁궐로 들어가는 게 무척 두려웠던 모양이다. 슬픔에 눈물이 마를 날이 없었고, 옷깃이 젖도록 통곡하는 일이 다반사였다. 그런데 막상 진나라에 도착하자 그동안 보지 못했던 좋은 옷을 입고, 호사스러운 침대에서 생활하면서 매일매일 맛있는 음식을 먹게 되었다. 이렇게 되자 여희는 오히려 처음에 울었던 일을 후회했다고 한다. 장자는 여희의 이야기에 다음과 같이 덧붙인다.

"내 어찌 삶을 즐기는 것이 미혹한 일이 아님을 알겠는가? 내 어찌 죽음을 싫어하는 것이 어려서 고향을 떠나 돌아갈 줄 모르는 사람과 같지 않음을 알겠는가? 내 어찌 죽는 사람이 그가 처음에 삶을 희구했던 일을 후회하지 않음을 알겠는가?"[147]

여기서 장자가 이야기하는 것은 '삶보다 죽음이 더 좋다'라는 식의 염세주의나 19세기 풍의 과도한 낭만주의가 아니다. 중요한 것은 사람들이 죽음을 그토록 두려워하면서도 실제로는 죽음에 대해 아무것도 알지 못한다는 사실이다. 아니 죽음이 두렵기 때문에 오히려 진지하게 대면해보려고도 하지 않는다. 대부분의 사람은 심지어 죽음이라는 현상이 없는 것처럼 살아간다. 예를 들어 조선시대에는 궁궐에서 마음대로 죽을 수도 없었다. 궁궐이라는 왕의 공간에서 죽음이라는 현상을 상기시키는 것만으로도 불충이었던 것이다. 이 때문에 장자는 여희의 이야기를 통해 우리가 느끼는 죽음에 대한 공포도 사실은 미지의 것에 대한 막연한 두려움에 불과하다고 이야기한 것이다. 그리고 한 걸음 더 나아가 너무 겁먹지 말고 죽음을 진지하게 대면해 보라고 권한다. 이것이 가능할 때 어쩌면 죽음은 전혀 다른 모습을 보여줄지도 모른다.

道
家

장자 부인의 죽음

그렇다면 장자가 대면한 죽음은 과연 어떤 모습이었을까? 장자 부인의 죽음과 관련된 일화에서 우리는 장자의 죽음에 대한 생각을 추측해볼 수 있다. 이야기는 당연히 장자 부인의 죽음으로 시작한다. 장자의 부인이 죽자 장자의 친구인 혜시[148]가 조문을 갔다. 그런데 이게 어찌 된 일인가? 장자는 마침 두 다리를 벌리고 땅바닥에 주저앉아 질그릇을 두드리며 노래를 부르고 있었다. 혜시가 쳐다보다가 어처구니가 없어서 장자에게 한마디 했다.

"자네는 저 사람과 함께 살면서 자식을 낳아 기르고 같이 늙어왔네. 그런 그녀가 죽었으면 슬피 곡을 해도 모자랄 판인데, 오히려 질그릇을 두드리며 노래를 부르니, 이거 너무 심하지 않은가."

吾生也有涯
而知也无涯

●●●

우리의 삶에는 끝이 있으나
앎에는 끝이 없다.

―『장자』양생주편

누가 보더라도 혜시의 질책은 당연한 것이다. 그런데 장자는 전혀 개의치 않았다.

"그렇지 않네. 그녀가 처음 죽었을 때에는 나라고 어찌 슬퍼하는 마음이 없었겠는가. 그런데 그녀라는 존재의 시작을 살펴보았더니 본래 삶이란 없었던 것일세. 삶이 없었을 뿐만 아니라 본래는 형체도 없었던 것일세. 형체가 없었을 뿐만 아니라 본래는 기(氣)조차도 없었던 것일세. 흐릿하고 어두운 사이에 섞여 있다가 변해서 '기'가 되었고, 그 '기'가 변해서 형체가 있게 되었으며, 형체의 변화로 삶이 있었던 것일세. 그리고 지금 또 변해서 죽음으로 간 것이네. 이것은 봄, 여름, 가을, 겨울 사계절이 운행하는 것과 같지. 저 사람이 우주라는 큰 집에 누워 편안하게 자고 있는데, 내가 크게 소리 내 곡을 한다면, 그것은 우주의 질서와 변화를 모르는 것이 아니겠는가? 그래서 곡을 멈춘 것이라네."[149]

모든 존재는 변화의 과정 속에 있다. 그 어떠한 존재도 고정불변한 것은 아니다. 마치 비였던 물방울이 시냇물이 되고 강이 되고 바다가 되었다가 다시 증발해 구름이 되고 또다시 비가 되어 내리는 것처럼 인간도 끊임없는 변화 과정 속에서만 존재한다. 나의 몸을 이루는 물질도 따지고 보면 원래부터 내 몸을 이루던 것은 아니었다. 꽃이나 벼였거나 닭이나 소 혹은 호수나 바다였을 수도 있다. 그런 존재였다가 우연히 나의 몸을 이루는 것이다. 당연히 나의 몸이었던 것은 다시 흙이 되고 비가 되고 바람과 구름이 될 것이다. 고정된 나의 자아

라는 측면에만 너무 집착하지 말고 대자연의 순환이라는 면에서 바라
본다면 나는 결코 소멸하지 않는다. 나라는 존재는 단지 순환할 뿐이
다. 이런 식의 설명이 잘 들어오지 않는다면 시를 읽어보는 것은 어떨
까? '장자시'로 유명한 박제천 시인의 시 중에는 이런 순환의 느낌이
잘 드러나는 작품이 있다.

풀밭에 누워, 풀이 되어 바람 부는 대로 기우뚱거리자

다른 풀들이, 머리카락만 한 버러지들이

괴상한 풀 쪽으로 눈길을 모은다 어떤 놈은

가까이 달려와 발가락이고 귓불이고 깨물어본다

풀이 되어 좋구나

등짝 아래 흙 속에서 흙의 기운이 타고 올라와

머리뼈 등뼈 꽁지뼈를 덮혀주고

감은 눈 다문 입에는 나비도 날아와 앉는구나

이대로 흙도 되고, 바람도 될까

썩은 내 몸에서 기어나오는 수천 마리 버러지 떼들

세상에 풀어보낸 다음

저만치 서있는 나무를 단숨에 사랑병 들어 잎지게 하고

그 옆의 바윗덩이에 근심병 씌워 단번에

쩍쩍 금이 가게 하는

내 버러지들 바라보기 안쓰러워

그만 나는 다시 사람이 되기로 한다[150]

죽음에서 도망치기

시를 읽다 보면 느껴질지 모르겠지만 '순환'의 문제는 자연스럽게 '자아'란 무엇인가 하는 문제로 이어진다. 나를 이루는 것들이 원래부터 나를 이루던 것이 아니고 순환 과정에서 잠시 왔다 갈 뿐이라고 인정한다 하더라도 장자의 사고방식에 간단히 동의할 수 없는 이유가 그런 요소, 물질들이 진짜 나라고는 느껴지지 않기 때문이다. 진짜 나, 즉 자아는 단지 나를 구성하는 것들의 합(合)과는 조금 다르지 않을까? 영혼의 불멸성을 약속하는 종교적 믿음을 들이밀지 않더라도 뭔가 영속적인 어떤 것이 내 안에 있지 않을까? 내 안에서 움직이는 나의 의지야말로 진정한 자아의 표현이 아닐까? 하지만 장자는 오히려 개별적 존재로서의 자아라는 것이 결국은 환상일 뿐이라고 말한다.

장자는 만약 모든 것이 연계되어 혼자 할 수 있는 게 없다면, 근본적으로 모든 것이 관계를 맺고 있다면, 개별적 존재라는 개념은 추상적 관념일 뿐이라고 지적한다. 모든 것이 연결되어 있다는 사실을 받아들이면 나 자신은 나의 피부나 나의 가족, 나의 시간에서 끝나지 않는다. 나는 우주의 더 먼 곳과 닿아 있다. 나는 변화 과정의 한 부분이다. 나의 정체성은 변화의 전체 과정과 함께한다. 죽고 사는 것이 아니다. 나는 계속된다. 모든 순간이 죽음이고 모든 순간이 생명으로 이어진다. 나는 계속 살아갈 뿐이다. 하지만 죽음과 전혀 관계없는 것은 아니다. 매 순간의 죽음을 보완하는 것이다.[151]

우리는 분명히 자아가 있다고 생각하고 그 자아가 스스로의 의지에 따라 뭔가를 해나간다고 믿지만 실제로 곰곰이 따져보면 나의 의지가 결정하는 것은 매우 협소하다. 어쩌면 거의 없는지도 모른다. 내가 의지의 힘으로 나의 심장을 뛰게 하지 않으며 내 의지로 숨을 쉬게 하지 않는다. 따라서 심장을 뛰게 하고, 숨을 쉬게 하고, 밥을 먹게 하고, 잠을 자게 하는 것도 엄밀히 말하면 내가 하는 것이 아니다. 그냥 자연스럽게 되는 것이다. 그렇다면 지금까지 나의 것이라고 생각해 온 나의 몸이 나의 것이 아니라 자연의 이치대로 유지되는 자연의 구성물이라는 사실을 인정할 수밖에 없다. 내 몸만이 아니다. 내 감정이나 심지어 마음도 나의 것이 아니다. 배가 고프면 먹고 싶고, 피곤하면 쉬고 싶으며, 이성을 사랑하게 되는 것도 그냥 나의 의지가 결정하는 것이 아니라 자연스럽게 그렇게 될 뿐이다. 이런 과정에 내가 나의 자아라고 믿고 있는 나의 의지는 아무런 역할을 하지 못한다. 결국 실제 나의 삶을 결정하고 유지하는 대부분의 활동은 나의 의지와 무관한 자연의 힘인 것이다. 그러니 진짜 자아는 과연 어느 쪽이겠는가?

장자는 승(丞)이라는 사람의 입을 통해 인간의 몸이, 의지가 결코 내가 지금 나라고 믿고 있는 어떤 존재의 것일 수 없다는 점을 분명히 밝힌다.

"당신의 몸도 천지간의 기운이 잠시 모여서 된 물건일 뿐이지요. 생명도 당신의 것이 아니라 천지의 기운이 잠시 화합한 것이고, 당신의 성질이나 마음도 당신의 것이 아니라 자연의 이치에 따라서 주어진 것이며, 자손도 당신의 것이 아니라 천지자연의 이치에 따라서 허물벗기를 한 것이지요. 따라서 사람은 모두 어디론가 가면서도 어디로 가는지 모르고, 무언가를 하면서도 무엇 때문에 하는지 모르며, 음식을 먹으면서도 그 맛이 어째서 있는지를 알지 못하지요. 모든 것을 움직이는 원동력은 천지 사이에 퍼져 있는 기운 그 자체입니다. 그러니 어떻게 그것을 얻어서 소유할 수 있겠습니까."[152]

장자에게 '진정한 나'는 나의 피부 끝에서 끝나는 협소한 존재가 아니다. 진정한 나는 말하자면 우주 그 자체이며 스피노자적인 의미에서 신 그 자체다. 그리고 내가 지금 나라고 생각하는 협소한 '자아'는 진정한 나인 우주 안에서 자유롭게 유영하는 존재다. 만약 그렇다면 죽음을 두려워할 이유가 도대체 어디에 있겠는가.

이런 장자의 관점과 가장 비슷하게 생각한 서양 철학자는 아마도 스피노자일 것이다. 따라서 스피노자의 사고방식을 이해하는 것은 장자를 이해하는 데 매우 큰 도움이 된다.

그런데 이런 장자와 같은 사고방식 때문에 서양 철학자들에게 가장 큰 고민을 던져준 서양 철학자 역시 스피노자일 것이다. 왜냐하면 스피노자는 마치 장자가 협소한 자아를 인정하지 않은 것처럼 인간이란 독립적인 실체[153]가 아니며 오직 하나의 실체인 '신'만 존재한다고 했기 때문이다. 그런데 이 실체는 다시 말해서 신은 기독교적인 의미의 인격적인 존재가 아니라 변화의 진행 과정 전체다. 그리고 인간은 변화의 진행 과정에 있는 양상일 뿐이다. 따라서 역으로 서양 철학자들이 장자를 연구한다면 스피노자의 주장을 좀 더 깊이 있게 이해할 수 있을 것이다.[154]

그리고 여기서 스피노자는 '이성'을 강조한다. 그가 말한 자유란 이성에 따라 행동하는 것을 의미한다. 이는 곧 이 세계의 참모습을 파악하고 자연의 참모습과 대립하지 않는다면 자유를 얻을 수 있다는 말이다. 이 때문에 스피노자에게 자유의 반대말은 필연이 아니라 억압이다.

이것을 장자의 방식으로 표현한다면 '안명(安命)'이니 곧 '명(命)'을 따르는 것이다. 확실히 장자의 '안명'에는 스피노자와 같은 이성적 사고도 있는 것으로 보인다. 장자는 '명'이라는 것을 하늘이나 신, 귀신의 인간에 대한 벌이나 어떤 요구로 보지 않았기 때문이다. '명'은 단지 계절이 바뀌고 밤낮이 바뀌는 것과 같은 것이다. 이렇게 비교적 이성적으로 '명'을 바라보면 좀 더 자유롭고 즐거울 것이다. 이런 점에서 장자와 스피노자는 서로 통하는 면이 있다.[155]

　이렇게 '명'을 받아들이고 이해함으로써 우리는 죽음에 대한 공포를 넘어설 수 있다. 그리고 죽음에 대한 공포조차 넘어섬으로써 현재의 세계를 완전히 초탈하게 된다. 죽음의 공포조차 넘어선 인간은 완전히 쓸모없는 인간이기도 하다. 어떠한 힘으로도 통제할 수 없기 때문이다. 절대군주정이든 자본주의든 이런 사람을 통제할 방법은 존재하지 않는다. 따라서 이들은 완전히 자유로운 인간이다. 어쩌면 이것도 일종의 은둔일지 모르겠다. 또 다른 차원에서 현실로부터의 도망일 수 있다. 하지만 그 도망은 초기 도가 철학자인 장저나 걸익 등이 보여준 현실 사회로부터 숲속으로의 은둔이나 도피는 아니다. 더 이상 공간적인 것이 아니며 보다 고차원의 세계로의 은둔인 것이다. 그리고 이를 통해 장자는 자신의 죽음에 직면해서조차 유쾌해질 수 있는 경지를 보여주었다.

장자, 죽다

『장자』는 장자의 죽음으로 끝을 맺는다. 장자가 병이 깊어 죽음에 임박했다. 제자들은 존경하는 스승인지라 아무래도 후하게 장사 지낼 것을 의논했다. 이를 들은 장자가 말한다.

"나는 하늘과 땅을 널로 삼고, 해와 달을 한 쌍의 옥으로 알며, 별을 구슬로 삼고, 만물을 내게 준 선물로 생각하고 있다. 그러니 나의 장례 준비는 다 끝난 것이 아닌가? 이에 무엇을 더할 것인가?"

그래도 제자들이 걱정스럽게 말한다.

"저희는 까마귀나 솔개가 선생님의 시신을 먹을까 두렵습니다."

그렇다. 아무래도 이것만은 마음에 걸린다. 그러자 장자가 빙긋이 웃으며 대답한다.

"지상에 있으면 까마귀나 솔개의 밥이 되고, 지하에 있으면 개미나 땅강아지의 밥이 된다. 그러므로 지하에만 묻는다면 까마귀나 솔개의 밥을 빼앗아 개미나 땅강아지에게 주는 셈이다. 그것은 불공평하지 않은가. 사람의 기준에서 나온 불공평한 척도로 모든 것을 공평하게 하려 한다면, 그럴수록 오히려 불공평해지고 말 것이다. 인간이 만든 불확실한 기준으로 모든 것을 확실하게 만들고자 한다면, 인간이 만든 확실함이란 자연에서 보면 확실하지 않은 것이다. 스스로 현명하다고 생각하는 사람은 자기가 만들어놓은 것에 구속되지만, 자연의 모습을 지닌 사람은 온전하게 진리를 실현한다. 그러므로 현명하다고 생각하는 사람이 자연의 모습으로 살아가는 사람을 당할 수 없는 것은 오래전부터 정해진 일이다. 그런데도 어리석은 자는 자기의 판단만 믿고, 인간이 만든 가치에 구속되어 있다. 그들이 이룩한 모든 것은 본연의 것이 아니라 인간이 만든 가짜의 상태에서만 통용되는 것이므로 마치 소꿉장난과 같은 것이다. 이 어찌 슬픈 일이 아니겠는가!"[156]

진정한 지혜는 배울 수 없다

이제 장자에 대한 이야기를 끝낼 때가 된 것 같다. 이제야 솔직히 밝히자면 『장자』는 사실 어렵다. 나 같은 초심자 입장에선 미궁의 연속이다. 이야기 자체는 재미있는데 가끔 이런 식으로 받아들여도 되는지 영 자신 없는 부분이 있다. 그래서 다큐멘터리를 만들면서 이런 식으로 읽어도 되는지 두려움을 느낀 적이 한두 번이 아니었다. 아니 솔직히 말해서 단 한 번도 두렵고 겁나는 대상이 아니었던 적이 없다. 그럼에도 불구하고 겁 없이 '장자' 편을 만들 수 있었던 것은 한 가지 믿는 구석이 있었기 때문이다.

그것은 바로 고정적이고 절대적인 진리란 무엇인지에 관심을 두지 않았다는 점이 장자의 가장 큰 특징이라는 것이다. 누누이 이야기한 것처럼 장자는 정해진 가치에 관심이 없다. 세상을 바른길로 이끄는 데 관심이 없었던 것이다. 대신 장자는 우리를 초대한다. 자기 시대의 사람들에게 와서 함께 생각하자고, 재미있는 대화를 나눠보자고 말하고 있다. 『장자』의 어떤 구절에도 정확한 해석 따위는 없다. 장자는 각 세대의 학자들에게 각자의 관점에서 자기와 함께 이 이야기를 고심하는 철학적 기쁨을 찾으라고 말하고 있는 것이다.

예를 하나 들어보자. 일본의 도쿄대학교에 나카지마 타카히로(中島隆博)라는 철학자가 있다. 그는 『장자』의 많은 이야기 중 행복한 물고기에 관한 것만 담아 책을 출간했다. 단 하나의 이야기에서 한 권의 책이 나온 것이다. 이 행복한 물고기에 대한 『장자』 속의 원래 이야기는 다음과 같이 짧다.

하루는 장자가 다리를 건너고 있었다. 철학에 조예가 깊은 친구 혜시도 함께였다. 그런데 다리 중간에서 장자가 말한다.

"물고기들이 행복해 보이는군."

철저한 논리학자인 혜시는 자네가 물고기가 아닌데 어찌 물고기의 즐거움을 아느냐고 논리적으로 묻는다. 장자가 답한다.

"나는 물고기가 아니고 자네는 내가 아니네. 그런데 내가 물고기의 행복을 모르는 것을 자네가 어찌 아는가?"

말문이 막힌 혜시는 여기서 그만두자고 말했다고 한다.

아주 짧은 이야기다. 그런데 이 속에 도대체 무슨 뜻이 담겨 있을까?

여기서부터가 진짜 시작이다. 세상의 모든 철학자 혹은 전문가가 이 이야기를 분석하기 위해 다양한 논리를 적용하려고 했다. 어떤 사람은 서구의 논리학을 사용해서는 안 되고 중국 논리학인 묵가의 논리를 적용해야만 한다고 말했고, 다른 사람은 이는 논리가 아니라 초월주의라고 주장하기도 했다. 장자가 자신과 물고기를 구별하지 않은 행복을 말했기 때문이다. 이렇게 모두들 이 우화를 자기 식대로 해석했다. 그리고 그 모든 해석이 다 장자를 구성한다. 고정되고 권위 있는 장자 해석은 없다. 그리고 더욱 중요한 것은 우리도 우리의 방식대로 이 이야기에 참여할 수 있다는 점이다. 그런 점에서 『장자』는 그야말로 개방적인 세계다.[157]

그러니 사실 장자는 우리에게 아무것도 가르쳐줄 생각이 없었던 셈이다. 장자가 하는 일이란 우리에게 재미있는 이야기를 통해 이러저러한 생각의 실마리를 제시하는 것뿐이다. 진짜 배워야 할 내용은 책이 아니라 각자의 삶 속에 있기 때문이다. 마치 윤편(輪扁)의 수레바퀴 깎는 기술처럼 말이다.

춘추시대 제나라의 환공이 하루는 대청마루 위에서 책을 읽고 있었다. 그리고 그 아래 마당에서는 윤편이라는 장인이 수레바퀴를 깎고 있었다. 윤편이 수레바퀴를 깎다가 망치와 끌을 내려놓고 대청 위를 쳐다보며 환공에게 물었다.

"감히 묻사온데, 대왕께서 읽고 계신 것은 무엇입니까?"

환공이 여유 있게 웃으며 대답했다.

"성인의 말씀이네."

"그럼 그 성인이 지금 살아 있습니까?"

"이미 돌아가셨지."

그러자 윤편이 한마디 한다.

"그렇다면 임금님께서 지금 읽고 있는 것은 옛사람들의 찌꺼기로 군요."

환공이 황당해졌다. 글도 제대로 배우지 못한 천한 놈이 감히 임금이 하는 공부를 찌꺼기라고 비웃다니. 환공이 노기 서린 목소리로 윤편에게 말했다.

"과인이 책을 읽는데 수레바퀴나 만드는 네 놈이 감히 왈가왈부하는가? 나를 설득한다면 무사하겠지만, 그렇게 못한다면 무사하지 못하리라."

말 한번 했다가 목숨이 날아가게 생긴 것이다. 그런데도 윤편은 침착하게 다음과 같이 대답했다.

"제가 평소에 하고 있는 일의 경험에서 말씀드리겠습니다. 수레바퀴를 깎을 때 많이 깎으면 헐렁거리고, 덜 깎으면 빡빡해서 굴대가 들어가지 않습니다. 더 깎지도 않고 덜 깎지도 않게 하는 것은 손 감각으로 터득해 마음으로 느낄 뿐, 입으로 말할 수 없으니 바로 그 사이에 비결이 존재합니다. 저도 이를 제 자식에게 일깨워줄 수 없고, 제 자식도 저에게 그것을 받을 수 없습니다. 이 때문에 저는 나이가 일흔이나 되었지만 늘그막에 아직도 수레바퀴를 깎고 있는 것입니다. 옛 성인도 마찬가지로 진정한 깨달음은 책으로 전하지 못하고 세상을 떠났을 것입니다. 그렇다면 대왕께서 읽고 있는 것도 옛사람의 찌꺼기일 뿐이라고 말씀드린 것입니다."[158]

솔직히 말하면, 수레바퀴 깎는 기술은 물론이거니와 자기 자식에게 아주 간단한 경험조차 전달하지 못하는 게 인간의 삶이다. 아이를 키워본 사람이라면 누구나 안다. 부모라면 대부분 놀이터에서 위험한 짓을 하는 아이 때문에 가슴이 철렁한 적이 있을 것이다. 그때마다 아이에게 위험하니 하지 말라고 해도 아이는 도대체 말을 듣지 않는다. 거의 자포자기 심정이 된 부모들은 한마디씩 한다.

"네가 다쳐봐야 정신을 차리지."

그렇다. 사실은 이것이 요점이다. 아이는 다쳐봐야 교훈을 얻는다. 실제로 독일에서는 어린이 놀이터를 어느 정도 위험하게 만드는 것이 원칙이라고 한다. 나무로 만드는 놀이 기구에는 일부러 옹이와 가시를 제거하지 않고, 떨어질 위험이 있는 놀이 기구에 안전망이나 보호대를 설치하지 않는다. 가시에 찔려봐야만 가시를 조심하고 떨어져봐야만 떨어지지 않는 법을 배우기 때문이다. 그리고 이렇게 어린 시절에 다쳐본 사람은 어른이 되어서 더 큰 위험을 피하는 법을 알게 된다. 한 가지 흥미로운 사실은 아이들의 위험을 방지한다고 어른이 함께 있으면 오히려 아이들이 더 크게 다친다는 것이다. 자신의 행동에 집중하지 않고 어른들의 막연한 보호에 기대 방심하기 때문이다.

생각해보면 우리 삶 역시 마찬가지다. 크고 작은 상처 없이 우리는 어떠한 것도 배울 수 없다. 아무런 상처 없이 책만으로 얻는 교훈이란 존재하지 않기 때문이다. 지금 책을 읽고 있는 당신 역시 당신의 인생에서 정말로 중요한 깨달음은 아마 책에서 배운 것이 아닐 것이다. 그러니 부디 『장자』에서건 어디에서건 완성된 인생의 교훈을 얻으려 하지 않기 바란다. 누군가에게 기대서 문제를 해결하려는 자세는 결코 장자의 것이 아닐뿐더러 마치 어른들의 보호 아래서만 놀이터에서 노는 아이들처럼 더 큰 실패를 자초하게 된다. "무리지어 있어도 남에게 기대지 않고, 홀로 서서도 두려워하지 않을 때"[159] 우리는 진짜 지식을 얻을 수 있다. 그리고 그렇게 스스로의 힘으로 서서 스스로의 머리로 생각할 각오가 되어 있다면 아마도 『장자』는 좋은 실마리가 되어줄 것이다.

04

法家

—

간교한 기득권에
맞설 때

"조직가로서 나는 내가 원하는 모습의 세상이 아니라, 있는 그대로의
세상에서부터 시작해나간다. 있는 그대로의 세상을 받아들인다는 것
은 그 어떤 의미에서도, 우리가 그렇게 되어야 한다고 믿고 있는 모습
으로 세상을 바꾸어나가려는 우리의 바람을 약화시키지 않는다. 우리
가 바람직하다고 생각하는 모습으로 세상을 바꾸기 위해서는 있는 그
대로의 세상에서부터 시작하는 것이 필수이다. 그리고 그것은 바로
체제 내부에서 일해나가는 것을 의미한다."

— 솔 앨린스키[160]

法不阿貴

繩不撓曲

●●●

법은 신분이 귀한 자에게 아부하지 않고,
먹줄은 나무가 굽었다 하여 구부려 사용하지 않는다.

—『한비자』유도편

우리 모두 현실주의자가 되자

한비자에 대한 설명을 시작하면서 난데없이 20세기 사회운동가인 솔 앨린스키의 글이 첫머리에 나온 것에 다소 의아한 사람도 있을지 모르겠다. 하지만 『한비자』를 읽기 전 반드시 명심해야 할 글이라고 생각해 인용했다. 왜냐하면 한비자 역시 같은 마음을 가지고 그의 책을 썼을 것이라고 생각하기 때문이다. 체 게바라의 멋진 표현을 빌리자면 "우리 모두 현실주의자가 되자. 그러나 가슴속에는 불가능한 꿈을 품자"는 마음 말이다.

누구나 지적하는 것처럼 공자나 맹자 혹은 묵자 같은 사람과 완연하게 구별되는 한비자의 특징은 현실주의다. 아니 한비자뿐 아니라 상앙, 신불해(申不害) 같은 법가 사상가 전체는 흔히 현실주의자로 불린다. 그런데 도대체 현실주의란 무엇일까? 우리는 단어가 주는 인상 때문에 현실주의라는 말을 너무 쉽게 사용하는 경향이 있다. 현실주의가 무엇이냐고 물으면 "현실적으로 생각하고 행동하는 것" 따위의 동어 반복을 아무 거리낌 없이 하는 것이다.

하지만 현실적이라는 규정은 생각보다 그리 간단하지 않다. 무엇보다 인간을 둘러싼 현실이 그저 주어진 것이 아니다. 지금까지 인간이 만들어온 것이다. 인간의 행위라는 것을 이미 전제하고 있는 것이다. 따라서 우리가 어떻게 행동하느냐에 따라 현실 자체가 달라진다. 그럼에도 불구하고 손쉽게 '현실적인 선택' 운운하는 것은 사실 현실주의가 아니라 현실순응주의일 뿐이다. "현실적으로 효과가 있는 방법을 사용하는 것"이라고 정의해도 동어 반복이기는 마찬가지다. 동기와 결과를 아예 분리시키는 칸트의 입장에 서는 것이 아니라면 누군들 현실적으로 효과도 없는 주장을 하고 다니겠는가. 현실적으로 도저히 불가능하다는 것을 알면서도 주장하는 사람은 제정신이 아닌 것이지 이상주의자가 아니다. 우리가 이상주의자라고 부르는 사람도 모두 자신의 주장이 현실적으로도 효과가 있다고 생각했다. 누구나 이상주의자라고 생각하는 맹자 같은 사상가도 마찬가지다.

『맹자』를 보면 왕척직심(枉尺直尋)이라는 구절이 있다. 하루는 맹자의 제자가 너무 인의만 고집하는 스승이 답답했는지 맹자에게 "한 자를 굽혀 여덟 자를 펼 수 있다면 좋지 않겠느냐?"고 물었다. 조금 굽혀주고 타협해서라도 더 큰 이상을 실현할 수 있다면 좋지 않겠느냐는 소리다. 이에 맹자가 단호하게 대답했다.

"무릇 한 자를 굽혀 여덟 자를 편다고 하는 것은 이익으로써 말하는 것이니, 만일 이익을 가지고 논한다면 여덟 자를 굽혀서 한 자를 곧게 펴는 이익이 있다고 하더라도 하겠느냐?"[161]

거듭 이야기하지만 맹자는 이익을 논하는 것을 극도로 경계했다. 세상을 이익의 관점에서 보기 시작하면 결국 수단이라는 명분 아래 하지 못할 일이 없기 때문이다. 그리고 이렇게 이익에 매몰되기 시작하면 애초에 이루고자 했던 이상 따위는 흔적도 없이 사라지기 때문이기도 하다. 과연 이상주의자다운 처신이다. 그런데 이렇게 맹자가 이익을 배격한 것이 실현 가능성보다 원칙을 더 중시해서라고만 단순히 생각하면 곤란하다. 맹자가 눈앞의 이익을 배격한 것은 이익을 추구하는 것이 오히려 문제를 더 악화시키고 현실적인 실현 가능성도 더 나쁘게 만든다고 생각했기 때문이다. 맹자가 타협하지 않은 것은 현실적으로 되든지 안 되든지 원칙을 지키는 게 중요하다고 생각해서가 아니라 원칙을 지키는 것이 결국 효과도 더 좋다고 믿어서다. 그러니 만약 맹자에게 당신은 현실적으로 효과가 있는 방법을 중요하게 생각하느냐고 물었다면 당연히 그렇다고 대답했을 것이다.[162]

내일의 성군은 의미가 없다

현실적으로 효과가 있느냐 없느냐가 문제가 아니라면 도대체 이 상주의와 구별되는 현실주의란 무엇일까? 나는 『장자』에 나오는 고 어지사(枯魚之肆)의 우화가 현실주의가 무엇인지에 대해 많은 점을 시 사해준다고 생각한다.

하루는 장자가 산책을 하다가 길가에서 이상한 소리를 들었다. 따라가 보니 물고기 한 마리가 메마른 구덩이에서 퍼덕이고 있는 것 이 아닌가. 물고기가 장자에게 사정을 했다.

"저는 본래 동해에 살았는데 불행히 회오리바람에 밀려 물이 말 라버린 이 구덩이에 떨어져 죽게 되었습니다. 제발 저에게 물 한 통만 가져다주십시오."

장자가 호쾌하게 대답했다.

"좋다. 나는 지금 남쪽 오나라와 월나라로 가는 중인데, 서강(西江)의 물을 막았다가 한꺼번에 흘려보내 너에게 물길을 뚫어주겠다. 어떠냐? 이만하면 되겠느냐?"

물고기가 듣다가 확 짜증이 났다.

"그것이 가능합니까? 지금 저는 물 한 통만 있으면 살 수 있습니다. 그렇지만 당신이 서강의 물을 가져올 때까지 기다린다면 저는 이곳에 없고 일찌감치 어물전에나 가야 찾을 수 있을 것입니다."[163]

이 이야기는 장자가 거창한 해결책을 추구하는 공자나 맹자를 비판하기 위해서 끌어들인 것이다. '하는 이야기가 아름답기는 한데 그 해결책은 너무 멀지 않은가? 지금 당장 도움을 필요로 하는 사람에게 그대의 해결책은 너무 크지 않은가?'라고 말이다. 이 점에서는 한비자도 장자에게 완전히 동의할 것이라고 생각한다. 한비자도 그의 책에서 내내 너무 크고 멀기만 한 해결책을 경계했기 때문이다. 한비자가 하는 이야기를 한번 들어보자.

"100일을 아무것도 먹지 못한 사람이 있는데, 좋은 쌀밥과 맛있는 고기를 구할 때까지 기다리라고 한다면 굶주린 사람을 살려낼 수 없을 것이다. 지금 요임금과 순임금 같은 성인이 나타나기까지 기다려서 우리 시대의 백성을 잘 다스리겠다고 하는 것은 좋은 쌀밥과 맛있는 고기가 구해지기까지 기다려서 굶주린 사람을 살려내겠다는 주장이나 마찬가지다.

만약 바다에서 헤엄을 잘 치는 월나라 사람이 도착하기를 기다려서 중원에 있는 나라의 물에 빠진 이를 구하려고 한다면, 월나라 사람이 아무리 헤엄을 잘 치더라도 물에 빠진 사람을 구해내지 못할 것이다. 또한 옛날의 뛰어난 말몰이꾼이던 왕량(王良)을 기다려서 오늘날의 말을 몰도록 하려 한다면, 이 또한 먼 월나라 사람을 불러서 물에 빠진 사람을 구하겠다는 말과 같으니, 실현 가능하지 않은 일임이 분명하다."[164]

어떤가? 한비자의 주장이 장자와 무척이나 비슷하지 않은가?

法家

‘지금! 당장!’의 정신

이야기가 나온 김에 한비자가 언급한 사례 중 왕량에 대한 이야기를 좀 더 해보도록 하겠다. 왕량은 춘추시대 진나라 사람으로 전설적인 말몰이 실력을 지닌 뛰어난 마부다. 여느 사람의 것과 같은 수레와 같은 말이라도 그가 몰면 하루에 천 리를 갈 수 있었다고 한다. 따라서 급히 전해야 할 소식이 있다면 당연히 왕량에게 맡기는 것이 최선의 선택이었다. 그런데 문제는 왕량은 한 사람뿐이라는 것이다. 그리고 지금까지도 그 이름이 전하는 것을 보면 알 수 있듯이 이런 정도의 사람은 역사를 통틀어도 거의 등장하지 않는다. 한마디로 매우 희귀한 존재다. 상황이 이런데도 만약 믿을 만한 마부인 왕량에게 꼭 편지를 맡겨야겠다고 고집한다면 그 소식은 아마 500년, 1,000년이 지나서야 배달될 수 있을 것이다. 이 얼마나 어리석은 일인가. 그렇다면 어떻게 해야 하는가? 한비자는 진정으로 현실주의적인 해결책이 무엇인지를 정확히 제시한다.

"좋은 말과 견고한 수레를 50리마다 하나씩 설치해두고 중간급 정도의 마부로 하여금 몰도록 한다면, 빨리 달려서 멀리 가는 것은 물론 하루에 천 리라도 달려갈 수 있을 것이다. 어찌 반드시 옛날의 왕량이 다시 오기를 기다려야만 가능한 일이겠는가."[165]

한비자가 제시한 방법은 일종의 릴레이다. 한 사람의 완벽한 마부를 구하기는 어렵지만 여러 사람의 평범한 마부를 찾는 일은 비교적 용이하다. 그러니 여러 명의 평범한 마부가 협업하도록 해 문제를 해결하자는 것이다. 이 해결책에 현실주의의 핵심적인 가치가 숨어 있다. 바로 '지금! 당장!'이라는 정신이다. 나는 현실주의가 이상주의와 구별되는 지점이 여기라고 생각한다.

"좋다. 당신의 해결책은 훌륭할지도 모른다. 하지만 그 해결책이 '지금! 당장!' 사용할 수 없는 것이라면 아무런 가치가 없다. '지금! 당장!' 천하의 백성들이 고통받고 있는데 당신의 원칙만 지키느라 그들의 고통을 해결해주지 못한다면 그 원칙이나 해결책이 무슨 의미가 있단 말인가. 만약 당신이 진정으로 문제를 해결하고자 한다면 '지금! 당장!' 할 수 있는 방법을 제시해야만 한다."

한비자를 포함한 현실주의자들의 진정한 문제의식은 바로 이것이다. 따라서 한비자의 현실주의는 현실을 인정하고 그 안에서 개인적 이득이나 취하며 살겠다는 식의 현실순응주의 따위와는 완전히 다를 수밖에 없다. 현실을 회피하거나 현실에 타협하는 것이 아니라 오히려 현실에 가장 적극적으로 맞서서 '지금! 당장!' 실천할 수 있는 해결책을 찾는 것이 현실주의인 것이다. 한비자는 말했다.

"요임금, 순임금과 같은 성왕이나 걸왕, 주왕 같은 폭군은 천 년에 한 번 나타난다고 해도 연달아서 자주 등장했다고 할 수 있을 정도로 매우 드문 존재다. 세상의 통치자란 중간급 정도의 인물이 끊이지 않고 등장하게 마련이어서 내가 말하는 권세를 사용하는 군주는 여기에 속하는 인물이다. 중간급 정도라는 것은 위로는 요임금, 순임금에 미치지 못하지만 그렇다고 해도 아래로 걸왕이나 주왕이 될 정도는 아닌 존재다. 이들이 법과 권세를 잘 사용하면 세상이 다스려지고 법을 어기고 권세를 잘 못 쓰면 세상이 어지러워진다. 그러니 지금 법이나 권세를 이야기하지 않고 요임금이나 순임금을 기다려서 세상을 다스리겠다는 것은 천 년 동안이나 세상이 혼란하도록 두었다가 한 세대만 제대로 다스리겠다는 것일 뿐이다."[166]

法家

현재에서 출발하라

'지금! 당장!'이라는 현실주의의 정신은 이렇게 언제 이루어질지 기약할 수 없는 원대한 이상과 불확실한 해결책을 배격한다. 이뿐이 아니다. '지금! 당장!'이라는 정신은 이른바 좋았던 옛날에 대한 미련 도 버릴 것을 요구한다.

정나라에 차치리(且置履)라는 사람이 있었다. 하루는 시장에 가서 신발을 살 생각으로 자기의 발을 본뜬 탁(度)을 만들어 두었다. 그런데 그만 시장에 갈 때 정신이 없었는지 탁을 챙기는 것을 잊고 말았다. 시장에 도착해서 신발을 고르다가 길이를 맞춰보려고 탁을 찾으니 없 는 것이 아닌가. 아뿔싸! 차치리는 허겁지겁 집으로 돌아와서 탁을 찾 아 들고 다시 시장으로 다시 갔다. 하지만 시장은 이미 파한 후였다.

옆에서 지켜보던 시장 사람들이 답답했는지 한마디 거들었다.

"어째서 직접 신어보지 않는 것이오?"

차치리는 당연하다는 듯이 대답했다.

"탁은 믿을 수 있지만 내 발은 믿을 수 없지요."[167]

이 이야기에서 차치리의 행동은 고정된 하나만을 참고해서 그에 따라 일을 해내는 것을 나타낸다. 반면에 직접 신어보고 실제 발의 크기에 맞춰 신발을 사는 것은 그때그때 현실적으로 대응하는 방법이라고 봐야 할 것이다. 따라서 한비자는 신발 치수를 잰 종이를 잊어버렸든 잊지 않았든 발이 있는 한 문제가 없고 신발을 살 수 있다는 점을 강조했다. 이것은 결국 옛것에 집착하는 유교의 상고주의(尚古主義)에 대한 한비자 쪽의 현실주의자로서의 대립, 비판이다.[168]

이것은 달리 말하면 옛 왕들이 발전시킨 고대 선왕의 가르침을 신뢰해서는 안 되고 지금 이 순간과 현재의 문제에 의지해야 한다는 소리다. 300년 혹은 더 오래전에 기대서는 안 되는 것이다. 수 세기 전 아주 옛날 사람인 주나라의 문왕이나 무왕이 지금 우리가 당면 과제를 위한 규범을 제시할 거라고 생각해서는 아무런 문제도 해결할 수 없다. 발은 지금 이 순간, 신발이 필요한 현재의 문제를 의미한다. 그러니 이 사람은 자기 발을 사용했어야 하는 것이다.[169]

그런데 설마 이렇게 어리석은 사람이 있겠냐고? 천만에! 우리는 일상적으로 이런 실수를 저지른다. 우리 자신이 바로 차치리다. 탁이란 무엇인가? 탁은 한마디로 기준이다. 정확히 말해서 옛날에 만들어놓은 기준이다. 그리고 발은 현실, 그것도 '바로! 지금!'의 현실이다. 그런데 현실에서 문제가 발생했을 때 사람들은, 우리들은 어떻게 하는가? 과거에 어떻게 했는지부터 찾아본다. 과거의, 그것도 남들이 만들어놓은 기준으로 문제를 해결하려고 하는 것이다. 이래서야 제대로 된 해결책이 나오겠는가.

法家

인간에 대한 통찰

'지금! 당장!'이라는 문제의식이 만들어내는 현실주의의 특징이 또 하나 있는데 그것은 바로 보통 사람을 전제로 한 철학이라는 점이다. 이 부분은 맹자와 한비자의 차이점을 단박에 보여줄 수 있을 정도다. 공자나 맹자는 일관되게 성인이 세상을 다스려야 한다고 했을 뿐 아니라 나도 궁극적으로는 성인이 되기 위해 노력해야 한다고 주장했다. 심지어 맹자는 "저도 사람이요, 나도 사람인데, 순임금이 이를 능히 잘하셨다면, 어찌 나도 이를 능히 하지 못하겠는가?"[170]라고 말했을 정도로 공부를 하려면 반드시 성인이 되는 것을 목표로 삼아야 한다고 했다. 하지만 한비자는 앞서 살펴본 것처럼 이런 식으로 해서는 500년이나 1,000년에 한 번 세상이 평안해질 뿐이라고 생각했다. 따라서 그는 우리 주변에서 흔히 보는 보통 사람만으로도 세상을 잘 다스릴 수 있는 방법을 찾아내려고 했다.

그렇다면 성인이 아닌 평범한 사람, 바로 우리 같은 사람은 과연 어떤 존재일까? 좀 더 지적인 느낌이 들게 표현해서 '당위로서의 인간이 아닌 현실로서의 인간'은 과연 어떤 존재일까?

위나라에 가난하지만 사이좋은 부부가 살고 있었다. 하루는 부부가 함께 신령께 기도를 드렸다. 남편이 먼저 소원을 빌었다.

"아무쪼록 우리에게 아무 재난이 없도록 해주십시오."

이어서 아내가 빌었다.

"아무쪼록 100필의 포목이 우리 손에 들어오도록 해주십시오."

옆에서 듣고 있던 남편이 시비를 걸었다.

"여보, 많으면 많을수록 좋지 100필은 너무 적지 않소."

아내가 대답했다.

"더 많은 것이 생기면 당신이 첩을 들일 것 아닙니까?"[171]

아마 많은 사람이 이 영리한 부인의 대답에 무릎을 칠 것이다. 과연 그렇다. 아무리 친한 가족일지라도 이해관계의 차이는 존재하게 마련이다.

이 이야기는 이익의 충돌을 말한다. 비록 부부 사이임에도 불구하고 양자 간 이익의 충돌이 존재하고 서로의 이익을 따지게 된다는 것이다. 이는 한비자의 사람의 본성에 대한 아주 중요한 발견 중 하나다. 한비자에 따르면 사람과 사람 사이에 성립되는 가장 본질적인, 가장 중요한 관계는 바로 이익관계 혹은 이해관계다. 또 그런 이해관계가 존재하는 이유는 사람은 천성적으로 이기적인 성향이 있어서다. 모든 사람이 이기적이기 때문에 서로 왕래할 때는 반드시 자신의 이익을 따진다는 것이다.

또 하필 부부 사이를 예로 든 이유는 부자 사이는 물론 부부나 형제 사이에도 이익 분쟁이 존재함을 강조하기 위해서다. 한비자의 관점에서 봤을 때 전체 사회에서 그래도 가장 이해관계가 적은 사이가 바로 혈연관계이기 때문이다. 혈연관계에서 이익 분쟁이 가장 적지만 그럼에도 불구하고 이해관계가 존재하니, 혈육의 정을 나누지 않은 군주와 신하의 사이에서 이해관계가 존재한다는 것은 말하지 않아도 알 수 있지 않겠는가. [172]

책을 순서대로 읽은 분이라면 이 시점에서 이익에 대한 맹자의 비판이 떠오를 것이다. 『맹자』의 첫 구절이 "왜 이익(利)을 논하는가?"로 시작한다는 것은 이미 언급한 바 있다. 이에 비추어볼 때 한비자의 관점에 가장 격렬하게 반발할 사람은 아마 맹자일 것이다. 그런데 생각해보면 이익에 대한 또 다른 관점도 있었다. 사회 전체의 이익을 논한 묵자다. 묵자는 세상을 위해 이익과 실용적인 가치를 추구했다. 그렇다면 이제 이익에 대한 세 번째 관점이 나온 셈이다. 다만 한비자가 추구한 이익은 사회 전체의 이익이 아닌 개별적인 인간의 이익이다.

그리고 이렇게 개개인의 개별적인 이익을 논했기 때문에 한비자는 추상적으로 이익이란 것이 좋으냐 나쁘냐 하는 것보다 문제가 더 복잡하다는 것을 우리에게 알려준다. 한비자에게 이익의 문제는 단순히 이익과 이로움을 좇느냐 아니냐에 관한 것이 아니다. 개인의 이익이라는 입장에 선 한비자에게는 이익과 이로움의 주체가 중요하다. 더 많은 비단이 생기면 가족 입장에서는 좋은 일이고 남편은 더 많은 비단을 갖고 싶지만 부인의 생각은 다르다. 똑똑한 부인은 비단이 늘어나면 남편이 첩을 들여 자신에게 경쟁자가 생길 것이라 말한다. 이 이야기의 진정한 교훈은 단지 추상적으로 이로움과 이익을 이야기하지 말아야 한다는 것이다. 항상 화자의 관점을 고려하는 자세가 중요한다. 누구에게 이로운가? 누구의 이익인가? 우리는 모두 항상 자신의 이익과 이득을 생각한다.[173]

따라서 진정으로 중요한 한비자의 통찰은 단지 인간이 이기적이라는 것이 아니다. 그것은 인간이 이렇게 누구나 예외 없이 이기적으로 행동한다면 서로의 이해관계가 엇갈리고 충돌할 수밖에 없다는 것이다. 나의 이익과 상대방의 이익은 다를 수밖에 없기 때문이다. 상대방도 나와 동일한 이해관계를 가졌을 것이라고 쉽게 착각해서는 안 된다. 가족 간에도 이해관계가 갈리는데 군신 간 혹은 타인 간에는 당연히 다를 수밖에 없다. 앞으로 『한비자』를 읽어나가면서 이 이해관계의 충돌이라는 지점을 반드시 명심해주기 바란다.

法
家

이타심이란
또 다른 형태의 이기심

그런데 정말 그럴까? 인간이 꼭 이기적이기만 할까? 주변을 둘러보면 이기적인 인간이 많긴 하지만 누가 보더라도 이타적이라고 인정할 수밖에 없는 사람도 존재하지 않는가? 인간의 이기적인 욕망이 폭발하던 전국시대에서조차 찾아보면 부하들을 마치 자식처럼 여기던 장군의 이야기가 전해오지 않는가?

『오자병법』의 저자 오기가 바로 그런 사람이었다. 전국시대에는 전쟁이 빈발했던 만큼 많은 명장과 병법가가 등장했는데 오기는 그중에서도 특출했다. 그는 전설처럼 내려오는 76전 무패의 전적을 자랑하는 장군으로 탁월한 전술가였을 뿐 아니라 부하들에게 자상하기로도 유명했다. 그는 일단 출신부터 유가에서 출발한 사람이었다. 따라서 그의 병법에는 '인'을 강조하는 유가적 전통이 깔려 있다. 대표적인 것이 부자지병(父子之兵)이다. 장군이 부하를 자식처럼 아끼는 군대야말로 강한 군대라는 뜻이다. 실제로 그는 병사들이 먹는 음식을 그대로 먹고, 따로 잠자리를 펴지 않았으며, 옷도 병사들이 입는 그대로 입었다. 행군 중에도 말을 타지 않았으며 병사들과 마찬가지로 식량을 메고 걸었다. 또한 항상 병사들이 식사를 하는 것을 보고서야 음식을 먹었으며, 병사들이 잠자리에 든 것을 확인하고서야 누웠다. 병이 난 병사가 있으면 찾아가 위로해주고 의원을 불러 치료하게 했다. 그뿐이 아니었다. 전투가 끝난 후에는 다친 병사들의 상처를 직접 싸매주었으며, 전사자가 생겼을 때는 반드시 집으로 사람을 보내 유가족을 따뜻이 위로하고 보상하는 것을 잊지 않았다고 한다. 마치 아버지가 자식을 데리고 군대에 가기라도 한 것처럼 말이다.

이런 일화도 있었다. 어느 날 오기는 한 병사가 악성 종기로 고생하는 것을 발견했다. 그는 망설이지 않고 종기의 고름이 직접 자신의 입으로 빨아냈다. 그 병사는 물론이거니와 주변의 모든 병사가 감동한 것은 말할 필요도 없다. 그래서 이 광경을 곁에서 지켜본 같은 동네 출신의 병사가 휴가를 받아 고향으로 돌아가던 길에 종기로 고생하던 병사의 어머니를 만나 자초지종을 이야기해주었다. 그런데 그 말을 듣자마자 그 어머니가 갑자기 대성통곡을 하는 것이었다. 도저히 이해할 수 없는 상황에 병사는 그 어머니에게 우는 이유를 물어보왔다. 그러자 그 어머니가 흐느끼면서 다음과 같이 말했다.

"그 아이의 아버지도 오기 장군님의 수하에 있었습니다. 그런데 지난번 전쟁 때 그 양반도 종기로 고생을 했습니다. 그러자 그때도 장군님이 입으로 종기를 빨아주셨습니다. 이런 장군님의 은공에 보답하려던 남편은 전쟁터에서 앞장서 싸우다 그만 죽고 말았답니다. 그런데 이번에는 그 애의 종기를 빨아주셨다니 어찌 통곡하지 않을 수 있겠습니까? 남편도 잃고 이제 자식까지 잃게 생겼으니 나는 누굴 의지하고 살아야 한단 말입니까?"[174]

얼핏 보면 이 일화는 가족 사랑을 주변으로 확산해나간다는 유교적인 가르침이 전쟁터에서도 효과가 있는 증거처럼 보이기도 한다. 하지만 한비자의 해석은 전혀 달랐다. 이러한 행위의 뒤에도 결국은 이기적인 목적이 숨어 있다는 것이다.

한비자는 다음과 같이 말했다. 상위즉책망 자위즉사행(相爲則責望, 自爲則事行). 상위(相爲)란 남이 나에게 잘해주는 것을 뜻하고, 자위(自爲)란 자신이 스스로에게 잘해주는 것을 가리킨다. 모든 사람이 '상위즉책망' 즉 다른 사람이 나에게 잘해주길 원하고 스스로는 아무것도 하지 않는다면, 서로 책망만 하고 바라보기만 하면서 아무런 행동을 하지 않는다면 일이 잘되지 않으리라는 것이다. 반면에 '자위즉사행' 즉 자기 자신이 스스로의 이익을 위해서 행동한다면 일이 잘 진행될 것이라는 이야기이니, 결국 이기적으로 일해야 오히려 일이 잘 진행된다는 소리다.

오기의 경우도 그렇다. 오기와 병사의 이야기에서 오기의 목적은 무엇일까? 병사들이 전장에서 용감히 적을 무찔러 전쟁에서 승리하는 것이다. 그런데 만약 오기가 병사들에게만 전장에서 용감히 싸우라고 말하고 정작 본인은 아무것도 하지 않는다면 병사들은 그를 위해 싸우지 않는다. 그래서 그는 종기의 고름을 직접 입으로 빼는 행위를 한 것이다. 다시 말해서 이 행위의 목적은 병사의 충성심과 감사하는 마음을 얻기 위해서다. 병사들이 충성심과 감사하는 마음으로 전장에서 적과 싸운다면 오기가 원하는 효과를 얻게 될 것이기 때문이다. 이런 점에서 오기의 행위는 이타적이기도 하지만, 본질적으로는 이기적인 행위이며 그렇기 때문에 오히려 효과적이다.[175]

그런데 상관이 병사의 종기를 빤 행위를 사람들은 보통 연민과 친절에 의한 것이며, 병사에게 상관으로서 은혜를 베푼 행위라고 여긴다. 언뜻 그렇게 생각할 수도 있다. 하지만 거기에는 또 하나의 결과 혹은 효과가 수반된다는 점을 명심해야 한다. 한비자는 이 효과를 중요시했다. 사실 자신이 은혜를 베풀어 상대로부터 얻을 수 있는 효과가 있으니까 그 행위를 하는 것이다. 이것이 이 이야기의 흐름 내지는 핵심 주제다. 인간은 언제나 얻을 수 있는 효과를 생각해 행동한다. 이 점을 알고 있는 병사의 어머니는 어떤 결과가 초래될지 짐작 가능하기에 탄식하고 슬퍼한 것이다.

병자 내지 부상한 자의 고름을 입으로 빨아내는 일화는 『한비자』의 또 다른 곳에도 등장한다. 거기에서도 인간은 일정한 목적을 가지

고 행동한다. 예를 들어 의사가 병자의 고름을 빼는 행위를 했다 가정
해보자. 이는 연민에 바탕을 둔 행위가 아니라 병을 고치는 것이 목적
이고 고름을 빼는 것이 병을 고치는 결과로 이어지므로 하는 것이다.
그렇게 행동하는 까닭은 그것이 그의 직업이기 때문이며 직업적으로
이득을 보아서이기도 하다. 이 경우에도 이타적으로 보이는 행동이
사실은 이기적인 것이며 그렇기 때문에 오히려 효과적이다.[176]

法家

한비자는 성악(性惡)을 말하지 않았다

여기서 오해하지 말아야 할 것이 있다. 한비자가 인간의 이기심을 이야기했다고 해서 그것이 '인간의 본성은 악하다'라는 식의 성악설(性惡說)을 주장한 것으로 잘못 생각하는 이들이 있는데 실상은 전혀 아니다.

사실 맹자의 성선설만큼이나 많은 오해를 받는 것이 순자(荀子)의 성악설이다. 보통 사람들은 글자 그대로만 이해해서 맹자의 성선설이 '인간은 원래 선한 존재다'라는 식의 순진무구한 이상주의라고 생각하고 순자의 성악설은 '인간은 근본적으로 악한 존재다'라는 식의 인간 혐오쯤으로 해석하는데 이건 완전한 오해다. 좀 단순하게 설명하자면 맹자의 관점은 '인간은 선한 존재가 될 가능성을 가지고 있으며, 이 가능성이야말로 인간의 가장 중요한 가치다' 정도로 이해해야 한다. 맹자도 인간이 동물적 본능을 지녔다는 사실은 알고 있지만 그런 동물적 본능보다는 보다 도덕적으로 선한 존재가 될 수 있는 가능성을 중심으로 인간을 본 것이다. 순자의 관점도 마찬가지다. 사실 기독교적인 악마의 이미지는 애초에 동양 철학 전반에 존재하지 않는다. 동양 철학에서 악(惡)은 거친 상태, 열등한 상태 혹은 기껏해야 동물적 본능에 충실한 야만적인 상태를 가리킨다. 따라서 순자의 주장도 '인간은 자연 상태에서는 매우 거친 동물적 본능을 가지고 있으므로 교육을 통해 도덕적 가치를 가르쳐야 한다' 정도로 이해해야 한다. 여기서도 도덕적 교육을 통해 인간이 개선될 수 있다는 부분에 방점이 있다.

그런데 한비자는 여기서 한 걸음 더 나간다. 순자의 제자였던 한비자는 식욕이나 성욕 같은 인간의 동물적 본능을 직시해야 한다는 스승의 관점을 받아들이는 동시에 이 동물적 본능 그러니까 욕망이라는 것을 아예 긍정해버린다. 이게 왜 나쁘냐는 것이다. 원래 인간은 욕망을 가진 존재이고 욕망이 있기에 살아가는데 거기다가 왜 '악'이라는 이름을 붙이냐는 이야기다. 이건 악이 아니다. 사실 어떤 존재를 악이라고 명명하는 것은 그 상태를 개선해야 할 무엇이라고 생각하기 때문이다. 그런데 한비자는 인간의 욕망을 긍정한다. 인간의 욕망을 제거하거나 개선해서 세상을 바꿔야 한다고 생각하지 않는다. 오히려 그 욕망을 인정하는 데서 시작해야 한다고 믿는다.

한비자는 결코 성악설을 제창하지 않았다. 한비자가 인간의 동물적 욕망을 결코 '악'이라고 보지 않았으니 인간의 본성이 악하다는 주장은 성립 자체가 불가능하다. 그러므로 성악설과 한비자를 연결하는 것은 정말 오해라고밖에 할 수 없다. 인간이 이해득실을 좇아 행동하는 것은 당연하며 욕망에 따라 행동하는 것이 인간의 본디 모습이므로 이것은 당연히 '선'도 아니고 '악'도 아니다. 한비자에게 인간의 욕망은 결코 '악'이 아니다.[177]

오히려 한비자에게 인간의 욕망은 고칠 수 있는 것도 아니며 심지어 고칠 필요도 없는 것이다. 이 점은 그냥 인정하고 논의를 시작해야 한다. 이렇게 인간의 이기적인 욕망을 인정하고 나면 당연히 각자의 인간은 서로 다른 이해관계에 있다는 점을 이해할 수 있게 된다. 이것 역시 그 자체로는 절대 나쁜 게 아니다. 원래 그런 것일 뿐이다. 심지어는 이렇게 이기적으로 열심히 해야 오히려 효과적이기까지 하다. 여기에서 공자나 묵자와는 완전히 다른 한비자 식의 해결책이 나온다. 인간의 이기적인 속성을 적극적으로 이용하는 방법, 바로 법(法)이다.

법은 태양처럼 분명해야 한다

앞에서도 말했지만 이기적인 인간의 속성을 고치지 않고 이용하는 것이 한비자가 주장하는 방법의 핵심이다. 이 방법은 무엇보다 '지금! 당장!' 시작할 수 있는 장점이 있다. 애써서 백성의 인성을 고치려고 노력할 필요 없이 '지금 있는 그대로의 인간'을 데리고 할 수 있는 것이다. 아니 사실은 고치지 않는 것이 오히려 효과적이다. 이게 무슨 소리인가 싶다면 장자 편을 다시 떠올리는 것이 도움이 된다. 장자 편에서 우리는 쓸모 있는 인간이란 도구적인 인간이며, 이는 결국 통제 가능한 인간이라고 배운 바 있다. 그런데 어떻게 통제가 가능할까? 바로 인간의 원초적인 욕망인 물질적 욕망과 명예욕을 통해 통제가 가능하다. 한비자는 장자와 완전히 반대되는 이유에서 이 부분을 주목

國無常强 無常弱

●●●

영원히 강한 나라도, 영원히 약한 나라도 없다.

―『한비자』유도편

한 것이다. 장자는 도구적인 인간으로 소모되지 않기 위해 물욕과 명예욕을 버리라고 가르친 반면 한비자는 난세를 극복하기 위해서는 인간을 적절히 통제할 필요가 있으며 이를 위해 물질적 욕망과 명예욕을 활용하라고 주장했다. 따라서 욕망이 없어져버리면 통제할 방법 또한 찾을 길 없어져서 곤란하다.[178] 물론 이때 욕망을 통해 인간을 통제하는 기술의 핵심은 욕망의 대상을 주거나 빼앗는 것, 바로 상과 벌이다. 한비자의 말을 들어보자.

"현명한 군주가 그 신하를 지도하고 제어하는 방법에는 두 개의 손잡이가 있을 뿐이다. 그것은 형(刑)과 덕(德)이다. 죄인을 죽이고 벌주는 것을 '형'이라고 부르며, 공로 있는 자를 상 주는 것을 '덕'이라 한다. 사람은 자고로 형벌은 두려워하고 상은 좋아하는 법이다. 그러므로 군주가 '형'과 '덕'을 잘 쓰면 신하들은 군주의 '형'의 위력을 두려워해서 죄를 짓지 않으려 하고, 은상을 입고자 착한 일을 하려고 든다."[179]

그런데 이렇게 백성들에게 상과 벌을 내릴 때 반드시 명심해야 할 점이 있다. '누구나 알 수 있을 만큼 명백한 기준이 있어야 한다'는 것이다. 그래야만 어떤 경우에 상을 받고 어떤 때 벌을 받는지 알 수 있기 때문이다. 이것이 바로 법이다. 만약 당신이 통치자 혹은 리더이고, 실용적인 측면에서만 법을 바라본다면 이것이 법의 전부다. 스스로 보상을 위해서 능동적인 행동을 한다는 점에서 법은 '스키너의 심리 상자'와도 같다. 다만 상자의 범주가 사회 전체로 확대되었을 뿐이다.[180]

그런데 여기서 '누구나 알 수 있을 만큼 명백해야 한다'는 부분이 매우 중요하다. 앞서 말했듯이 법을 지키는 사람의 입장에서 보자면 그래야만 결과를 예측하고 합리적으로 행동할 수 있기 때문이다. 그런데 이것이 단지 지키는 사람에게만 해당하는 것은 아니다. 법을 시행하는 사람, 바로 통치자의 입장에서도 이 원칙은 매우 중요하다. 그래야만 누가 시행하더라도 동일한 효과를 거둘 수 있는 것이다. 그래서 한비자는 법을 이야기할 때 누구나 알 수 있게 명명백백하게, 마치 하늘에 떠 있는 태양처럼 그렇게 밝혀야 한다는 점을 거듭해서 강조한다.

"지식과 능력이 있고 모든 일에 통달한 현자는 일을 맡기면 그 뜻을 완수하지만 맡기지 않으면 그뿐이다. 지식과 능력은 개인의 도이며 타인에게 전달할 수 없다. 법은 누구나 그곳에 의지할 수 있으므로 완전한 것이지만 지식과 능력은 개인적이며 일정한 표준이 없으므로 결점이 많다. 요컨대 저울을 가지고 물건 중량의 평균을 알며 컴퍼스를 사용해 원형을 아는 것은 완전한 대책인 것이다. 따라서 훌륭한 군주는 백성에게 완전한 대책을 지키게 함으로써 수고를 하지 않고 공을 세울 수 있다. 컴퍼스를 버리고 조그만 손재간에 맡겨두고 법술을 버리고 지식과 능력에 의지하게 하는 것은 세상을 혼란 속에 빠뜨리는 방식이다."[181]

혹시 너무 당연하다고 생각할지 모르겠다. 하지만 2,300여 년 전인 전국시대에는 절대 당연한 이야기가 아니었다. 그 이전에는 권력을 어떤 원칙에 따라서가 아니라 자의적으로 행사하는 것이 당연하다고 여겼기 때문이다. 권력의 행사에 합리적인 기준을 부여했다는 점에서 보면 당시 기준으로 법가의 관점은 분명 진보적인 것이었다.

法家

법은 태양처럼 뜨거워야 한다

법을 만들고 시행하는 데 '누구나 알 수 있도록 하는 명백함'만큼이나 중요한 또 다른 원칙은 '가혹할 정도의 엄격함'이다. 이것은 비단 한비자만의 생각이 아니다. 법가 사상가는 대부분 이 엄격함을 중요하게 여겼다. 왜 그럴까? 본격적인 법가 사상가는 아니지만 최초의 성문법을 만든 정나라 재상 자산(子産)의 일화를 보면 엄격함에 대한 법가적인 문제의식을 엿볼 수 있다.

명재상으로 수십 년간 정나라를 안정시킨 자산은 병으로 자리에 누웠을 때 자신이 수명이 다된 것을 예감했다. 아마도 다음 재상은 유길(游吉)이라는 사람으로 내정되었던 모양이다. 자산은 유길을 불렀다. 정치적 유언을 남기기 위해서였다.

"내가 죽게 되면 그대가 틀림없이 우리나라의 정치를 맡게 될 것이오. 그런데 오직 덕이 있는 자만이 관대한 정치로 백성을 복종시킬 수 있소. 그렇지 못한 사람은 백성들을 무섭게 다스리는 것이 차라리 나은 법이오. 무릇 불은 맹렬하기 때문에 백성들이 두려워하므로 불에 타 죽는 사람이 많지 않소. 하지만 물은 유약하기 때문에 백성들이 친근하게 여겨 쉽게 가지고 놀다가 매우 많은 사람이 물에 빠져 죽게 되오. 그래서 관대한 정치는 펴기가 매우 어려운 것이오."[182]

한마디로 당신은 덕으로 백성을 교화할 정도의 성인이 아니니 차라리 가혹하고 무섭게 다스리는 게 좋을 것이라는 조언이다. 아마 평소 유길의 온화한 성격을 걱정한 때문이었을 것이다. 하지만 막상 자산이 죽자 유길은 자신의 성격대로 백성에게 온정을 베풀 뿐 엄격하게 대하지 않았다. 결과는 엉망이었다. 도둑 떼가 들끓고 나라가 혼란에 빠지고 말았다.

한비자에 따르면 관대함으로 다스리는 것은 성왕이나 할 수 있는 어려운 통치술이다. 효과가 없다고는 할 수 없지만 아무나 흉내 낼 것이 아니다. 그런데도 주제를 파악하지 못하고 함부로 관대함을 흉내 내다가는 나라를 혼란에 빠뜨리기 십상이다. 그러니 우리 같은 보통 수준의 사람은 백성을 엄격하게 대하는 편이 낫다. 비유하자면 법에 의한 통치는 마치 태양처럼 뜨거워서 감히 어찌해볼 엄두를 낼 수 없는 것이어야 한다는 것이다.

말하자면 한비자는 경죄중벌(輕罪重罰)을 제시한 셈이다. 이것은 법을 어긴 것에 대한 가성비, 그러니까 법을 어김으로써 얻는 이득과

법을 어긴 것에 대한 벌이 절대 비교 가능한 정도여서는 안 된다는 입장이다. 무조건 손해 쪽이 압도적으로 커야 한다.

한비자는 일례로, 공동으로 사용하는 길에 재를 버리는 짓은 비록 작은 일이나 손을 잘랐던 형벌을 들었다. 이는 은나라 때 실제 시행했던 법령에 따른 형벌이라고 한다. 이런 법은 표면적으로는 사실 매우 가혹해 보인다. 하지만 실제 이 형벌이 실행되는 사회라면 어떤 행위를 할 때 그 일이 나에게 가져다주는 편리함과 내가 치러야 하는 대가를 스스로 비교해보게 될 것이다. 재를 길에다 버릴 경우 그 행동이 편리함을 가져다주긴 하지만 결국은 그로 인해 손을 잃는 큰 대가를 치러야 하므로 스스로 자신의 행위를 단속하게 된다. 따라서 이런 엄중한 형벌을 활용해 사람들이 스스로 이해관계의 균형을 이루고 사리 분별을 하도록 함으로써 최종적으로는 법을 어기지 않게 만들려고 한 것이다. 그리고 모두가 이렇게 생각하고 행동한다면 형벌은 더 이상 필요가 없어질 것이라고 주장했다. '경죄중벌'의 최종적 목표인 이형거형(以刑去刑)*을 달성하게 되기 때문이다. 다시 말해서 형벌의 최종 목적은 사람에게 다시 형벌을 내리지 않는 것이다. 이것이야말로 법가 사상의 가장 큰 특징이라고 할 수 있다.[183]

이것은 법가의 사상에 응보형이라고 할까, 응보형주의라고 할 요소가 없음을 의미한다. 형벌의 목적에 위협, 예방이 있는 것이 특징이

● — 형벌로 형벌을 억제한다는 뜻. 법으로 엄하게 다스리면 백성들이 무서워 법을 어기지 않게 되어 궁극적으로 형벌을 사용하지 않게 되는 효과를 가져온다는 것이다.

다. 보통 서양의 형벌은 기독교 성경에 있는 것처럼 '눈에 눈, 이에는 이'라는 응보주의다. 죄를 범한 사람은 그가 한 행위 그대로를 형벌로 대체한다는, 다시 말해 그것으로 죄의 대가를 치른다는 사상이 고대 서양 사회의 특징 중 하나인 것이다. 그런데 고대 중국에서는 응보주의 사상이 희박하다. 한비자도 말한 바 있는데, 도둑을 처벌하는 것은 도둑질을 하지 않은 인간을 그런 행위에서 멀리 떼어놓기 위함이다. 이미 도둑질한 인간에게는 효과가 없다고 보는 것이다. 현대로 치자면 일반예방이라는 목적을 가진 셈이니 일종의 협박이고 위협이다.

그 증거로 형벌을 2단계에 걸쳐 집행했다는 점을 들 수 있다. 예를 들어 첫 번째 단계로 머리를 자르고 허리를 자르는 사형 방법, 즉 생명을 빼앗는 생명형의 방법을 시행했다면 그에 더해 두 번째로는 이미 죽은 사람을 그러니까 시체를 다시 처형했다. 그 시신을 처형하는 형벌이 거열형(車裂刑)[184]이다. 그 외에 목을 베어 높이 매다는 효수형도 있었다. 이렇듯 당시의 사형은 생명을 빼앗는 첫 번째 단계와 그 후 시체를 처리하는 두 번째 단계로 나누어 시행했다. 왜 이렇게 나누었느냐 하면 무엇보다 핵심은 시체를 보여주기 위해서다. 대중의 눈앞에서 거열형이나 효수형을 집행해서 위협 및 예방을 했던 것이다.[185]

法家

法은 태양처럼
공평하게 비춰야 한다

한비자가 생각한 법 적용의 또 다른 원칙은 공정성 혹은 형평성이다. 이른바 법불아귀(法不阿貴)[186]의 원칙이다. 태양의 비유를 다시 끌어다 쓰자면 태양이 누구나 똑같이 비추듯이 법도 누구에게나 공평하게 적용해야 하는 것이다. 『한비자』에 다음과 같은 일화가 전한다.

하루는 초나라 장왕이 급히 태자를 궁으로 불러들였다. 공교롭게도 그날은 비가 내려 뜰이 물에 잠겼기 때문에 태자는 어쩔 수 없이 안뜰까지 수레를 몰고 들어갔다. 그런데 당시 초나라 법에 따르면 내궁까지 수레를 타고 들어갈 수 없게 되어 있었다. 그래서 문을 지키던 관리가 태자를 가로막았다.

"수레를 내궁까지 몰고 들어가서는 안 됩니다. 태자의 행동은 위법입니다."

태자는 조만간 왕이 될 사람이다. 뜻밖의 일에 어이없어하던 태자는 이 겁 없는 관리에게 한마디 했다.

"부왕께서 빨리 들어오라고 분부하셨기 때문에 고인 물이 없어질 때까지 기다릴 수 없다."

그러고는 말을 그대로 몰고 들어갔다. 그러자 관리가 창으로 수레를 부숴버렸다. 정말 겁 없는 이가 아닐 수 없다. 창피를 당한 태자가 분을 이기지 못하고 아버지인 장왕에게 달려가 울며 호소했다.

"뜰에 물이 많이 고여 있기에 수레를 몰고 내궁까지 들어왔더니, 궁을 지키는 관리가 위법이라고 소리를 지르며 창으로 수레를 망가뜨렸습니다. 이 모욕을 도저히 참을 수 없습니다. 부디 그를 처벌해 주십시오."

다행히 장왕은 현명한 임금인지라 이 관리에게 나쁜 사람이라며 호통을 치거나 형벌을 내리지는 않았다. 그는 오히려 태자에게 다음과 같이 말했다.

"자기 앞에 있는 임금이 이미 늙었는데도 법을 무시해 태자를 용서하려 들지 않고, 뒤에 있는 자가 젊은 태자임에도 이에 기대 이익을 구하거나 하지 않았다. 진실로 이 관리는 법을 지키는 충신이다."

그리고 이 관리를 특별히 승진시켜서 중용했다. 태자도 왕의 말

에 깨달은 것이 있었는지 사죄하고는 물러났다고 한다.[187]

한비자는 이 이야기를 통해 법이 궁극적인 기준이 되어야 한다는 점을 설명했다. 그 사람의 신분은 전혀 중요하지 않다. 법 앞에서는 모든 사람이 평등하다. 현대 사회의 관점에서 보면 아주 멋진 교훈이다. 우리는 법 앞의 평등을 믿기 때문이다. 한 나라의 황제나 총리 혹은 화장실 청소부도 법 앞에서는 모두 동등한 대우를 받아야 한다. 이것이 우리가 믿는 가치다.[188]

반면 공직자들이 법을 제대로 집행하지 않고 자기 기분이나 취향 혹은 친분 관계에 따른다면 이는 직권을 남용하는 것이다. 이렇게 자신의 권력을 남용하면 제도의 합법성이 무너져 사람들이 법을 존중하지 않고 결국에는 법을 지키지 않게 된다. 또 공직자가 예외 없이 법을 집행하지 않는다면 시민들은 집행할 가치가 없는 법이라고 생각한다. 예를 들어 마약에 대해 공직자들이 관련 법을 제대로 집행하지 않는다면 시민들은 마약 사용이 나쁜 일이 아니라고 생각하고 마음대로 할 것이다. 마약이 정말 나쁘다면 공직자들이 이를 철저하게 규제했을 테니 말이다.

또한 예외 없이 법이 집행되지 않는다면 사람들은 불공정하다고 여기고 자기 혼자만 법을 지킨다고 생각할 것이다. 사람들은 남들이 협조할 때 공동체 안에서 자신의 몫을 기꺼이 해낸다. 그러나 속임수에 넘어가는 봉이 되고 싶지는 않은 것이다. 예를 들어 정부가 세법을 공평하게 시행하지 않는다면 평소 세금을 잘 내고 법을 준수하는 시민들이 세금 납부를 중단할 것이 분명하다. 남들은 세금을 내지 않는데 자기만 꼬박꼬박 내는 것이 부당하다고 생각하기 때문이다.[189]

法家

법은 태양처럼
믿을 수 있어야 한다

한비자가 제시한 법 집행의 네 번째 원칙은 신뢰다. 사실 신뢰는
그 자체로도 훌륭한 덕목이지만 법이 제대로 작동하도록 하기 위해서
는 무엇과도 바꿀 수 없는 중요한 원칙이다. 법이 지켜질 것이라는 믿
음이 없으면 법과 제도가 아예 작동하지 않기 때문이다. 실제로 법가
적인 개혁을 실시한 상앙 같은 사람은 법을 제정해 나라를 새롭게 뜯
어고치기에 앞서 반드시 이 신뢰의 문제부터 해결하고자 했다. 그래
서 상앙은 백성의 신뢰를 얻기 위한 묘책을 생각해내기도 했는데 이
와 관련한 이야기가 있다.

어느 날 상앙은 세 길 정도 되는 나무를 도성 저잣거리의 남쪽 문

에 세우고 백성을 불러 모았다. 그러고는 이 나무를 북쪽 문으로 옮겨 놓는 자에게는 10금을 주겠다고 했다. 나무 막대기 하나 옮기는 데 엄청난 거금을 내건 것이다. 그런데 백성들의 반응은 시큰둥했다. 한마디로 믿을 수 없기 때문이다. 겨우 나무 하나 옮기는 일에 그런 큰돈을 준다는 게 오히려 말이 안 된다고 생각한 것이다. 그러자 상앙은 며칠 뒤에 새로운 포고령을 내걸었다.

"이 나무를 북쪽 문으로 옮기는 자에게는 50금을 하사하겠다."

50금이면 은자 1,000냥에 해당하는 금액이다. 아예 팔자를 고칠 수 있는 상금을 내건 것이다. 상금이 이정도가 되면 장난으로라도 옮겨보려는 사람이 생길 법하다. 밑져야 본전 아닌가. 정말 한 남자가 나무 막대기를 북쪽 문으로 옮겼다. 결과는 어떻게 되었을까? 물론 상앙은 이 남자에게 50금의 상금을 내렸다.[190]

이 일로 인해 당시 진나라 백성들은 상앙의 언행일치를 믿게 되었다. '상앙은 말한 것은 반드시 실행에 옮길 것이다. 왜냐하면 상앙이 세 길 길이의 막대기를 남문에서 북문으로 옮기면 상금으로 50금을 준다고 말했는데 정말로 약속을 지켰기 때문이다'라고 생각하게 된 것이다. 그 이후에도 상앙은 모든 법령을 반드시 말한 대로 실천했고, 그렇게 함으로써 공신력을 확립했다.[191]

이상에서 이야기한 원칙을 보면 한비자는 법이란 결국 태양과 같은 존재여야 한다고 여긴 셈이다. 태양이 하늘에서 빛나는 것처럼 명명백백해야 하고, 태양처럼 뜨거워서 감히 어길 엄두를 내지 못할 정도로 엄격해야 하며, 태양이 모든 사물을 비추듯이 어떤 경우에도 예외를 두지 않는 공평함을 지켜야 하고, 태양이 매일 아침 어김없이 떠오르듯이 변함없이 법을 지키면 반드시 보상을 받는다는 신뢰를 주는 존재여야 한다는 것이다. 그리고 만약 이렇게만 된다면 어떤 군주가 나타나서 나라를 다스리더라도 큰 실패 없이 안정적으로 나라를 이끌어 부국강병을 이룰 수 있다고 주장했다. 인간의 재능이 아닌 법이라는 시스템의 힘으로 세상을 안정시키고자 한 것이다.

자, 여기까지 이야기하고 나니 이제 정말 법만 잘 만들어놓으면 만사형통할 것 같은 생각이 든다. 시스템이 모든 것을 해결할 테니 말이다. 하지만 정말 그럴까? 인간 세상이 이렇게 기계적으로 작동하는 법이라는 이름의 시스템만으로도 잘 굴러갈까? 세상 돌아가는 이치를 조금이라도 아는 사람이라면 쉽게 '그렇다'라고 대답하지 못할 것이다. 사실은 한비자 자신도 이 정도로 모든 문제가 해결될 수 있다고는 생각하지 않았다. 누구보다 냉철한 현실주의자였던 그가 그 정도로 순진하기야 하겠는가. 그도 현실에는 법만으로, 시스템만으로는 해결할 수 없는 문제가 도사리고 있다는 것을 알고 있었다.

기득권은 사나운 개와 같다

법만으로 혹은 시스템만으로 해결할 수 없는 문제란 도대체 무엇일까? 『한비자』의 구맹주산(狗猛酒酸) 이야기에 힌트가 들어 있다.

송나라에 기가 막히게 술맛이 좋은 술집이 하나 있었다고 한다. 술맛만 좋은 것이 아니었다. 이 술집의 주인은 속임수라고는 모르는 사람이었다. 술을 팔 때도 정직해서 마을 사람들은 모두 이 집에서만 술을 사 먹을 정도였다. 그런데 언제부터인가 손님이 뚝 끊어져 아무리 기다려도 오지 않았다. 결국 술은 다 시어버리고 말았다. 답답해진 주인이 양천이라는 마을의 어른에게 찾아가 상의를 했다.

이야기를 듣던 양천이 술집 주인에게 물었다.

"혹시! 그 집에 기르는 개가 사납지 않은가요?"

簡法禁而務謀慮

荒封內而恃交援者

可亡也

●●●

법령과 금제를 소홀히 하여 그에 따르지 않고
모략에 열중하여 나라를 다스리지 못하고
외국의 원조만 믿고 있으면 그 나라는 망한다.

―『한비자』망징편

개라고? 주인이 잠시 생각하다가 대답했다.

"우리 집 개가 무서운 건 맞는데 개가 사나운 것과 술이 팔리지 않는 것이 무슨 상관이 있습니까?"

그러자 양천이 이유를 설명해주었다.

"주막을 지키는 개가 너무 사납게 짖어대는 바람에 손님이 들어갈 수 없고, 심부름으로 술을 사러 온 아이들이 개가 무서워 들어갈 수 없으니 좋은 술을 준비하고도 장사가 안 되는 것입니다."[192]

법 적용이 제대로 되지 않는 이유는 결국 법도 사람이 있어야 작동하기 때문이다. 법을 아무리 완벽하게 만들어놓아도 최종적으로 그걸 시행하는 것은 사람, 다시 말해서 조정의 관료이기 때문에 문제가 생긴다. 그런데 이 관료들은 한번 권세를 얻으면 바로 기득권 세력으로 변한다. 그러곤 마치 술집의 사나운 개가 손님을 쫓아버리는 것처럼 사사건건 군주의 개혁을 가로막고 자신의 이익을 지키기 위해 군주와 백성들 사이에서 농간을 부린다. 글자 그대로 개 같은 자가 되는 것이다.

유명한 화씨의 옥에 관련된 이야기도 사실은 이 기득권 세력의 농간을 경계하는 이야기다. 이야기는 초나라 사람인 화씨가 초산에서 옥돌을 발견하는 데서 시작한다. 크고 귀한 옥이 분명하다고 생각한 그는 이를 왕에게 바쳤다. 당시의 초나라 왕인 여왕(勵王)은 옥을 감정하는 사람에게 옥의 가치를 판정하게 했다. 그런데 이게 웬일인가? 옥을 감정한 사람이 그저 흔한 돌일 뿐이라고 말한 것이다. 여왕은 화씨가 자신에게 거짓말을 했다고 여겨서 화씨의 왼쪽 발을 자르게 했다.

몇 년 뒤 여왕이 죽고 새로 무왕(武王)이 즉위했다. 그러자 화씨는 또 왕을 만나러 갔다. 물론 옥을 바치기 위해서였다. 무왕 역시 감정인을 불러 옥을 평가하게 했다. 그런데 이번에도 평범한 돌이라는 판정이 났다. 무왕도 화가 나서 화씨의 오른쪽 발을 자르게 했다.

다시 무왕이 죽고 문왕(文王)이 즉위했다. 그러자 화씨는 그 옥돌을 안고 초산 아래에 가서 사흘 밤, 사흘 낮 동안 눈물이 다해 피눈물이 나도록 울었다. 왕이 얘기를 듣고 사람을 보내 그 까닭을 물었다.

"천하에 발이 잘리는 형벌을 받은 사람은 많다. 너는 어찌 그리 슬피 우느냐?"

화씨가 대답했다.

"저는 발이 잘린 것을 슬퍼하는 것이 아닙니다. 저 보배인 옥을 돌이라고 부르고 정직한 선비에게 속인다는 죄명을 씌우니 그것을 슬퍼하는 것입니다."

그 말에 문왕이 장인을 시켜 옥돌을 다듬어보니 과연 훌륭한 옥이 나오는 것이 아닌가. 그래서 이후 이 옥을 화씨의 옥이라 부르게 하고 초나라의 보물로 삼았다고 한다.[193]

이 이야기는 하나의 은유다. 우선 옥돌은 한비자 같은 법가의 개혁안이다. 그리고 옥을 감정한 자는 앞서 나왔던 사나운 개 같은 자들로 바로 기득권 세력이다. 한비자 같은 개혁자가 아무리 훌륭한 개혁안을 제시해도 중간의 기득권 세력에 가로막혀 왕에게 채택될 수 없는 상황을 빗댄 것이다. 따라서 이 기득권 세력화한 신하들의 문제를 해결해야만 개혁이 성공할 수 있다. 그럼 어떻게 해결해야 할까? 우선 먼저 떠오르는 방법은 아예 개를 없애버리는 것이다. 그럼 중간에서 농간을 부릴 일도 없을 테니 말이다. 하지만 이런 방법은 실현 불가능하다. 왜냐하면 거대한 국가를 운영하는 일을 군주 혼자서 할 수는 없기 때문이다. 어찌 되었든 신하들의 도움이 필요하다.

그럼 낡은 기득권 세력을 갈아엎어 버리고 믿을 만한 사람들, 그러니까 이른바 진실한 사람들로 물갈이를 해보면 어떨까? 한비자는 이런 방법은 어리석기 그지없는 하책(下策)이라고 지적했다. 중간에 있는 신하들이 기득권 세력으로 변하는 것은 이들이 원래부터 나쁜 사람이어서가 아니다. 세상을 나쁜 사람과 좋은 사람, 진실한 사람과 믿을 수 없는 사람으로 나누는 것은 자신이 얼마나 단순하고 무능력한 인간인지를 폭로하는 짓일 뿐이다. 신하들이 기득권 세력이 되는 것은 사실 당연한 결과다. 인간은 이익을 좇는 존재이고 군주와 신하의 이해관계는 다를 수밖에 없기 때문이다. 앞에서도 여러 차례 이야기했지만 한비자는 결코 인간의 이익을 추구하는 성향, 욕망을 나쁜 것이라고 생각하지 않았다. 그건 그냥 당연한 거다. 신하들이 자신의 이익을 추구해서 군주와 다른 마음을 먹는 것은 지극히 당연한 일이다. 그러니 새로 물갈이를 해서 진실해 보이는 사람을 뽑아놓아도 이들 역시 똑같이 기득권 세력이 될 것이라는 게 한비자의 지적이다. 따라서 이런 방식으로는 문제가 해결되지 않는다.

法家

썩은 사과를 먹는 방법

해결책은 신하들 쪽에 있지 않다. 문제는 신하가 아닌 것이다. 한비자는 양호라는 인물을 통해 기득권 문제의 진짜 해결책이 어디에 있는지를 알려주었다.

양호는 노나라 사람으로 공자와 동시대를 살았던 인물이다. 공자 편에서도 잠깐 언급했는데 한마디로 하극상을 일삼은 역적이다. 쿠데타를 일으켜 임금인 노정공(魯定公)과 자신의 주군인 계환자를 협박해 실권을 잡았다. 하지만 결국 쿠데타는 실패하고 이웃 나라인 제나라로 도망을 갔다. 유능하지만 믿을 수 없는 인간의 전형인 셈이다. 당시 제나라의 임금은 경공(景公)이었는데 양호의 능력을 높이 샀는지 제법 좋은 대우를 해주었다. 그러자 포문자(鮑文子)라는 사람이 임금에게 충고를 했다.

"그것은 좋은 일이 아닙니다. 양호는 계씨의 총애를 받았는데 그를 오히려 정벌하려 했습니다. 그 재화를 탐냈던 것입니다. 지금 군주께서는 계손씨보다 부자이며, 제나라는 노나라보다 대국입니다. 그래서 양호는 군주님의 비위를 맞추며 모반을 획책하고 있는 것입니다."

듣고 보니 그럴싸하지 않은가. 경공은 포문자의 말을 따라 양호를 체포해서 가두었다. 이 사달을 옆에서 지켜보던 신하가 이를 평해 다음과 같이 말했다.

"부잣집을 보면 대체로 그 자식이 인정이 없다. 이는 사람이란 것이 본래 이익을 추구하기 때문이다. 제나라 환공은 춘추오패의 으뜸이었는데, 나라를 서로 독점하려고 형을 죽인 까닭은 군주가 되는 것이 이익이 많았기 때문이다.[194]

군주와 신하 사이는 형제처럼 친밀하지도 않다. 더욱이 상대를 죽이고 대국을 지배하며 막대한 이익을 입수하게 된다면 신하는 누구나 양호처럼 되지 않을 수 없다. 음모라는 것은 남몰래 은밀하고 또 교묘하게 처리하면 성공하고, 아무렇게나 졸렬하게 하면 실패한다. 신하들이 반란을 일으키지 않는 것은 아직 준비가 되어 있지 않아서다. 신하는 누구나 양호와 같은 엉큼한 마음이 있는데 군주가 그것을 모르는 것은 그들이 남몰래 교묘하게 처신하고 있기 때문이다. 신하가 충성하느냐 충성하지 않느냐는 오직 군주의 방법 여하에 달렸다. 군주가 명석하고 엄격하면 신하는 충성을 다하고, 군주가 나약하며 미숙하면 신하는 속이려 들 것이다. 남몰래 수작하는 짓을 간파하는 능력을 명석함이라 하며, 죄악을 용서하지 않음을 엄정함이라 한다. 제나라에 교묘하게 구는 신하가 있는 것을 모르고, 이미 노나라에서 있었던 반란을 들추어내 양호를 책망하는 일은 참으로 미숙한 처사 아닌가."[195]

결국 제나라에서 자리를 잡지 못한 양호는 진나라로 다시 도망을 갔다. 그리고 그곳에서 진나라의 재상인 조간자(趙簡子)[196]를 섬겼다고 한다. 물론 진나라에서도 양호는 위험인물이니 등용해서는 안 된다고 말리는 사람들이 있었다. 하지만 조간자는 다음과 같이 말하며 양호를 받아들였다.

"양호는 애써 정권을 빼앗으려 하니 나는 애써 정권을 지키려 할 것이다."

내가 하기 나름이니 상관하지 말라는 소리다. 그 후 양호는 임자를 만난 탓인지 조간자를 성실하게 섬겨 조간자가 천하에 이름을 떨치는 데 크게 기여했다고 한다.[197]

결국은 군주가 하기 나름이라는 것이 한비자가 하고 싶은 말이다. 쓸데없이 진실한 사람 타령이나 하고 있지 말고 신하를 잘 다루기 위한 적절한 방법을 찾아낸다면 신하들이 기득권 세력으로 변해 개혁을 좌초시키는 일은 막을 수 있다. 달리 말하면 썩은 사과도 상한 부위를 잘만 도려내면 충분히 먹을 만하다는 것이다. 아니, 사실 인간이란 어느 정도는 다 썩은 사과이므로 이를 잘 깎아 먹는 법만 숙지한다면 오히려 완벽한 사과를 찾아다니는 것보다 더 많은 성과를 얻을 수 있다.

술(術), 음지의 기술

바로 이 방법, 즉 썩은 사과를 잘 깎아 먹는 방법이 '법'과 함께 한비자의 가장 중요한 주장 중 하나로 알려진 술(術)이다. 이 둘은 매우 상반된 성격을 지니고 있다.

우선 '법'이라는 것은 한마디로 말해 공식적인 결정이다. 앞에서도 언급했듯이 명령이며, 현재 우리들의 감각에서 보면 법률이라고 해도 무리가 없다. 그것은 반드시 따라야 하고 지켜야 하는 결정이다. 반면 '술'이라는 것은 어디까지나 군주의 권력 혹은 군주의 정치를 제대로 이루기 위한 방편이라고 할까? 바로 방법, 기술이다. 예를 들어 군주가 신하를 어떤 식으로 빈틈없이 통제하는가 하는 방법, 방식이 바로 '술'인 것이다.[198]

그러므로 '법'은 기준이 되는 것이고, '술'은 실제로 적용하는 실질적인 기술이다. 그런데 이 '술'에 대한 부분이 매우 복잡하다. '술'은 속임수와 관련이 많기 때문이다. 한비자가 상상했던 나라를 한번 생각해보자. 왕이 위에 있고 그 아래 백성이 있다. 관료와 대중이 있다. 이 나라는 법이 지배하고 모두 법 앞에서 평등하다. 그런데 이 나라에서는 모든 사람이 자신의 이익과 이득을 따른다는 점이 중요하다. 따라서 왕이 신하들에게 말할 때도 항상 이 점을 고려해야 한다. 이런 말을 했을 때 이 신하의 개인적 이득은 무엇인가? 나를 설득하는 사람은 자신에게 득이 되는 뭔가가 있을까? 진실을 알기 위해서는 때때로 신하들을 속여야만 할 것이다. 또 진실을 알려면 신하들의 개인적 이득과 관련된 문제를 알아야만 할 것이다. 그야말로 교묘한 통치 방법을 고안해야 하는 것이다.[199]

'술'은 이처럼 교묘한 테크닉이기 때문에 '법'과는 정반대의 성질을 띨 수밖에 없다. '법'은 모두가 알도록 명확해야 하지만 '술'은 아무도 모르게 사용해야 한다. 속임수를 누구나 알게 사용해서야 되겠는가. 비유하자면 '법'은 태양과 같은 양지의 존재지만 '술'은 본질적으로 음지의 존재다.

이 때문에 한비자는 법막여현, 이술불욕견(法莫如顯, 而術不慾見)이란 말도 남겼다. 무슨 뜻인가 하면 '법'이란 최대한 명확해야 하고 최대한 널리 퍼뜨려야 하는 것이지만 '술'은 다르다는 말이다. '술'이란 최대한 다른 사람들에게 알리면 안 되는 것이다.[200]

法家

───

검(劍)은 양쪽에 날이 있다

그렇다면 이제부터 본격적으로 음지의 세계, 그러니까 권모술수의 세상으로 들어가 보자. 다만 그 전에 반드시 짚고 넘어가야 할 부분이 하나 있다. 이 권모술수의 세계, 그러니까 '술'의 영역은 잘 벼린 양날 검과 같은 세상이라는 것이다. 잘 사용하면 상대를 벨 수 있지만 잘못 사용하면 내가 베이는 세상이다. 박찬욱 감독의 영화 〈아가씨〉를 보면 이런 장면이 있다. 하녀 숙희를 속여서 이용해 먹은 후 정신병원으로 보내버린 백작에게 아가씨인 히데코가 묻는다.

"한 번이라도 숙희가 불쌍하다고 생각해본 적 있나요?"

백작이 대답한다.

"아니요. 하나도 안 불쌍한데요, 우리 동네에선 순진한 건 불법이

거든요. 그러니 내가 아가씨를 사랑하다가 무슨 비참한 꼴을 당한다고 해도 나를 불쌍히 여기지 마세요."

이것이 바로 '술'의 세상이다. 내가 권모술수의 칼을 드는 순간 나역시 언제든지 베어질 수 있다는 사실을 각오하는 것이다. 내가 상대를 이용하려고 들면 상대도 당연히 나를 이용하려고 한다는 점을 알아야 한다. 이런 각오조차 없이 나는 항상 베는 쪽일 거라고 생각한다면 어리석은 인간이라고 말할 수밖에 없다. 섣부르게 술수를 쓰려는 인간 중엔 의외로 이런 어리석은 자가 많다. 사실 할 수만 있다면 이런 세상에서 살지 않는 것이 가장 좋은 방법이다. 그럼에도 한비자는 왕은 반드시 이런 세상에서 살 수밖에 없다고 생각했다. 모든 욕망이 응축된 자리가 바로 왕의 권좌이기 때문이다. 여기서도 의외로 세상을 보는 눈이 비슷한 장자와 한비자의 공통점을 발견하게 된다. 다만 장자는 그렇기 때문에 왕의 자리를 버리고 도망치거나 욕망의 대상이 되기를 포기하라고 권하지만 한비자는 각오 단단히 하고 칼을 들라고 권하는 점이 다를 뿐이다.

『한비자』에서 '술'에 대해 자세히 설명한 부분은 내저설(內儲說) 편이다. 이 편은 다시 7술(七術)[201]과 6미(六微)[202]로 나뉘는데 7술은 7가지 술책, 6미는 6가지 기미 혹은 징조 정도로 이해하면 된다. 『한비자』가 전하는 권모술수의 진수는 여기에 다 모여 있다. 일일이 설명하기엔 양도 너무 많고 오히려 혼란스러워질 우려도 있으므로 가장 중요하다고 생각되는 것 중심으로 간단히 설명하도록 하겠다. 다만 이 이상을 알고 싶다면 구태여 다른 해설서를 찾지 말고 『한비자』를 직접 읽어 보길 권한다. 워낙 흥미진진하고 재미있게 써놓은 책인지라 아마 지루하지는 않을 것이다.

法
家

겨드랑이에 속마음을 숨겨라

한비자는 7술과 6미를 합쳐서 13가지 주제로 자신의 주장을 펼쳤는데, 그중 가장 중요한 '술'을 하나만 꼽자면 아마도 '협지(挾知)'일 것이다. 여기서 '협'은 겨드랑이 같은 곳에 끼운다는 뜻으로 자신의 지혜, 속마음을 숨기고 감추어야 함을 말한다. 왜 이게 가장 중요하냐면 권모술수는 결국 속임수에 기반을 둔 것일 수밖에 없고, 모든 속임수의 기본은 자신의 마음을 숨기는 데서 시작하기 때문이다. 간파당하면 이용당하는 법이다. 따라서 전제군주국에서 군주의 역량이란 신하들에게 자신의 마음을 얼마나 잘 감추느냐에 달렸다고 해도 과언이 아니다. 그러니 '도무지 속을 알 수 없다'고 신하들이 불만을 터뜨린다면 그것은 군주의 입장에서는 최고의 극찬일 수도 있다. 이렇게 자신의 마음을 숨긴 상태에서 신하를 관찰하고 적절한 질문을 던진다면 신하들을 꼼짝 못 하게 만드는 게 가능하다.

한비자가 꼽은 협지와 관련된 이야기로는 우선 한소후(韓昭侯)[203]에 얽힌 내용이 있다. 하루는 한소후가 신하들과 이야기를 나누는데 시종이 옆에서 한소후의 손톱을 손질하고 있었던 모양이다. 한소후는 슬그머니 깎은 손톱 하나를 감추었다. 그러고는 자신의 손톱이 하나 사라졌다며 신하들을 호통을 치기 시작했다. 신하들은 난리가 났다. 임금이 손톱을 감추고 거짓으로 호통을 치는 줄도 모르고 손톱을 찾느라 한바탕 소동을 벌인 것이다. 그런데 그때 한 신하가 꾀를 냈다. 어차피 그 작은 손톱을 찾을 수도 없을 것이라고 생각하고는 몰래 자신의 손톱을 잘라 바친 것이다. 아마 스스로는 자신이 무척 똑똑하게 일처리를 했다고 생각했을지 모르겠다.[204]

하지만 왕은 이미 그 신하를 시험하고 있었다. 만약 그가 자기 손톱을 잘라 왕에게 준다면 정직한 사람이 아니라는 뜻이다. 왕이 원하는 바를 맞추고자 자기 손톱을 잘라 왕에게 주었기 때문이다. 한마디로 부정직한 신하다. 그러나 왕의 기분을 상하게 할지 모른다는 위험을 감수하고라도 손톱을 찾을 수 없다고 말했다면 왕이 신뢰할 만한 정직한 신하라고 했을 것이다.

이것은 '술'을 설명하는 훌륭한 이야기다. 위험을 감수하더라도 정직한, 신뢰할 수 있는 사람을 찾는 왕의 기술인 것이다. 결국 이 기만술에서는 진실을 찾는 것이 중요하다. 속임수를 통해 진실을 찾는

것이다.[205]

일본의 전설적인 경영자 중 마쓰시타 고노스케(松下幸之助)라는 사람이 있다. 파나소닉이라는 회사의 창업주이자, '마쓰시타 정경숙'이라는 일본의 리더 양성 기관을 만든 사람이다. 당연히 리더십에 관심이 많았고 특히 한비자에게 무척 큰 관심을 보였다고 한다. 그래서인지 그에게는 한비자를 연상시키는 일화가 많다. 그중 하나를 소개한다.

하루는 고노스케가 공장을 방문해서 현장 책임자에게 이런저런 질문을 던졌다. '생산량은 얼마나 되는지' '가장 잘 팔리는 것은 무엇인지' '잘 안 팔리는 품목의 판매량은 얼마인지' 등등을 세부적인 수치까지 물었다. 책임자는 수치에는 다소 자신이 없었지만 그렇다고 모른다고 할 수 없어 적당히 대답을 했다. 사실 스쳐 지나가는 구두 보고에서 별로 중요하지도 않은 세부적인 수치를 누가 일일이 기억했다가 체크하겠는가? 그날의 보고는 잘 끝났고 책임자는 안도했다. 하지만 그건 착각이었다. 며칠 뒤 고노스케는 책임자를 불러들여 그 책임자가 제시한 수치를 일일이 지적하며 따끔하게 지적했다.

"자네, 나한테 보고하고 나서 틀렸다는 걸 알았다면 나중에라도 반드시 정정 보고를 해야 하지 않나?"[206]

이런 것이 전형적인 한비자의 술책이다. 일단 이런 일이 벌어지고 나면 누구도 쉽게 거짓 보고를 할 수 없게 되지 않겠는가.

法家

이해관계는 반드시 충돌한다

협지 다음으로 소개하고 싶은 것은 6미 중 하나인 유반(有反)이다. 이것은 사건의 진상을 파악하는 군주의 기술로서 상황을 정확히 판단할 수 없을 때 무엇부터 살펴봐야 하는지를 알려주는 지침이라고 할 수 있다. 간파당하지 않는 기술이 아니라 간파하는 기술이라고 보면 된다.

먼저 소개할 이야기의 주인공은 진문공(晉文公)[207]이다. 하루는 진문공이 식사를 하다가 시종이 내온 고기 요리를 보고 깜짝 놀라며 화를 냈다. 고기에 머리카락이 버젓이 감겨 있었기 때문이다. 당장 담당 요리사가 잡혀왔다. 진문공이 노한 목소리로 추궁했다.

"너는 과인이 목이 막혀 죽도록 하려고 했느냐? 어찌해서 구운

고기에 머리카락을 감았느냐?"

요리사는 두려워하면서도 침착하게 대답했다.

"신에게는 죽을죄가 세 가지 있습니다. 신의 칼은 예리해 바람을 일으킬 정도인데, 뼈는 자르면서도 머리카락은 자르지 못했습니다. 이것이 첫 번째로 신이 죽어야 할 죄입니다. 또 가장 좋은 뽕나무 숯으로 고기가 붉은빛에서 흰빛으로 될 때까지 잘 구웠는데 머리카락은 타지 않았습니다. 이것이 두 번째로 신이 죽어야 할 죄입니다. 고기가 익어 또 몇 차례 주의해 살펴보았지만 머리카락이 감겨 있는 것은 발견하지 못했습니다. 이것이 세 번째로 신이 죽어야 할 죄입니다. 당 아래에 있는 자가 신을 미워해 한 짓으로 생각됩니다. 신을 죽이는 것은 또한 너무 이르지 않습니까?"

진문공이 요리사의 이야기를 들어보니 과연 요리사에게는 죄가 없을 것 같았다. 그래서 요리사의 주변 인물 중 그가 처벌받으면 이득을 볼 만한 자들을 조사하기 시작했다. 그러자 그의 밑에서 임금의 음식을 만들던 보조 요리사가 범인인 것이 밝혀졌다. 요리사가 죽거나 쫓겨나면 자신이 그 자리를 차지할 것이라고 생각하고는 일을 꾸민 것이다.[208]

이 이야기가 말하고자 하는 것은 권력 투쟁에서 줄곧 발생하는 문제를 파악해서 해결해야 한다는 것이다. 이것은 바로 누군가를 모함하는 문제다. 사실 모함은 언제나 발생할 수 있다. 특히 전제군주의 주변일수록 더 그렇다. 그렇기 때문에 한 나라의 군주라면 사람 간의 이해관계가 충돌할 가능성이 있다는 점을 이해하고, 이렇게 누군가를 모함하는 사건을 만났을 때 다른 각도로 생각하고 해결할 방법을 찾을 수 있어야 한다. 그래야만 다른 사람들의 속임수에 당하지 않고 또 누군가를 억울하게 하거나, 무고한 사람을 죽이지 않을 수 있다.[209]

　　또 구조적으로 살펴보면 이 이야기는 이익을 얻는 인간과 손해를 보는 인간이라는 두 가지 존재를 상정하고 있음을 알 수 있다. 다시 말해 비난받는 인간이 있다면 그 비난으로 득을 보는 인간이 있다는 것이다. 손해를 보는 인간, 피해를 입는 인간과 득을 보는 인간이라는 두 가지 존재를 생각하면서 문제를 해결해야 한다. 진문공의 일화에서 피해를 입은 인간이 요리사라면 분명히 누군가 득을 보는 가해자가 있게 마련이다. 그러므로 권력자는 피해자가 있으면 가해자가 있고, 손해를 보는 인간이 있으면 득을 보는 인간이 있다는 점에 비추어 과연 이 일로 누가 득을 볼지 조사해야 한다.[210]

이익을 얻는 자를 주목하라

『한비자』에는 조금 다른 각도의 비슷한 이야기가 또 나온다. 전국시대에 진수(陳壽)라는 사람이 있었다. 당시 그는 위나라 신하였는데 마침 초나라 왕과도 친분이 있었다고 한다. 진수는 이 점을 이용해서 팔자를 한번 고쳐보기로 했다. 몰래 초나라에 연락해 지금 위나라의 방비가 약하니 쳐들어오면 반드시 승리할 것이라고 충동질을 했다. 충동질에 넘어간 초나라가 위나라를 공격했다. 난데없이 공격을 당한 위나라는 과연 방비도 허술했고 전쟁 준비가 되어 있지 않았다. 위나라 조정은 난리가 났다. 결국 초나라 왕에게 교섭을 위한 사자를 보내기로 했는데 이때 진수가 나섰다. 자신이 초나라 왕과 친분이 있으니 사자로 가겠다고 자청한 것이다. 이렇게 해서 초나라에 사자로 간

진수는 휴전협정을 맺고 돌아왔다. 위나라에서 진수의 위상이 높아진 것은 당연했다. 그 덕에 그는 위나라의 재상이 되었다.

우리나라에서도 과거 대통령 선거를 앞두고 이런 일을 벌인 사람들이 있었다. 특정 후보의 지지율을 높이기 위해 북한을 끌어들여 휴전선 부근에서 총격전을 벌여달라고 요청했던 사건이다. 민주주의 국가에서 군주와 같은 존재인 국민의 눈을 속여 자신의 이득을 추구한 진수와 같은 경우라고 볼 수 있다. 그러니 앞으로도 이런 일로 누가 이득을 보는지 국민들이 잘 판단한다면 이 따위 어처구니없는 짓을 쉽게 벌이지는 못할 것이다.

法家

만장일치를 경계하라

이해관계의 충돌과 관련해 또 하나 꼭 언급하고 싶은 것은 '참관(參觀)'이다. 일단 한비자의 말을 들어보자.

"사람의 말을 관찰하고 받아들일 때, 단 한 사람의 말만 듣고 다른 사람의 말을 참작하지 않으면 진실은 군주의 귀에 들어가지 않는다. 군주가 신하의 말을 들을 경우 마치 집에 출입문이 하나밖에 없는 듯이 하면 그 신하는 군주의 총명을 흐리게 하는 수 있다."[211]

한마디로 여러 사람에게 물어보라는 것인데 왠지 너무 당연한 이야기처럼 느껴질 것이다. 하지만 한비자의 진정한 통찰은 여기서 끝나지 않는다. 예를 들어 주변 여러 사람에게 의견을 물어보았는데 모든 사람이 찬성하는 정책이 있다고 치자. 그것은 과연 좋은 정책일까? 놀랍게도 한비자는 그렇지 않다고 대답했다.

"본래 남과 상의한다는 것은 의심스럽기 때문이며, 의심스럽다 하는 것은 정말 의심스러운 것이어서 그 일이 좋다고 생각하는 자가 반수이며, 그 일이 좋지 않다고 생각하는 자가 그 절반이 되어야 당연한 것입니다. 그런데 나라 안 사람 전부가 그 일을 옳다고만 한다니, 왕께서는 상의한 사람의 절반을 잃은 셈입니다. 본래 군주를 위협하는 간신은 그 반대 의견을 제거하는 법입니다."[212]

한비자는 항상 사람들은 이해관계가 엇갈리고 대립할 수밖에 없다고 가르친다. 군주는 어떤 경우에도 이 점을 명심해야 한다. 그런데 이해관계가 갈려야 정상인 신하들이 이미 하나의 의견으로 통일되어 있다면? 이건 일이 잘 돌아간다는 뜻이 아니라 무언가 잘못되어간다는 징조다. 오히려 군주가 인의 장막에 둘러싸여 고립된 위험한 상황일 가능성이 높다. 한비자에는 이런 이야기도 전한다.

제나라의 현명한 재상인 안영(晏嬰)이 노나라를 방문했을 때 애공(哀公)[213]이 안영을 접견하고는 다음과 같이 물었다.

"세 사람만 모여도 미혹되지 않는다는 말이 있는데 지금 나는 세 사람 정도가 아니라 나라 안의 거의 모든 신하와 상의를 하는데도 나라가 시끄러운 것은 어찌 된 영문입니까?"

안영이 대답했다.

"옛말에 '세 사람만 모여도 미혹되지 않는다'고 한 것은 그중 한 사람이 그르다 하더라도 나머지 두 사람이 그르지 않으므로 세 사람이 있어도 많은 사람과 같은 힘이 있다고 보아도 무방할 것이라 여겨 그리 말한 것입니다. 그러나 요즘 노나라 신하는 몇천, 몇백이 되나 입을 모아 계씨에게 이익이 되는 말만 합니다. 그것은 사람의 수는 많지만 한 사람이 말한 것이나 다름이 없는 것입니다.”[214]

실제로 당시 노나라의 정치는 이미 임금의 손을 떠나 신하인 계씨의 손에 들어가 있었다.

그러므로 군주는 신하들이 대립하고 갈등하며 이해관계가 갈리는 것을 오히려 긍정적으로 받아들여야 한다. 그래야만 다양한 의견을 들을 수 있으며, 잘못된 의견이나 정책을 사전에 걸러내는 것이 가능하다. 또 그래야만 마지막 결정을 내리는 힘, 바로 권력이 군주의 몫이 될 수 있다. 어쩌면 자신의 내각을 ‘경쟁자들의 팀’으로 구성했던 링컨 대통령의 일화 역시 이와 같은 한비자의 통찰과 같은 발상에서 있을지 모르겠다.

1860년 링컨은 유력한 경쟁자들을 물리치고 공화당 후보로 뽑혀 대통령에 당선되었다. 당선 직후 링컨이 직면한 상황은 매우 어려웠다. 무엇보다도 남부가 분리 독립을 선언하고 연방으로부터 이탈하려고 하고 있었다. 어수선한 분위기 속에 난국을 타개할 첫 내각이 구성되었다. 그런데 링컨은 놀랍게도 자신을 격렬히 반대했던 자신의 정적 네 사람을 주요 각료로 기용했다. 자신을 긴팔원숭이라고 놀리며 극도의 경멸감을 표했던 에드윈 스탠턴은 국방장관으로, 가장 강력한 대통령 후보였던 윌리엄 수어드는 국무장관으로 택한 것이다. 또 경선에서 떨어지고 나서 끊임없이 자신을 깎아내렸던 새먼 체이스는 재무장관으로, 평소 자신을 무능하다고 평했던 원로 정치인 에드워드 베이츠는 법무장관으로 임명했다. 이들은 링컨과 사이가 나쁠 뿐만 아니라 자기들끼리도 앙숙이었다. 링컨은 국가가 내란의 위기에 직면한 때 이런 말썽 많아 보이는 내각을 구성한 것이다. 하지만 우려와 달리 링컨의 내각은 19세기 미국 역사상 가장 훌륭하고 효율적인 내각이 되었다. 경쟁자들의 다양한 의견을 조율해낸 링컨이 있었기 때문이다. 훗날 수어드는 "행정부 내에서 파벌 간 세력 균형을 맞추는 데 링컨만큼 탁월한 사람은 없다"고 링컨을 극찬했다.

法
家

책임 소재를 분명히 하라

마지막으로 소개하고 싶은 '술'은 일청(一聽)이다. 반드시 한 사람, 한 사람에게 의견을 묻고 그 의견에 대해 책임을 지우라는 뜻이다.

제나라 선왕은 피리 연주를 무척 좋아했다. 그래서 늘 악사들에게 연주를 시켰는데 한번 할 때면 반드시 300명을 합주하게 했다. 300명이 함께 연주를 하기 때문에 잘하고 못하는 것이 티가 나지 않았다. 그래서 300명의 악사 중에는 연주를 잘하는 자도 있었지만 엉터리도 섞여 있을 수밖에 없었다. 남곽처사(南郭處士)라는 사람도 그중 하나였다. 그럼에도 그 역시 왕의 악사로 좋은 대우를 받았다. 그런데 선왕이 죽고 민왕(湣王)이 즉위했다. 그 역시 피리 연주를 좋아했는데 문제는 합주가 아니라 독주를 좋아했다는 데 있다. 무임승차로 편하게 지내던 엉터리 연주자 남곽처사로서는 위기가 닥친 셈이다.

결국 운명의 순간이 왔다. 연주자들이 순서대로 민왕에게 불려가 한 사람씩 연주를 하게 된 것이다. 남곽처사는 뒤도 돌아보지 않고 삼십육계 줄행랑을 치고 말았다.

이 이야기는 나라를 다스릴 때에는 반드시 '술'을 사용해 신하들을 확인해봐야 하며 확인을 할 때에는 순명책실(循名責實)해야 한다는 점을 강조한다. 구체적으로 한 명씩 확인해 누군가 은근슬쩍 얼버무려 이익을 취할 수 없게 해야 한다는 말이다. 막연하게 '해야 하는 일 알아서 잘해주세요' 이렇게 말하면 결코 안 된다. 꼭 구체적으로 한 사람, 한 사람의 권리와 의무가 무엇인지 알려줘야 한다. 그래야만 그들의 옳고 그름에 따라 그들의 '공'과 '과'를 판단하고 일청책하(一聽責下), 하나하나씩 자세하게 들어서 개인별로 확인하는 것을 실현할 수 있다. 이것이야말로 국가를 관리하는 가장 효과적인 방법이다. 그렇지 않다면 많은 사람이 일은 안 하고 자리만 차지하고 녹을 받아먹는 사기 행각을 벌일 것이 뻔하기 때문이다.[215]

제선왕에게는 통했던 사기가 제민왕에게는 통하지 않았던 이유 역시 민왕이 한 사람, 한 사람 따로 일을 시킴으로써 각자의 능력이 명확히 드러나도록 했기 때문이다. 이처럼 각자에게 책임을 지우면 복지부동이나 무임승차 같은 현상을 막을 수 있다. 그런데 이렇게 신하들에게 책임을 지우고 일을 시킬 때는 반드시 지켜야 할 원칙이 하나 있다. 한 사람, 한 사람 반드시 의견을 내게 해야 한다는 것이다. 자신의 명확한 의견을 제시하도록 하지 않으면 나중에 책임을 물을 수 없기 때문이다. 따라서 아무 의견도 내지 않는 자는 책임지지 않는 자이므로 내쫓아야 한다.

이것은 말하자면 일종의 경매 같은 시스템이라고 할 수 있다. 한 비자는 이를 성과와 명칭을 뜻하는 형명(刑名)이라고 했다. 사실 사람들에게 임무를 배정하는 것은 무척 어려운 일이다. 이들의 재능을 모르기 때문이다. 사람들은 원하는 일자리를 위해 자기 재능을 속이려고 한다. 따라서 이들의 재능을 함부로 추측하려고 해서는 안 된다. 예를 들어 농업부 장관을 간절히 원하는 사람이 있다고 치자. 농업에 관해 아는 바가 많고 관심이 있는 척할 것이다. 하지만 사실은 그는 완전히 위선자에 사기꾼일 수 있다. 이럴 때는 신하들이 직접 자신의 직함과 업무를 제안하게 해야 한다. 그리고 그들이 약속한 직위에서 일하게 하고 만약 자리를 얻기 위해 공약을 남발했다면 반드시 처벌받게 하면 된다. 이것은 이중성 혹은 표리부동을 제거하는 방법이다. 자기 능력을 왜곡해서 혹독한 처벌을 받는다는 사실을 알게 되면 가능한 한 정직하게 자신을 표현하려고 할 것이다. 만약 자기 공약과 비슷한 성과를 내면 보상을 해주어야 한다.[216]

法家

방법을 알면 결과를 알 수 있다

한비자의 조언은 여기서 그치지 않는다. 그는 일을 맡겨 성과를 알아보기 전에도 신하들이 내놓은 의견이 실현 가능한지 가늠해볼 수 있다고 일러주었다. 그 비법은 '구체적인 방법'을 묻는 것이다. 말하자면 '구체적으로 어떻게 할 것인지 나한테 설명해보시오'라고 요구하는 것이다. 제대로 된 방법을 제시하지 못한다면 그 주장을 실현하는 것도 당연히 불가능하기 때문이다.

연나라에 한 왕이 있었다. 그런데 그는 자질구레한 세공품을 광적으로 좋아했다고 한다. 마치 벌거숭이 임금님의 이야기처럼 이런 사람은 사기꾼의 표적이 되기 딱 좋다. 아니나 다를까 어느 날 위나라에서 사람이 찾아와서 말했다.

"저는 나무의 가시 끝에 암원숭이를 조각할 수 있습니다."

거의 보이지도 않는 가시 끝에 암원숭이를 조각하겠다니…. 도저히 믿기 어려운 이야기인데도 왕은 그 사람이 마음에 들었다. 그래서 대신급에 해당하는 연봉을 주고 조각을 부탁했다. 그렇게 얼마간 시간이 흘렀다. 왕이 암원숭이 조각을 보고 싶은 마음에 안달이 나서 그 사람에게 재촉했다.

"나무의 가시 끝에 암원숭이를 조각한 것을 꼭 보고 싶구나. 언제쯤 보여주겠느냐?"

위나라 사람이 말했다.

"임금님께서 그것을 꼭 보고 싶으시면, 적어도 반 년 동안은 후궁들의 방에 들어가시면 아니 되며, 또 그동안 음주와 육식을 삼가셔야 합니다. 그리고 비가 그치고 햇볕이 쨍쨍 날 때에 그늘에서 보시면 가시 끝에 반드시 암원숭이가 보일 것입니다."

왕이 그까짓 조각 하나 보려고 이렇게까지 할 리 없지 않은가. 전전긍긍하고 있는데 한 대장간 영감이 왕에게 아뢰었다.

"저는 끌을 만드는 사람입니다. 아무리 작은 조각이라 할지라도 끌로 파고, 또 깎는 조각품은 끌보다 크게 마련입니다. 그러므로 나무의 가시 끝에는 끌질을 할 수 없을 것입니다. 그 사람에게 암원숭이를 보여줄 수 없다면 조각할 끌이라도 한번 보여달라고 하십시오."

왕이 생각해보니 맞는 말이었다. 그래서 위나라 사람을 불러서 물었다.

"네가 가시 끝에 조각을 하는 데 쓰는 연장은 무엇이냐?"

"끌로 합니다."

"그 끌을 보여줄 수 있겠느냐?"

보여줄 수 있을 리가 없다. 위나라 사람은 숙소에 가서 가지고 오겠다고 말하고는 그 길로 달아나버렸다.[217]

法
家

현실주의자의 결기

음지의 기술인 '술'에 대한 한비자의 조언은 지금까지 살펴본 것에 그치지 않는다. 그의 책에는 훨씬 많은 통찰과 예화가 풍부하게 펼쳐져 있다. 그런데 아이러니한 점은 권력 투쟁의 현실에 대해 이토록 냉철한 분석을 했음에도 정작 그 자신이 권력 투쟁의 희생양이 되는 일은 막지 못했다는 것이다.

한비자는 원래 한나라 왕실의 서자였다. 머리가 매우 좋고 글재주가 남달랐지만 불행히도 말을 더듬었다. 아마도 선천적인 장애가 있었던 모양이다. 그런데 한비자가 살았던 시대는 전국시대도 거의 끝나가고 진나라에 의한 통일이 목전에 다다른 시기였다. 한비자의 조국인 한나라는 전국시대 말기에 남아 있는 일곱 나라 중에서도 최

巧詐不如拙誠

●●●

교묘한 거짓보다 투박한 성실함이 더 나은 법이다.

—『한비자』설림편

약체였고, 조정에는 쓸모없는 유세객과 힘자랑하는 장사만 가득해 망조가 들었다. 냉정하게 세상을 볼 수 있는 눈을 가지고 있던 한비자에게 이런 현실이 보이지 않았을 리 없다. 그는 이런 조국을 구해보려 최선을 다했다. 하지만 망해가는 나라답게 아무도 그의 주장에 귀를 기울이지 않았다. 한비자는 울분 속에 자신의 주장을 정리해 책으로 남겼다. 그것이 우리가 읽고 있는 『한비자』다. 그런데 마침 당시 진나라의 왕이던 영정(嬴政)이 한비자가 쓴 글 중 '고분(孤憤)' '오두(伍蠹)' 등을 읽게 되었다. 이 영정이 바로 훗날의 진시황(秦始皇)이다. 진시황은 한비자의 글을 읽고 탄식했다.

"이 책이야말로 내가 기다리던 것이다. 아마도 이 책을 쓴 사람은 옛날 사람이겠지? 내가 이 사람을 만날 수만 있다면 죽어도 여한이 없겠구나."

이때 한비자와 동문수학한 이사(李斯)가 진시황에게 한비자의 정체를 알려주고 다음과 같은 계책을 일러주었다.

"한비*를 얻고 싶으면 한나라를 공격하십시오. 그러면 반드시 한비를 사신으로 보내올 것입니다."

과연 진나라가 한나라를 공격하자 한나라는 한비자를 사신으로 보냈다. 그런데 진시황은 그토록 고대하던 한비자를 만나 보았는데도 당장 등용하지는 않았다. 한나라 왕실 출신이라는 점을 꺼렸는지, 아니면 한비자가 말이 어눌한 것이 마음에 들지 않았는지 모르겠다. 아

● ── 한비(韓非)는 한비자의 본명이다. 원래는 한자(韓子)라고 존칭해야 하지만, 후에 당의 한유를 한자라 부르게 되면서 한비자라고 칭하게 되었다.

무튼 이렇게 진시황이 한비자를 등용하지 않고 망설이자 마침 한비자의 재능을 두려워하던 이사가 이 빈틈을 노리고 나섰다. 한비자는 한나라의 왕족이니 아무래도 믿을 수 없다는 것이다.

"한비는 한나라의 공자입니다. 지금 왕께서 제후들을 병탄하고자 하시는데, 한비는 끝내 진나라를 위해 일할 사람이 아닙니다. 이것이 사람의 정입니다. 지금 그를 등용하지 않고 오래 붙잡아두었다가 돌려보내신다면 후환을 남기는 일입니다. 죄를 걸어 처형하느니만 못합니다."[218]

한비자가 늘 이야기한 것처럼 권력 투쟁의 현장에서 신하들은 이렇게 자신의 이익을 위해 딴생각을 하는 법이다. 어쩌면 이사는 한비자를 진나라로 불러들이자고 할 때부터 자신보다 재능이 뛰어난 한비자를 죽일 계획이었는지도 모르겠다. 물론 이 경우에도 한비자 식으로 보자면 이사가 나쁘다기보다는 진시황이 무능한 것이다. 결국 진시황이 이 말에 넘어갔다. 다만 한비자의 재능이 아깝다고 생각했는지 죽이지는 않고 옥에 가두기만 했다. 그런다고 기회를 놓칠 이사가 아니다. 이사는 후환을 없애기 위해 한비자에게 독약을 보내 자살을 강요했다. 한비자는 진시황을 직접 만나 억울함을 호소하려고 했지만 당연히 그런 길을 이사가 열어놓았을 리가 없다. 결국 한비자는 독약을 마시고 한 많은 생을 마감했다.

공교롭게도 한비자뿐 아니라 중요한 법가 사상가 중에는 유난히 비참하게 최후를 마친 사람이 많다. 한비자를 죽음으로 몰아넣은 이사도 훗날 조고(趙高)와의 권력 투쟁에서 패해 허리가 잘리는 요참형으로 죽임을 당했으며 법가의 선구자인 상앙도 온몸이 찢기는 거열형을 당했다. 그뿐 아니다. 전국시대 초기의 개혁가 오기도 초나라에서 개혁에 반대하는 귀족들에 의해 온몸에 화살을 고슴도치 가시처럼 맞아 죽었다. 왜 이렇게 제명에 죽은 사람이 드물까? 그것은 아마도 법가 철학 자체가 살생의 칼자루를 쥐고 흔드는 권력 투쟁의 철학이기 때문일 것이다. 냉혹할 뿐 아니라 비열하기까지 한 권력 투쟁의 현실을 인정하고, 그 현실 위에서 세상을 바꾸려고 했기에 항상 천 길 낭떠러지 위를 걷듯이 위태로울 수밖에 없었다. 이 때문에 일찍이 한비자와 친분이 두터웠던 당계공(堂谿公)은 한비자에게 다음과 같은 충고를 했다고 한다.

"선생은 정치에 대해 말하며 '초나라는 오기를 기용하지 않았기 때문에 땅을 빼앗기고 나라가 문란해졌으며, 진나라는 상앙의 법을 실행해 국가가 부강해졌다'고 하셨습니다. 그런데 이 두 사람의 의견은 실제로는 효과가 있었음에도 불구하고 오기는 사지가 찢겨 죽었고, 상앙은 수레에 가랑이가 찢겨 죽었습니다. 도대체 안전하게 살아가는 길을 버리고 덮어놓고 위태로운 행위를 하신다는 것은 선생을 위해서 저는 도저히 찬성할 수가 없습니다."

하지만 한비자의 대답은 단호했다.

"내 뜻을 분명히 말씀드리겠습니다. 사실 천하를 다스리는 정치와 백성을 잘 다스리는 법도는 매우 다루기 힘든 것입니다. 그런데도 조언하신 것을 뒤로하고 내가 믿고 있는 이념을 주장하는 것은 나로

서는 법술을 제창하고 법도를 실천하는 것이 백성을 위하는 길이며, 그들에게 편리하다고 믿기 때문입니다. 그러므로 나라를 문란하게 하는 군주나 미욱한 군주가 가하는 재난을 아랑곳하지 않고, 오직 백성의 이익을 갖추려고 하는 것은 인자나 현자의 행위입니다. 그런 군주가 가하는 재난을 두려워하며, 자기 목숨의 위험을 피하며, 처세를 조심하고, 백성의 이익을 생각지 않는 것은 이기적이며 천한 행동입니다. 나는 이기적이며 천한 행동을 하고 싶지 않으며, 인자나 현자의 행동을 비난하고 싶지도 않습니다. 선생께서 나를 사랑해 하시는 말씀이겠지만 실제로 그것은 나를 크게 상하게 하는 것일 뿐입니다."[219]

이 편의 서두에서도 이야기했지만 진정한 현실주의란 결코 현실 순응주의 따위가 아니다. 오히려 현실을 직시하고 현실과 대결하는 자세야말로 현실주의다. 먼 미래나 내세가 아니라 '지금! 당장!' 현실에서 승부를 보겠다는 자세인 것이다. 당계공과 한비자의 대화를 읽다 보면 한비자 역시 그와 같은 의미에서 진정한 현실주의자였다는 사실을 절감하게 된다.

아마도 한비자와 법가 철학자들에게 정치란 그리고 권력이란 더러운 진흙탕에서 연꽃을 피우는 일과 같은 것이 아니었을까? 인간성의 어두운 면에 절망하지 않고, 오히려 그 어둠을 이용해서 연꽃을 피워내는 것. 이것이 진정한 '현실주의자들의 결기'일 것이다.

절망의 반대말은 희망이 아니다

『대지』라는 소설의 저자인 미국 여성 최초의 노벨문학상 수상자 펄 벅은 선교사인 아버지를 따라 중국에서 어린 시절을 보냈다. 그런데 어느 해인가 펄 벅 가족이 살던 지역에 심한 가뭄이 들었다. 아버지가 먼 여행으로 집을 비운 사이 마을에는 백인이었던 펄 벅의 어머니가 신을 분노하게 만들어 가뭄이 계속된다는 소문이 돌았다. 오랜 가뭄으로 마을 분위기는 점점 흉흉해졌고 사람들의 불안은 결국 분노로 변해 저주받은 가족을 죽이기 위해 펄 벅의 집으로 몰려왔다.

그런데 펄 벅의 어머니는 생명이 위태로운 그 순간에 오히려 대담한 행동을 했다. 집 안에 있는 찻잔을 모두 꺼내 차를 따르게 하고 케이크와 과일을 접시에 담게 한 것이다. 그리곤 대문과 집 안의 모든 문을 활짝 열어두고 아이들과 함께 거실에 앉아 사람들을 기다렸다. 잠시 뒤 거리에서 함성이 들리더니 몽둥이며 칼을 든 사람들이 단숨에 거실로 몰려왔다. 사람들은 굳게 잠겨 있을 것이라고 여겼던 문이 열려 있자 좀 어리둥절해하며 방 안을 들여다보았다. 그때 펄 벅의 어머니는 "자, 어서들 들어오세요. 차 좀 드시고요. 기다리고 있었습니다. 자, 어서…" 하며 정중히 차를 권했다.

그러자 그들은 멈칫거리다가 못 이기는 척 방으로 들어와 차를 마시고 케이크를 먹었다. 천천히 차를 마시며 그들은 구석에서 천진난만하게 놀고 있는 아이와 어머니의 얼굴을 한참 바라보다가 그냥 각자의 집으로 돌아갔다.

그리고 그날 밤 그토록 기다리던 비가 내렸다.

훗날 펄 벅은 그날의 이야기를 들으며 어머니에게 물었다.

"무섭지 않았어요?"

"무서워서 미칠 것 같았지."

"그런데 어디서 그런 용기가 생긴 거죠?"

"절망했기 때문이야."

어머니는 언제나 그렇게 대답했다. 용기는 절망의 밑바닥에서 치솟는 것이라고.

"죽음을 눈앞에 둔 절박한 상황이 아니었다면 도저히 그런 용기는 나지 않았을 거야."[220]

사람들이 쉽게 오해하는 것과 달리 절망의 반대말은 희망이 될 수 없다. 희망이란 지금은 비록 어렵더라도 앞으로는 잘되어갈 것이라는 기대인데 자기기만을 하지 않는 한 실제 삶에서 그런 일은 별로 없기 때문이다. 따라서 희망에 기대어 절망적인 상황을 극복해가고자 한다면 아마 더 큰 절망과 만나게 될 것이다. 인간이 절망을 넘어설 수 있는 진짜 힘은 희망이 아니라 용기여야 한다. 용기는 어떠한 상황이 닥치더라도 물러서지 않고 그 상황을 견뎌낼 것이라는 자기 확신이며, 고난에 쉽게 굴하지 않을 것이라는 한 인간으로서의 긍지이기 때문이다.

춘추전국시대라는 사상 최악의 절망적인 난세를 헤쳐나간 공자와 묵자, 그리고 장자와 한비자가 품었던 것도 희망이 아니었다. 그들이 값싼 희망에 기대서 난세를 살아갔다면 공자는 14년간의 방랑을 견디지 못했을 것이며, 묵자는 평생의 가난과 사람들의 조롱에 스스로를 파멸시켰을 것이다. 장자 역시 마찬가지다. 삶과 죽음의 경계를 넘어 절대 자유를 누린 장자의 삶이야말로 보통의 용기로는 다다를 수 없는 것이다. 한비자는 어떠한가? 그가 세간의 평판을 두려워했다면 그토록 냉철한 현실주의는 아마 탄생하지 못했을 것이다.

그들은 춘추전국시대를 살았던 어떤 사람들보다 용기 있는 이들이었고 또한 자긍심 넘치는 인간들이었다. 아마도 그러했기에 그들의 사상은 마치 불사조가 자신이 불타버린 재에서 새로운 생명을 얻는 것처럼 그들의 좌절을 딛고 새 생명을 얻어 현재의 우리에게까지 새

로운 깨우침을 주는 것이리라. 불사조가 전하는 의미가 항상 다음과

같은 것처럼.

　　"절망보다는 용기를, 죽음보다는 삶을."

1 철학의 유용성을 입증하고자 했던 철학자가 있다. 바로 고대 그리스의 탈레스다. 주
   변 사람들로부터 철학자란 쓸모없는 공리공담을 늘어놓는 존재라는 핀잔을 늘 들어
   온 탈레스는 철학의 유용성을 입증하기로 결심하고 자신이 사는 밀레투스 근방의
   올리브유 압축기를 사들이기 시작했다. 그해 올리브가 풍작이라는 것을 예측했기
   때문이다. 실제로 올리브는 엄청난 풍작이었고 탈레스는 마을의 거의 모든 압축기
   를 소유하고 있었다. 그가 큰돈을 벌었음은 물론이다. 하지만 이 일화에서와 같은 일
   은 철학이 학문 일반과 동의어였던 고대 그리스에서나 가능했다. 사실 이때도 유용
   했던 것은 기상학이나 통계학이지 철학은 아니지 않은가.

2 "나라가 망하는 경우가 있고 천하가 망하는 경우가 있다. 나라가 망하는 것과 천하
   가 망하는 것은 어떻게 다른가. 군주가 바뀌는 것을 두고 나라가 망했다 하고, 윤리
   가 사라져 사람들이 서로 잡아먹는 지경에 이르는 것을 두고 천하가 망했다 한다."
   -고염무 『일지록(日知錄)』(지만지) 중에서

3 춘추시대는 통상적으로 기원전 771년 주유왕의 죽음에서 시작해 춘추시대를 대표
   하는 강국이었던 진(晉)이 한, 위, 조 삼국으로 나누어진 때까지를 가리킨다. 다만
   진이 삼국으로 분열된 시기를 실질적으로 나뉜 기원전 453년으로 볼 것이냐, 아니
   면 주나라 왕실에 의해 3국 정립이 공식적으로 인정된 기원전 403년으로 볼 것이냐

에 따라 약간의 차이는 있다. 춘추시대라는 명칭은 이 시대를 다룬 노나라의 역사책 『춘추(春秋)』로부터 따왔다.

4   전국시대 역시 삼진(三晉)의 분립을 기원전 453년으로 볼 것이냐, 기원전 403년으로 볼 것이냐에 따라 시작 시점이 갈린다. 기원전 221년 진의 천하 통일로 막을 내린다. 전국시대라는 명칭은 이 시대를 다룬 역사서 『전국책(戰國策)』에서 따온 것이다.

5   『머리는 손자처럼 가슴은 공자처럼』 신동준, 생각정원

6   『중국사 05-춘추에서 전국까지』 이중톈, 글항아리

7   인류는 제2차 세계대전 이후인 1949년에야 제네바 협약으로 전쟁 중 민간인에 대한 학살을 금지했다.

8   『춘추전국이야기 1 – 최초의 경제학자 관중』 공원국, 역사의아침

9   동아시아적인 전통에서 외교 행위는 반드시 예법의 문제가 될 수밖에 없다. 국가 간 교류와 관련된 예법 절차를 중요하게 여기기 때문이다. 따라서 지금의 외교부에 해당하는 정부 부처는 예부 혹은 예조였다.

10   이 이야기의 출전은 『예기(禮記)』 단궁편인데 공자가 태산을 지나간 때가 정확히 언제인지는 언급되지 않았다. 다만 태산에 노나라와 제나라의 국경 지대가 걸쳐 있었으므로 공자가 제나라를 방문한 기원전 517년으로 보는 것이 타당할 것이다.

11   사회적 자본이란 신뢰, 규범, 네트워크 등 사회적 관계에서 발생하는 일체의 무형 자산을 말한다. 최근 들어 사회적 자본은 국가의 부를 증대시키고 사회적 안정을 달성하기 위한 핵심 조건으로 평가되고 있다. 사회적 자본이 개인 간의 협력을 촉진하고 거래 비용을 낮춰 사회의 생산성을 높일 뿐만 아니라 기업의 신기술 창출과 제품 혁신을 촉진하기 때문이다. 신뢰의 문제를 중심으로 한 사회적 자본에 대한 퍼트넘 등 현대 사회학자들의 문제의식은 어쩌면 공자와 매우 유사할 수도 있다.

12   일무(佾舞)라고도 한다. 조상에 대한 제례에서 여러 무용수가 열을 지어 추는 춤이다. 가로, 세로 열을 맞추어서 추는데 최대 인원은 총 64명이다. 이는 천자(天子)의

제례에 추는 8일무(八佾舞)로 한 줄에 8명씩 8줄 선다. 여기에 준해 제후(諸侯)의 6
일무는 한 줄에 6명씩 6줄이므로 36명이고, 대부(大夫)의 4일무는 4명씩 4줄로 총 16
명이다. 이렇듯 제를 받는 이의 생전 계급과 직위에 따라 제례무의 규모가 달라졌다.

13 이름은 단(旦). 주나라의 정치가로 문왕의 아들이자 무왕의 동생이다. 형인 무왕을
보좌했고, 무왕 사후엔 그의 어린 아들인 성왕을 보좌하며 주나라 건국 이후의 불안
한 정국을 안정시켰다. 강태공과 함께 주의 창업 공신 중 한 사람이며 주나라 예법
질서의 완성자로 불린다.

14 노나라는 서방에 위치한 주나라가 은나라를 멸망시킨 후 동방의 은나라 후예들을
제압하기 위해 세운 주나라 왕실의 친족 국가에서 출발한다. 노나라, 채나라, 위나라
등이 대표적인데 특히 노나라는 주공에게 내려져 그의 아들인 백금이 이어받은 곳
이었기에 최상급의 제후국이었다.

15 노나라의 세 경(卿) 집안, 즉 계손(季孫), 숙손(叔孫), 맹손(孟孫) 집안을 가리키는
말이다. 각 집안의 시조는 모두 노 환공의 아들들로, 계손씨는 공자 우, 숙손씨는 공
자 아, 맹손씨는 공자 경보의 자손이다. 이 때문에 환공 자손의 세 집안이란 의미로
삼환이라고 한다. 춘추시대 중·말기에 노나라의 권세를 쥐어 임금 자리도 좌지우
지할 정도로 그 세력이 막강했다.

16 두웨이밍(베이징대 고등인문연구원장) 인터뷰 중에서

17 『논어』 미자편 "鳥獸 不可與同群 吾非斯人之徒與 而誰與 天下有道 丘不與易也"

18 두웨이밍(베이징대 고등인문연구원장) 인터뷰 중에서

19 『논어』 선진편에서 공자가 직접 언급한 제자로 안회, 민자건, 염백우, 중궁, 재아, 자
공, 염유, 자로, 자유, 자하가 바로 그들이다.

20 『논어』 안연편 "自古皆有死 民無信不立"

21 어류나 파충류에게서는 모성애를 찾아볼 수 없다. 실제로 굶주림을 겪으면 파충류
는 서슴없이 자신의 새끼를 잡아먹는다.

22   두웨이밍(베이징대 고등인문연구원장) 인터뷰 중에서

23   로저 에임스(하와이대 철학과 교수) 인터뷰 중에서

24   일본의 대표적인 동양사학자 미야자키 이치사다는 다음과 같이 말했다. "공자의 유교
      에 대해 오로지 충효의 봉건도덕을 가르쳤다고 이해한다면 그것은 오히려 고전을 읽
      는 쪽의 편향이다. 공자의 『논어』에서 말하는 충(忠)은 반드시 그 대상을 군주로 한정
      하지 않는다. 효(孝)를 중요한 도덕으로 가르친 것은 사실이지만 그것은 상식적인 효
      행일 뿐 몸과 생명을 희생하라고까지는 말하지 않는다. 공자의 『논어』를 봉건적인 상
      하 관계에서 작용하는 멸사봉공이라는 뜻의 충·효를 가르친 책이라고 읽는 것은 오
      히려 도쿠가와 시대 봉건제에 살았던 일본 사람들이 자기의 봉건사상을 바탕으로 이
      해하는 것과 다름없다." - 배병삼의 『공자 경영을 논하다』(푸르메)에서 재인용

25   맹무백(孟武伯)은 삼환 중 한 가문인 맹손씨의 가장이었던 맹의자의 아들이다. 삼환
      중 그래도 맹손씨가 공자에 대해 우호적이어서 공자에게 가르침을 받곤 했다.

26   『논어』 위정편 "孟武伯問孝 子曰 父母唯其疾之憂"

27   『공자가어』 권4 육본편

28   두웨이밍(베이징대 고등인문연구원장) 인터뷰 중에서

29   『관자』 군신하편

30   양궈룽(화둥사범대 중국철학과 교수) 인터뷰 중에서

31   이기동(성균관대 유학대 교수) 인터뷰 중에서

32   『공자가어』 권1 始誅第二

33   백민정(가톨릭대 철학과 교수) 인터뷰 중에서

34   두웨이밍(베이징대 고등인문연구원장) 인터뷰 중에서

35   『대학』 "人莫知其子之惡"

36   『논어』 위령공편 "其恕乎, 己所不欲 勿施於人"

37   『논어』 이인편 "子曰 參乎 吾道 一以貫之 曾子曰 唯 子出 門人 問曰何謂也 曾子曰

夫子之道 忠恕而已矣"

38 　서(恕)와 공감에 대한 보다 자세한 논의는 황태연의 『감정과 공감의 해석학』을 참고하기 바란다.

39 　스티븐 앵글(웨슬리언대 철학과 교수) 인터뷰 중에서

40 　『신약성서』 「마태복음」 7장 12절

41 　두웨이밍(베이징대 고등인문연구원장) 인터뷰 중에서

42 　로저 에임스(하와이대 철학과 교수) 인터뷰 중에서

43 　이토 진사이의 '送片岡宗純還柳川序'

44 　『맹자』 공손추장구상편. 여기에서 언급한 것이 유명한 측은지심(惻隱之心), 수오지심(羞惡之心), 사양지심(辭讓之心), 시비지심(是非之心)의 '사단(四端)'이다.

45 　두웨이밍(베이징대 고등인문연구원장) 인터뷰 중에서

46 　백민정(가톨릭대 철학과 교수) 인터뷰 중에서

47 　스티븐 앵글(웨슬리언대 철학과 교수) 인터뷰 중에서

48 　『맹자』 공손추장구상편

49 　본명은 주희(朱熹, 1130~1200년). 중국 남송의 유학자로 송나라 복건성(福建省) 우계(尤溪)에서 출생했으며 19세에 진사가 된 후 여러 관직을 지내면서 공자, 맹자 등의 학문에 전념해 주돈이(周敦頤), 정호(程顥), 정이(程頤) 등의 유학 사상을 이어받았다. 유학을 집대성했으며 성리학(주자학)을 창시해 완성했다.

50 　양궈룽(화둥사범대 중국철학과 교수) 인터뷰 중에서

51 　『설원(說苑)』 권모편

52 　『맹자』 이루장구상편

53 　사마천의 『사기 본기』 은본기

54 　진(秦)나라의 개혁을 이룬 법가 사상가. 부국강병의 술책으로 진효공(秦孝公)을 설득하는 데 성공해 진나라 정치 개혁의 총설계자가 되었다. 두 차례의 변법을 성공시

켜 약소국 진나라를 일약 강대국으로 만들어냈다.

55 『맹자』 양혜왕장구상편

56 『맹자』 양혜왕장구하편에 있는 맹자의 말을 인용하면 다음과 같다. "인(仁)을 해치
    는 자를 적(賊)이라 하고, 의(義)를 해치는 자를 잔(殘)이라 하며, 잔적(殘賊)한 사람
    을 일개 필부라고 합니다. 일개 필부인 주(紂)를 베었다는 말은 들었어도 임금을 시
    해했다는 말은 아직 들어본 적이 없습니다."

57 두웨이밍(베이징대 고등인문연구원장) 인터뷰 중에서

58 『논어』 헌문편의 "옛날의 학자는 스스로를 위해 공부했으나, 오늘날의 학자는 남을
    염두에 두고 공부한다."에서 비롯된 말이다. 학문의 진정한 목적은 스스로의 수양에
    있다는 뜻이다.

59 춘추오패란 나라를 가리킨다기보다는 패권을 잡았던 군주를 의미한다고 보는 것이
    오히려 정확할 것이다. 제환공, 진문공, 초장왕, 오왕 부차, 월왕 구천이 그들이다.

60 『루쉰 소설전집』(을유문화사) 비공편 중에서

61 오카모토 미츠오(사이타마공대 명예교수) 인터뷰 중에서

62 이름은 손무(孫武). 『손자병법』 13편의 저자. 생몰 연대에 대해서는 여러 추측이 있
    는데 통상 기원전 544년에서 기원전 496년 사이로 추측한다.

63 이름은 오기(吳起). 기원전 440년에서 기원전 381년 사이에 살았다. 『손자병법』과
    쌍벽을 이루는 『오자병법』의 저자이자 초기 법가 사상의 선구자이기도 하다.

64 "나라가 강성한데도 전쟁을 하지 않으면 해를 끼치는 독소가 나라 안으로 모이게 되
    며 예의와 음악 및 '이' 같은 일들이 생겨서 나라가 반드시 쇠약해진다." - 상앙의
    『상군서』에서

65 노양(魯陽) 땅을 다스리던 초나라의 지방 제후. 초나라 평왕(平王)의 손자다. 노양은
    노산(魯山)의 남쪽에 있어서 이런 이름이 붙었다. 초나라 혜왕(惠王)이 노양문군에
    게 양(梁) 땅을 주었는데 굳이 사양해 노양 땅을 주었다고 한다.

66 『묵자』노문편

67 사마천의 『사기』맹자순경열전

68 『맹자』등문공장구하편

69 『한비자』현학편

70 이케다 도모히사(도쿄대 철학과 명예교수) 인터뷰 중에서

71 리시엔종(국립타이완대 철학과 교수) 인터뷰 중에서

72 장바오창(중국 묵자학회 부회장) 인터뷰 중에서

73 그렇다고 해서 지식인의 철학이 아무 의미가 없다는 것은 아니다. 다만 근본적으로
    보는 눈이 다를 수밖에 없다는 의미다.

74 리시엔종(국립타이완대 철학과 교수) 인터뷰 중에서

75 『묵자』비제편

76 『묵자』칠환편을 보면 다음과 같은 구절이 있다.
    "창고에 비축한 곡식이 없다면 흉년이나 기근을 견뎌낼 수 없고 창고에 준비해놓은
    무기가 없다면 비록 의로운 목적이 있다 하더라도 불의를 징벌할 수 없다. 또 성곽
    을 완전하게 갖추어놓지 않으면 스스로를 지킬 수 없다. 마음속에 걱정스러운 일에
    대한 대비가 되어 있지 않으면 갑자기 일어나는 일에 대처할 수 없다."
    "대비하는 것은 국가에서 대단히 중요한 일이며, 식량은 국가의 보배이고, 병력은
    국가의 발톱이며, 성곽은 스스로 지키는 수단이다. 이 세 가지는 국가가 갖추어야 할
    것이다."

77 『묵자』비제편

78 『묵자』비고림편

79 장바오창(중국 묵자학회 부회장) 인터뷰 중에서

80 『그림으로 보는 중국의 과학과 문명』로버트 템플, 까치

81 묵자가 발명한 것은 정확히 바늘구멍 사진기다. 묵자는 다음과 같이 설명했다.

"그림자는 빛이 사람을 비출 때 생기는데 화살을 쐈을 때와 같이 직진한다. 아래로부터 나온 빛은 사람을 향해 높아지고, 위로부터 나온 빛은 사람을 향해 낮아진다. 발이 아래의 빛을 가리므로 발의 그림자는 위에 생기고, 머리는 위의 빛을 가리므로 머리의 그림자는 아래에 생긴다. 원근은 있어도 빛이 모이는 점이 있어 그 때문에 거꾸로 선상이 안쪽에 생긴다." - 『묵자』 경설하편

82 『묵자』 경상편을 보면 묵자가 사용한 수학적 정의는 다음과 같다.

"점은 넓이가 없는 선의 가장 끝에 있는 것이다."

"선은 면의 앞에 있고 점의 뒤에 있다."

"원은 한 중심으로부터 같은 거리에 있는 것이다."

"사각형이란 변과 각이 사방을 두른 것을 말한다."

"직선은 세 점을 공유한다."

83 "지렛대는 무게를 받아도 어느 한쪽으로 휘지 않는다. 감당할 수 있기 때문이다." - 『묵자』 경하편

84 『묵자』 겸애상편

85 『장님과 앉은뱅이』 프랑스 플로리앙, 바라미디어

86 장바오창(중국 묵자학회 부회장) 인터뷰 중에서

87 『맹자』 양혜왕장구상편

88 맹자가 송경(宋牼)이라는 사람을 만났을 때의 일이다. 송경이 진나라와 초나라가 전쟁을 준비한다는 말을 듣고 양국의 왕을 만나 전쟁을 해도 아무런 이득이 없다는 것을 설득하려고 했다. 그러자 맹자가 송경을 비판했다.

"선생의 구호는 불가합니다. 선생은 이익으로 진나라, 초나라 왕을 달래려 하십니다. 진나라, 초나라 왕은 이익에 기뻐하고 삼군의 군사를 중단함으로 이에 삼군의 병사들은 그 중단을 즐거워하고 이익에 기뻐할 것입니다. 하지만 신하인 사람이 이익을 생각하고 그 군주를 섬기고 자식이 이익을 생각하고 아버지를 섬기고 아우인 사람

이 이익을 생각해 그 형을 섬기게 되면 군신, 부자, 형제가 마침내 인과 의를 버리고 이익만 생각해 서로 가까이 하게 되니 이렇게 하고도 망하지 않은 사람은 존재하지 않습니다." - 『맹자』 고자장구하편

89   『묵자』 경상편

90   「인물과 사상」 171호(2012년 7월호) '강준만의 세상이야기'에서 인용

91   『타인의 고통』 수전 손택, 이후

92   박문현(동의대 명예교수) 인터뷰 중에서

93   리시엔종(국립타이완대 철학과 교수) 인터뷰 중에서

94   『묵자』 겸애편

95   『맹자』 양혜왕장구상편

96   『여씨춘추』 거사편

97   장바오창(중국 묵자학회 부회장) 인터뷰 중에서

98   『맹자』 진심장구상편

99   리시엔종(국립타이완대 철학과 교수) 인터뷰 중에서

100   리시엔종(국립타이완대 철학과 교수) 인터뷰 중에서

101   『묵자』 경주편

102   리시엔종(국립타이완대 철학과 교수) 인터뷰 중에서

103   『묵자』 경주편

104   리시엔종(국립타이완대 철학과 교수) 인터뷰 중에서

105   『묵자』 소염편

106   접여는 사실 이름이 아니다. 수레 옆에 가까이 온 사람이라는 뜻을 담은 말일 뿐이다.

107   이 이야기는 『논어』 미자편에도 나오지만 『장자』 인간세편에도 나온다. 인용한 글은 『장자』의 인간세편을 참고한 것이다.

108 『열자』양주편

109 신정근(성균관대 유학대 교수) 인터뷰 중에서

110 빅터 메이어(펜실베이니아대 중국문학과 교수) 인터뷰 중에서

111 이 이야기는『사기』의 노장신한열전에 전하는 이야기다. 그런데 거의 비슷하지만 조
금 다른 이야기가『장자』추수편에도 전한다.

　장자가 복수 근처에서 낚시를 하고 있을 때 초나라 왕이 대부 두 사람을 그에게 보
내 자신의 뜻을 전하게 했다.

　"수고스럽겠지만 우리나라의 정치를 부탁드리려고 합니다."

　장자는 낚싯대를 드리운 채 돌아보지도 않고 대답했다.

　"내가 듣건대 초나라에는 신령스러운 거북이 있다는데 죽은 지 이미 3000년이나 되
었다 합니다. 왕은 거북을 비단으로 싸서 상자에 넣어 묘당 위에 그것을 보관하지요.
그런데 그 거북의 입장이라면, 죽어서 뼈만 남아 존귀하게 되고 싶겠습니까, 아니면
살아서 진흙 속에 꼬리를 끌고 다니고 싶겠습니까?"

　"그야 살아서 진흙 속에 꼬리를 끌고 다니려 할 것입니다."

　장자가 말했다.

　"그러면 돌아가시오. 나도 장차 진흙 속에 꼬리를 끌고 다니며 살려는 것입니다."

112 중국 위(魏)나라 말, 진나라 초에 활동하던 완적(阮籍), 혜강(嵇康), 산도(山濤), 상수
(向秀), 유령(劉伶), 완함(阮咸), 왕융(王戎)을 가리킨다. 정치 권력에 등을 돌리고 죽
림에 모여 거문고와 술을 즐기며, 청담을 주고받고 세월을 보냈다. 개인주의적 · 무
정부주의적인 도가 철학을 추구했다.

113 『야만의 시대, 지식인의 길』류창, 유유출판사

114 『혜강집』한흥섭 역, 소명출판사 '수재로 임명된 형 공목이 군에 입대함에 보내는 시'

115 『장자』산목편

116 류샤오간(홍콩 중문대 철학과 교수) 인터뷰 중에서

117   신정근(성균관대 유학대 교수) 인터뷰 중에서

118   『장자』 산목편 "物固相累 二類召也"

119   『상군서』 상앙

120   『장자』 서무귀편

121   류샤오간(홍콩 중문대 철학과 교수) 인터뷰 중에서

122   빅터 메이어(펜실베이니아대 중국문학과 교수) 인터뷰 중에서

123   『장자』 인간세편

124   빅터 메이어(펜실베이니아대 중국문학과 교수) 인터뷰 중에서

125   로저 에임스(하와이대 철학과 교수) 인터뷰 중에서

126   『장자』 인간세편

127   『장자』 어부편

128   로저 에임스(하와이대 철학과 교수) 인터뷰 중에서

129   류샤오간(홍콩 중문대 철학과 교수) 인터뷰 중에서

130   『즐거운 지식』 프리드리히 니체

131   『장자』 산목편

132   『장자』 대종사편

133   도척(盜跖)은 춘추시대의 전설적인 도적으로 『장자』뿐 아니라 많은 기록에 등장한
       다. 공자와 동시대에 살았던 노나라의 현자 유하혜(柳下惠)의 동생이라고 하는데 사
       실관계는 분명하지 않다.

134   『장자』 거협편

135   탕(湯)은 상나라의 건국자로, 이름은 이(履)다. 하나라의 마지막 왕 걸(桀)을 추방해
       하 왕조를 멸망시켰다.

136   중국 고대 전설상의 성인. 새가 보금자리를 만들고 사는 것을 보고 사람에게 집을
       짓는 것을 가르쳤다고 한다.

137   생존의 지혜를 인격화한 것으로 보인다.

138   중국 삼황의 하나로 흔히 '염제 신농'이라 부른다. 황제 헌원씨(軒轅氏) 이전에 한족
       에게 농사짓는 방법을 알려주었으며, 한의학의 창시자로 꼽힌다.

139   중국 고대의 전설적인 군주. 사마천의 『사기』도 황제본기로 시작한다. 고대 중국인
       들의 인식으로는 역사시대의 시작으로 여겨진다.

140   중국의 여러 기록과 전설에서 헌원과 함께 탁록의 전투에서 싸웠다고 전해지는 전
       쟁의 신

141   『장자』 도척편

142   류샤오간(홍콩 중문대 철학과 교수) 인터뷰 중에서

143   로저 에임스(하와이대 철학과 교수) 인터뷰 중에서

144   류샤오간(홍콩 중문대 철학과 교수) 인터뷰 중에서

145   빅터 메이어(펜실베이니아대 중국문학과 교수) 인터뷰 중에서

146   로저 에임스(하와이대 철학과 교수) 인터뷰 중에서

147   『장자』 제물편

148   중국 전국시대의 정치가이자 사상가. 송나라 사람으로 위나라 혜왕 때 재상이 되었
       다. 논리학의 선구자 격인 명가(名家)의 대표적인 인물이다.

149   『장자』 지락편

150   박제천 '풀밭에서' 중에서. 이 시를 이런 방식으로 해석하는 것은 오로지 나의 주관
       적인 견해일 따름이다.

151   로저 에임스(하와이대 철학과 교수) 인터뷰 중에서

152   『장자』 지북유편

153   서양 철학에서 실체(Substance)란 '진정한 의미에서 존재한다고 말해지는 것', 즉
       '독립적인 존재자'를 가리킨다. 데카르트에 따르면 "그것이 존재하기 위해 다른 어
       떤 것도 필요로 하지 않는 존재"다. 데카르트, 스피노자, 라이프니츠 등 근대 철학자

에게 가장 중요한 주제였다.

154 로저 에임스(하와이대 철학과 교수) 인터뷰 중에서

155 류샤오간(홍콩 중문대 철학과 교수) 인터뷰 중에서

156 『장자』 열어구편

157 로저 에임스(하와이대 철학과 교수) 인터뷰 중에서

158 『장자(莊子)』 외편(外編) 천도편

159 소식(蘇軾) 『묵군당기(墨君堂記)』 "群居不倚, 獨立不懼"

160 『급진주의자를 위한 규칙』 솔 앨린스키, 아르케

161 『맹자』 등문공장구하편

162 공자도 항상 자신을 등용해주기만 하면 그 나라를 동방의 주나라로 만들 자신이 있다고 말했다. 자신의 주장이 가지는 현실적 효과를 믿었던 것이다. 맹자 역시 자신의 주장을 받아들이기만 한다면 천하의 왕 노릇을 하기가 손바닥 뒤집는 것보다 쉬울 것이라고 주장했다.

163 『장자』 외물편

164 『한비자』 난세편

165 『한비자』 난세편

166 『한비자』 난세편

167 『한비자』 외저설 좌상편

168 도미야 이타루(교토대 철학과 교수) 인터뷰 중에서

169 비브케 데네케(보스턴대 동양학과 교수) 인터뷰 중에서

170 『맹자』 이루장구하편

171 『한비자』 내저설 하편

172 송홍빙(베이징인민대 철학과 교수) 인터뷰 중에서

173 비브케 데네케(보스턴대 동양학과 교수) 인터뷰 중에서

174 『사기』 손자오기열전

175 송훙빙(베이징인민대 철학과 교수) 인터뷰 중에서

176 도미야 이타루(교토대 철학과 교수) 인터뷰 중에서

177 도미야 이타루(교토대 철학과 교수) 인터뷰 중에서

178 이 때문에 한비자는 이렇게 세속적인 욕망을 버리고 탈속한 인간들은 잡아 죽여야 한다는 매우 과격한 대책을 제시하기도 했다. 아마 장자가 초위왕의 초대를 거절한 것처럼 한비자를 대했다면 목숨이 위태로웠을 것이다.

179 『한비자』 이병편

180 미국의 심리학자인 스키너는 동물실험을 통해 박탈과 강화, 그러니까 벌과 상이라는 방식으로 동물을 효과적으로 교육시킬 수 있다는 것을 증명했다. 심지어 인간 역시 적절한 방식의 박탈과 강화의 방법을 사용한다면 훌륭한 교육 성과를 얻을 수 있다는 것을 입증했다.

181 『한비자』 식사편

182 『춘추좌씨전』 소공 21년조

183 송훙빙(베이징인민대 철학과 교수) 인터뷰 중에서

184 진나라의 법가 개혁자 상앙이 개발한 사지를 찢어 죽이는 형벌이다. 목, 팔, 다리를 밧줄로 묶고 소나 말에 연결한 뒤 당겨서 사지를 찢는다. 머리, 팔, 다리가 갈기갈기 찢어지는 모양새에서 오체분시라는 단어가 생겨났다. 다만 실제로는 살아 있는 사람한테 시행하지 않고 이미 죽은 시체에 본보기로 하는 경우가 대부분이었다. 상앙도 거열형을 당했는데 죽은 다음에 형벌을 받았다.

185 도미야 이타루(교토대 철학과 교수) 인터뷰 중에서

186 법은 신분이 높은 자에게 아부하지 않는다는 뜻으로 법 집행의 형평성을 강조한 말이다.

187 『한비자』 외저설 우상편

188 　비브케 데네케(보스턴대 동양학과 교수) 인터뷰 중에서

189 　스콧 샤피로(예일대 법대 교수) 인터뷰 중에서

190 　『사기』 상군열전

191 　송훙빙(베이징인민대 철학과 교수) 인터뷰 중에서

192 　『한비자』 외저설 우상편

193 　『한비자』 화씨편

194 　제환공은 형인 양공이 죽은 후 권력 투쟁 과정에서 또 다른 형인 공자 규를 죽이고
　　　임금이 되었다.

195 　『한비자』 논난편

196 　춘추시대 진나라의 대부. 이름은 조앙(趙鞅). 훗날 전국칠웅 중 하나가 된 조나라의
　　　초석을 쌓은 인물로 진나라의 유력 씨족인 '6경'의 하나인 조씨의 가장이었다.

197 　『한비자』 외저설 좌하편

198 　도미야 이타루(교토대 철학과 교수) 인터뷰 중에서

199 　비브케 데네케(보스턴대 동양학과 교수) 인터뷰 중에서

200 　송훙빙(베이징인민대 철학과 교수) 인터뷰 중에서

201 　7술의 각 편은 다음과 같다. 첫째 참관(參觀), 둘째 필벌(必罰), 셋째 신상(信賞), 넷
　　　째 일청(一聽), 다섯째 궤사(詭使), 여섯째 협지(挾知), 일곱째 도언(倒言)

202 　6미는 다음과 같이 구성되어 있다. 첫째 권차(權借), 둘째 이리(利異), 셋째 사류(似
　　　流), 넷째 유반(有反), 다섯째 참의(參疑), 여섯째 폐치(廢置)

203 　기원전 363년에 즉위해 337년에 죽은 전국 때 한나라 군주. 법가 사상가인 신불해
　　　(申不害)를 재상으로 삼아 변법을 추진해 나름대로 강대국의 반열에 올랐다.

204 　『한비자』 내저설 상편

205 　비브케 데네케(보스턴대 동양학과 교수) 인터뷰 중에서

206 　『사람은 들키지만 않으면 악마도 된다-마쓰시타 고노스케와 한비자의 가르침』 하야

시 히데오미, 전략시티

207 성은 희(姬), 휘는 중이(重耳), 진헌공의 아들이다. 헌공의 뒤를 잇지 못한 채 진나라에서 쫓겨나 19년간 천하를 방랑했다. 결국 진나라에 돌아와 기원전 636년에 임금이 되었으며 죽을 때까지 각종 개혁 정책과 정복 전쟁을 벌여 춘추오패의 한 사람으로 꼽힌다.

208 『한비자』 내저설 하편

209 송홍빙(베이징인민대 철학과 교수) 인터뷰 중에서

210 도미야 이타루(교토대 철학과 교수) 인터뷰 중에서

211 『한비자』 내저설 상편

212 『한비자』 내저설 상편

213 춘추시대 노나라의 군주로 그의 재위 기간에 군주의 실권은 신하의 가문인 삼환에게 넘어갔다. 결국 삼환의 횡포에 분개해 이들을 공격했지만 실패하고 애공은 제나라로 망명한다.

214 『한비자』 내저설 상편

215 송홍빙(베이징인민대 철학과 교수) 인터뷰 중에서

216 폴 골딘(펜실베이니아대 중국지성사 교수) 인터뷰 중에서

217 『한비자』 외저설 좌상편

218 『사기』 노장신한열전

219 『한비자』 문전편

220 『딸아, 너는 인생을 이렇게 살아라』 펄 벅